本书得到国家自然基金项目（批准号：71363048）资助。

U0681364

经济管理学术文库·经济类

农业资源优化配置与可持续发展
——以甘肃省为例的研究

The Refined Dispose of Agriculture Resources and
Agriculture Sustainable Development
—A Case Study on Gansu Province

张　平／著

经济管理出版社
ECONOMY & MANAGEMENT PUBLISHING HOUSE

图书在版编目（CIP）数据

农业资源优化配置与可持续发展：以甘肃省为例的研究/张平著 . —北京：经济管理出版社，2015.12

ISBN 978 - 7 - 5096 - 4160 - 6

Ⅰ.①农… Ⅱ.①张… Ⅲ.①农业资源—资源优化—优化配置—研究—甘肃省 ②农业可持续发展—研究—甘肃省 Ⅳ.①F327.42

中国版本图书馆 CIP 数据核字（2015）第 303910 号

组稿编辑：王光艳
责任编辑：许　兵
责任印制：司东翔
责任校对：王　淼

出版发行：经济管理出版社
　　　　　（北京市海淀区北蜂窝 8 号中雅大厦 A 座 11 层　100038）
网　　址：www. E - mp. com. cn
电　　话：（010）51915602
印　　刷：北京九州迅驰传媒文化有限公司
经　　销：新华书店
开　　本：720mm×1000mm/16
印　　张：11. 75
字　　数：230 千字
版　　次：2016 年 6 月第 1 版　　2016 年 6 月第 1 次印刷
书　　号：ISBN 978 - 7 - 5096 - 4160 - 6
定　　价：48. 00 元

前　　言

在中国经济进入新常态条件下，以创新驱动、经济结构调整为特征的经济发展迈入一个新阶段。经济增长的速度有所下降，经济发展面临的问题和挑战也日益复杂。在这一背景下，农村经济的发展，也同样受到来自消费需求、投资需求、资源环境约束的多重影响。如何合理配置现有农业资源，充分发挥区域资源优势，为甘肃省的农业可持续发展创造思路与条件，具有重要的现实意义。

具体来看，现代农业发展水平是农业持续发展及其收益的重要组成部分。农业资源的可持续利用直接影响着农业可持续发展的成效。充分发挥甘肃省的区域资源优势，提高农产品的产出率，改善品质，增加农民的经济收入，则需要从新的宏观经济背景、新的视角、新时期甘肃省农业发展的定位出发，重新系统分析甘肃省农业可持续发展的资源环境支撑能力及农业可持续发展面临的主要问题，确立农业可持续发展的目标与任务，提出不同区域农业可持续发展的方向与模式，以期建立起与省情相适应的区域农业可持续发展体系。

本书由笔者近年来承担的相关课题成果和撰写的理论文章为基础整理而成，试图对上述问题有所阐释。全书共分为十章，结构如下：

第一章从自然资源、农业设施和社会资源三个方面分析了甘肃省农业发展的基础条件；第二章对甘肃省农业可持续发展水平进行测算，探讨产业布局优化的途径；第三章至第五章重点就甘肃省现代农业产业发展状况进行分析，内容涉及产业发展水平和布局、区域主导产业选择、主体功能区划等；第六章针对甘肃省藏区特色农牧业发展优势产业链进行梳理，分析产业发展的适宜性和对策；第七章对甘肃省农业生态主体功能区的承载力进行估算，测算了生态敏感度，并提出了未来功能区的拓展方向与途径；第八章利用"生态会计"核算方法，估算了甘南牧区草场的生态价值；第九章以一项旱作农业技术——"全膜双垄沟播"技术为例，分析了农业关键技术对功能区划的影响；第十章实证分析了农业综合资源优化的减贫效应。

在对事物的认识过程中，人们总会持有一定的偏好。但是对农村问题的研究中，每个人或多或少总有这样的情结：希望弱者逐步强大、希望无知获得教育、希望贫穷变为富裕、希望文明公平得到传播。因此，不论从发展水平或质量较好的空间地域来研究，还是从贫困落后的地方来探讨，总是把发展作为核心或关键词来对待。诚然，人的发展是主导社会、经济发展的基石。人的发展不仅涉及资源、环境及产业的支撑，也涉及人的文化、科技、身心素质的提高，更涉及人类文明的传播。转换一种思路或掌握一门技术，利用一些条件、发现一种方法，也许就能成就个人的梦想。

受囿于笔者的水平和能力，本书难免有不当之处，请各位读者批评指正！主要参考文献也已于每章后一一列出，如有遗漏，请指出，将于再版时修正。

张平

于兰州过云斋

2015 年 11 月

目　　录

第 一 章

甘肃省农业生产基础条件

在中国经济进入新常态条件下，以创新驱动、经济结构调整为特征的经济发展迈入一个新阶段。经济增长的速度有所下降，经济发展面临的问题和挑战也日益复杂。在这一背景下，农村经济的发展，受到了消费需求、投资需求、资源环境约束的深刻影响。现代农业发展水平是农业持续发展及其收益的重要组成部分。农业资源的可持续利用直接影响着农业可持续发展。同时，在新的背景下，如何利用现有农业资源，充分发挥甘肃省区域资源优势，提高农产品的产出率，改善品质，增加农民的经济收入，则需要从新的宏观经济背景、新的视角、新时期甘肃省农业发展的定位出发，重新系统分析甘肃省农业可持续发展的资源环境支撑能力及农业可持续发展面临的主要问题，确立农业可持续发展的目标与任务，提出不同区域农业可持续发展的方向与模式，以期建立起与省情相适应的区域农业可持续发展体系。

第一节　自然资源条件

区域自然资源条件是农业可持续发展的基础。各种资源的数量、质量及区域空间的配制，对于农业可持续发展具有基础性的意义。

一、土地资源

甘肃省总土地面积为 42.58 万 km^2，地形呈狭长状，东西长 1655km，南北宽 530km。地貌复杂多样，山地、高原、平川、河谷、沙漠、戈壁，类型齐全，交错分布，地势自西南向东北倾斜，大致可分为陇南山地、陇中黄土高原、甘南高原、河西走廊、祁连山脉、河西走廊以北地带六大地形区域。甘肃省总土地面积居全国第 7 位，耕地、园地、林地、牧草地等农业用地面积占土地总面积的 53.53%，耕地面积 462.47 万 km²，其中旱地占 70% 以上，水地不到 1/3，是典型的山地型高原地区。甘肃省是全国五大牧区之一，现有天然草场 1793.33 万 km²，占总土地面积的 39.4%，其中高寒草甸类草场 427.53 万 km²，占全省草场面积的 24%；草原类草场 572.87 万 km²，占 32%；荒漠草场 627.33 万 km²，占 35%。全省可利用草场总面积 1606.67 万 km²。虽然农用地占了土地面积的一半以上，但土地资源的质量不高，制约了其开发利用。

甘肃省土地资源的基本特点：一是山地多、平地少，耕地中就有近 65% 为山地，增大了利用的成本，且水土流失严重，肥力不高；二是农业用地面积虽大，但耕地所占的比重小，仅占土地总面积的 10.90%；三是森林面积和水域面积小，草地面积虽广，但大部分是荒漠草场，产草量低，载畜量有限，也不利于改善生态环境；四是土地瘠薄，受干旱的影响较大，土地的生产能力不高，农田、林地、草地的平均生物产量都处于较低水平；五是有 40% 的土地为沙漠戈壁，农业上难以利用。

2012 年，全省耕地面积 5332.65 万亩，人均耕地面积 2.07 亩，农田有效灌溉面积 1946.37 万亩，农田实灌面积 1621.17 万亩，节水灌溉面积 1341.98 万亩，林果灌溉面积 170.67 万亩，草场灌溉面积 71.51 万亩，鱼塘补水面积 13.22 万亩。从耕地的类型来看，水浇地主要集中于河西、中部河流沿岸地区，天水、庆阳、平凉及临夏甘南地区水浇地比较低。各地区土地资源现状见表 1 - 1。

2012 年，甘肃省林地面积 15639.75 万亩，占全省总土地面积的 23.18%。森林面积包含林地和国家特别规定灌木林地面积 7611.75 万亩，森林覆盖率 11.28%。天然林主要集中分布于陇南、甘南、临夏、祁连山及黄土高原石质山地，其他多为人工林。2008 ~ 2012 年，甘肃省共完成天然林保护、退耕还林、"三北" 防护林等林业重点工程和造林补贴试点营造林任务 1100.85 万亩，义务植树 4.45 亿株。在河西风沙前缘建起了长达 1200 公里、面积 750 多万亩的防风固沙林带，基本实现了农田林网化，高产农田得到有效庇护，保障了农业稳定增产①。

甘肃省共有牧草地 2.14 亿亩，居全国第 5 位，有天然草地、人工草地和半人工草地三种。其中：天然草地 2.10 亿亩，占牧草地总面积的 97.74%；改良草地和人工草地共有 483.15 万亩，只占 2.26%。天然草场主要分布在甘南草原、祁连山地、西秦岭、马衔山、哈思山、关山等地，这些地方海拔一般在 2400 ~ 4200 米之间，气候高寒阴湿，特别是海拔在 3000 米以上的地区牧草生长季节短，

---

① 甘肃省加强林业建设，森林覆盖率增加 [BE/OL]. 大公网，http://finance.takungpao.com/hgjj/q/2014/0304/2321342.html.

枯草期长；年均降雨量多数地区大于400毫米，唯祁连山西部渐减至200~300毫米。这类草场可利用面积为6413万亩，占全省利用草场总面积的23.84%，鲜草年平均产量273公斤/亩，总储草量约175公斤，平均牧草利用以50%计，约可载畜600万羊单位。人工及半人工草地，在河西灌区亩产鲜草可达3500~4000公斤，陇东塬区和陇中南部亩产2000~2500公斤。在山旱农作区种植品种主要有草谷子、草高粱、苏丹草、燕麦和少量的箭舌豌豆、毛苕子、饲料玉米；在高寒牧区则以黄燕麦和青燕麦为主。

尚未利用的土地占全省总土地面积的37.85%，包括沙漠、裸地、冰川及永久积雪、盐碱地、沼泽等。

表1-1　甘肃省2012年各市州土地资源现状

地区	耕地面积（万亩）	人口（万人）	人均耕地面积（亩）	有效灌溉面积（万亩）	农田实灌面积（万亩）	节水灌溉面积（万亩）
嘉峪关市	4.26	23.43	0.18	5.37	5.19	3.26
酒泉市	367.06	110.44	3.32	289.17	292.74	179.57
张掖市	387.50	120.76	3.21	321.99	313.59	175.45
金昌市	101.31	46.74	2.17	86.57	72.69	71.55
武威市	379.19	182.16	2.08	283.85	265.55	275.49
兰州市	314.45	363.05	0.87	173.03	122.85	133.17
白银市	456.86	171.92	2.66	204.00	144.15	164.24
定西市	771.14	276.92	2.78	115.41	78.42	97.94
天水市	568.43	328.22	1.73	87.87	58.46	41.25
陇南市	430.86	256.95	1.68	110.13	79.37	68.75
平凉市	558.74	208.19	2.68	69.96	49.49	55.50
庆阳市	674.76	221.84	3.04	76.13	58.56	49.44
临夏州	216.38	197.62	1.09	101.99	67.92	65.78
甘南州	99.86	69.31	1.44	20.93	12.21	10.08
全省	5332.65	2577.55	2.07	1946.37	1621.17	1391.45

资料来源：《2013年甘肃省水利年鉴》，长江出版社。其中，耕地面积数据来源于省统计局。

随着人口数量的增加及社会经济的快速发展，土地资源的数量及其质量有了显著的变化。用地结构及效益也出现新的变化，专业化、规模化发展水平显著提高。

（一）土地资源数量

近10年来，甘肃全省耕地总面积有一定程度的增加（见表1-2）。全省总耕地面积增加了287.52万亩，增长了5.7%。增量耕地主要分布于河西地区的酒泉、张掖和金昌三市，其他市州，基本维持在原来的水平。

表1-2　近10年来甘肃省各地耕地面积　　　　　单位：万亩

地区	2002 年	2007 年	2012 年
嘉峪关市	4.26	4.26	4.26
酒泉市	168.20	214.96	367.06
张掖市	319.95	331.51	387.50
金昌市	68.55	87.44	101.31
武威市	383.91	383.35	379.19
兰州市	318.86	315.23	314.45
白银市	446.72	449.59	456.86
定西市	772.28	770.15	771.14
天水市	573.27	573.97	568.43
陇南市	433.96	433.47	430.86
平凉市	579.09	558.85	558.74
庆阳市	659.97	665.17	674.76
临夏州	214.80	215.13	216.38
甘南州	101.31	101.03	99.86
全省	5045.13	5104.11	5332.65

林业用地面积在国家林业政策的有效支持下，获得稳定增长。一方面，森林保护和抚育政策，使天然林受到保护；另一方面，人工林的增植，使绿化面积稳定增加。同时，林果业的发展，使特色林果种植面积持续增加。部分县市在特色林果业的发展过程中，已经形成规模，建立了种植基地，开拓了市场空间。2012年全省经济林总面积达到640.95万亩，比2005年的213.9万亩增加了200%。

牧草地面积维持基本状态。近年来，甘肃省以发展草食畜牧业为"抓手"，在稳定草场面积及质量的前提下，明晰草地使用权，加强草场的保护，减少生态危害及公共草地的悲剧；荒漠草原基本以禁牧为主体，推行舍饲养殖，提高了畜牧业的生产效益。以牧草地为基础的畜牧业成为群众致富增收的主要渠道。

（二）土地资源质量

根据甘肃省的基本情况，水土流失是甘肃省最为主要的土地退化类型。全省每年的治理面积约为水土流失面积的1/4，其治理的途径基本是通过水土保持林、基本农田建设、封禁治理、种草、经济林等途径来治理，治理的重点主要集中于平凉、庆阳、陇南、临夏等市州。表1-3是2012年甘肃省水土流失及治理的基本情况。

表 1-3　2012 年甘肃省水土流失及治理的基本情况　　　　单位：万亩

地区	原有水土流失面积	水土流失治理面积							本年新增治理面积	梯田面积	
		小计	基本农田	水土保持林	经济林	种草	封禁治理	其他		小计	本年新增
嘉峪关	148.68	37.19	5.78	23.27	3.15	0.69	4.31	0.00	0.09	0.00	0.00
酒泉市	16032.83	195.44	0.00	1.97	0.02	0.02	193.02	0.42	2.25	0.00	0.00
张掖市	2590.94	622.01	0.00	251.21	27.35	5.31	338.15	0.00	0.00	0.00	0.00
金昌市	827.55	237.57	0.51	162.05	1.56	9.65	59.51	4.31	0.60	0.51	0.51
武威市	4472.10	1092.99	48.27	308.49	24.23	59.61	160.77	491.63	4.76	27.33	3.32
兰州市	1243.92	587.67	239.79	202.08	16.49	52.07	77.21	0.05	9.00	148.80	6.23
白银市	2178.00	899.93	335.55	291.15	28.53	184.08	60.62	0.00	21.75	241.26	16.13
定西市	2447.49	1390.55	599.19	485.79	34.74	166.74	104.09	0.00	77.82	547.28	35.54
天水市	1446.35	828.69	399.69	254.12	49.46	66.74	54.03	4.67	27.00	365.36	23.93
陇南市	2287.28	1275.80	222.11	394.22	145.23	64.65	312.20	137.40	21.00	208.58	14.45
平凉市	1323.27	815.84	342.92	397.71	0.00	40.29	34.92	0.00	27.00	336.30	25.20
庆阳市	3493.77	1455.95	585.92	438.18	130.53	256.44	44.88	0.00	33.18	583.43	19.31
临夏州	882.69	418.97	173.79	106.61	43.32	46.05	49.20	0.00	58.50	152.46	19.50
甘南州	2818.40	917.75	51.96	194.66	1.74	177.44	491.25	0.71	2.61	29.30	0.02
全省	42193.25	10776.30	3005.46	3511.47	506.33	1129.76	1984.13	639.17	285.56	2640.59	164.10

资料来源：《2013 年甘肃省水利年鉴》，长江出版社，2014。

二、水资源

甘肃省位于我国西部，地处黄河上游，位于黄土高原、青藏高原和内蒙古高原三大高原交会地带，深居内陆腹地，全省大部分地区属于干旱半干旱地区，常年干旱少雨，降水极不稳定，且水资源时空分布不均，资源性缺水严重。省内湖泊数量少、面积小，水环境主要以河流环境为主，集中在黄河、长江、内陆河三大流域九个水系，黄河流域位于省中东部地区，总面积 14.60 万 km^2，主要有黄河（包括支流庄浪河、大夏河、祖厉河及直接入干流的小支流）、洮河、湟水、渭河、泾河五个水系；长江流域主要分布在省陇南地区，总面积 3.80 万 km^2，除汉江水系八庙河外都属嘉陵江水系；内陆河流域位于河西走廊东端的乌鞘岭以西，总面积 27 万 km^2，从西到东分布有疏勒河（含苏干湖区的哈尔腾河等）、黑河、石羊河三个水系，全省河流年总径流量 600 多亿 m^3。甘肃省水资源分区见表 1-4。

表1-4　甘肃省水资源分区

水资源分区名称			水资源分区代码	面积（km²）
一级	二级	三级		
西北诸河	河西走廊内陆河	石羊河	K020100	40687
		黑河	K020200	59354
		疏勒河	K020300	169983
	小计			270024
黄河	龙羊峡以上	河源至玛曲	D010100	6502
		玛曲至龙羊峡	D010200	3678
		小计		10180
	龙羊峡至兰州	大通河享堂以上	D020100	2525
		湟水	D020200	1302
		大夏河	D020300	5878
		洮河		25225
		龙羊峡至兰州干流区	D020400	10701
		小计		45631
	兰州至河口镇	兰州至下河沿	D030100	29752
		清水河与苦水河	D030200	1233
		小计		30985
	龙门至三门峡	北洛河状头以上	D050200	2330
		泾河张家山以上	D050300	30979
		渭河宝鸡峡以上	D050400	25790
		小计		59099
	小计			145895
长江	嘉陵江	广元昭化以上	F040100	38313
	汉江	丹江口以上	F080100	171
	小计			38484
合计				454403

资料来源：甘肃省水资源公报。

2012年全省平均降水量287.7000mm，降水总量1307.4460亿m³；自产地表水资源量292.7270亿m³，地下水资源量139.1340亿m³；全省入境水资源量328.3870亿m³，出境水资源量537.8160亿m³，水资源总量为300.6880亿m³。省内大中型水库年末蓄水总量38.5701亿m³。全省供水总量123.0844亿m³，用水总量 123.0844 亿 m³，耗水总量 80.5603 亿 m³，耗水率 65.45%。全省水资源及开发利用概况见表 1-5。

表 1-5 2012 年甘肃省水资源及开发利用概况

项目				单位	数量
降水			降水量	mm	287.7000
			降水总量	亿 m³	1307.4460
地表水资源量	自产水		自产水量	亿 m³	292.7270
			径流深	mm	64.4000
入境水量				亿 m³	328.3870
出境水量					537.8160
地下水资源量					139.1340
水资源总量					300.6880
供水量	地表水源		蓄水工程		35.5701
			引水工程		40.9711
			提水工程		17.1023
			跨流域调水		2.2324
	地下水源		浅层水		25.7444
	其他水源		污水处理回用		0.2867
			雨水利用		1.1755
	合计				123.0844
用水量	地表水		农业		76.1333
			工业		13.0273
			城镇公共		1.4116
			生活	亿 m³	4.8332
			生态		1.9346
	地下水		农业		18.9911
			工业		2.6680
			城镇公共		0.5829
			生活		2.4458
			生态		1.0566
	总用水量				123.0844
耗水量			农业		67.7503
			工业		5.1582
			城镇公共		1.2058
			生活		4.4987
			生态		1.9473
			合计		80.5603

资料来源：甘肃省水资源公报。

目前，甘肃省水资源短缺与粗放低效利用的状况并存，而水资源的粗放低效利用，又加剧了水资源短缺程度。由于输水方式、灌溉方式、农田水利基础设施、耕作制度、栽培方式等方面的问题，使农业用水的利用率很低。在节水农业发展过程中，往往只注意单项的工程技术，如渠道防渗、低压管道输水、喷灌和微灌的推广，缺乏将这些技术和农业措施紧密结合的综合集成技术。甘肃省推广喷滴灌面积 2.870 万 hm^2、微灌面积 0.510 万 hm^2、管灌面积 3.710 万 hm^2，分别占全省总耕地面积的 0.5%、0.1% 和 0.7%，除微灌面积占耕地面积的比例达到全国平均水平外，喷滴灌、管灌的比例分别低于全国平均水平 1.1 个百分点和 2.0 个百分点[①]。

（一）水资源数量

甘肃省水资源总的特征是：（1）干旱少雨，年降水量少于 500 毫米的干旱、半干旱地区的面积占全省总面积的 75%；（2）降水量地区分布不均，东南多、西北少，山区多、平原少；（3）降水量年内分配不均匀，易发生初夏旱和伏旱；（4）降水量年际变化大，中部地区有"十年九旱"、"三年两头旱"之称。

甘肃省地处中国西北黄土高原，耕地面积为 499 万 m^2，其中旱地占 375.27 万 km^2，占比高达 75.2%，而水浇地（包括林草地浇灌面积）123.74 万 km^2，仅占 24.8%。由于干旱缺水，全省每年都有 100 万 ~ 133.4 万 km^2 耕地不同程度地受旱。全省人均水资源量 1150 m^3，是全国平均水平的 47%，居全国第 22 位。年均降水量只有 302 毫米，且时空分布不均，大多集中在 7 ~ 9 月，从东南向西北递减，降水量 40 ~ 800 毫米（见图 1 - 1），年蒸发量 1000 ~ 3000 毫米。大致分为长江流域相对丰水区、黄河流域缺水区和内陆河流域严重缺水区三类。甘肃省平均耕地水资源量只有 5670 m^3/km^2，约为全国平均耕地水资源量的 1/4，其中黄河流域水资源量最少，人均占有量只有 750 m^3，耕地平均水资源量仅为 3660 m^3/km^2。

年降水量区域分配不均衡，年际变化大。一是全省各区域年降水量分配不均衡。全省年均降水量仅 300mm 左右，不到全国年均降水量的 1/2，70% 的地域年降水量少于 500mm，自东南向西北由 760mm 降为 42mm。河西走廊年均降水量除祁连山区为 200 ~ 400mm 外，大部分地区为 42 ~ 200mm，是降水量最少的地区，陇中一般为 200 ~ 500mm，陇东为 350 ~ 700mm，陇南和甘南为 450 ~ 760mm。二是年际降水变化幅度大。降水量最多年份年降水量可达最少年份的 3 倍以上，相对变率以河西最大，达 20% ~ 40%，中部和陇东为 15% ~ 25%，陇南为 15%。同时在年内，降水主要集中在 6 ~ 9 月，春季（3 ~ 5 月）、夏季（6 ~ 8 月）、秋季

---

① 高云，谢莉. 可持续发展视阈下的甘肃省农业水资源利用 [J]. 甘肃省科技，2008，24 (23)：1 - 3.

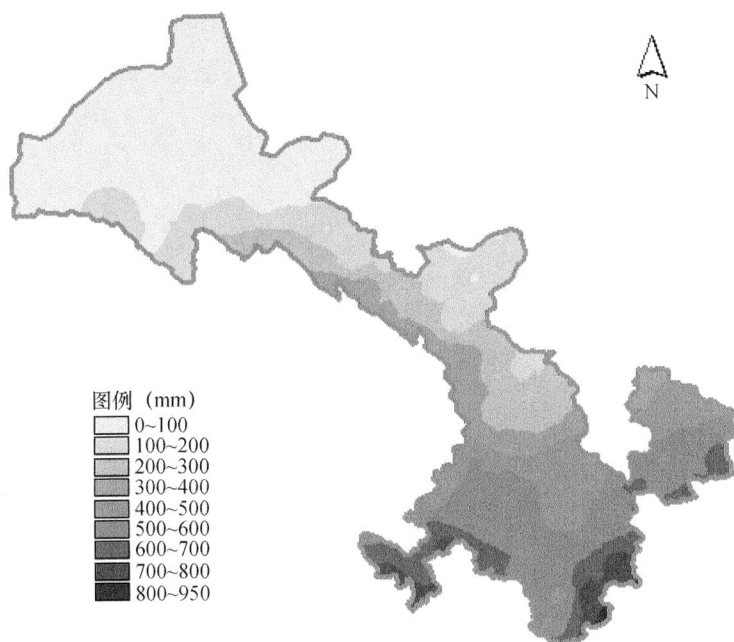

图 1-1　甘肃省年降水量分布图

（9～10 月）、冬季（11 月至次年 2 月）的降水分别占年降水的 15%～25%、45%～70%、10%～30% 和 8% 左右。甘肃全省有 70% 以上是旱作农业区，农业用水主要靠自然降水，这对于地表、地下水源俱缺、降水偏少的中东部地区来说，更加剧了水资源的紧缺。

（二）水资源质量

根据 2012 年甘肃省水资源公报，全省共选用 108 个水质监测断面的资料，对地表水水质状况进行评价，其中内陆河 30 个，黄河流域 64 个，长江流域 14 个。

全省工业、生活及混合类污水排放入河污水量 6.057 亿吨，主要污染物中化学需氧量 11.969 万吨，氨氮为 1.729 万吨。全年评价河长 6137.1km，其中 Ⅰ～Ⅲ 类水的河长 3865km，占 63.0%；Ⅳ 类水河长 378.7km，占 6.2%；劣 Ⅴ 类水的河长 1521.7km，占 24%。

三、气候资源

甘肃省深居内陆，地形复杂，气候差异大，河西为干旱气候，河东为季风气候，甘南高原和祁连山为高寒气候。东南部温湿，西北部干冷，由东南到西北几乎包括了北亚热带到高原寒带的各种气候带和湿润、半湿润、半干旱、干旱和极干旱气候区。特别是河东（黄河以东）雨养农业区，既是气候变化的敏感区，又是生态环境脆弱带。在全球变暖的大背景下，甘肃省的气温持续攀升，气候变暖，导致生态环境改变，对农作物熟制、布局、结构都产生影响，气象灾害频繁，尤其是重大极端干旱气候事件频发，农业生产可持续发展的负面影响逐渐显露。

甘肃省境内地形复杂，山脉纵横交错，海拔相差悬殊，高山、盆地、平原、沙漠和戈壁等兼而有之，是山地型高原地貌。从东南到西北包括了北亚热带湿润区到高寒区、干旱区的各种气候类型。总体上气候干燥，气温日差较大，光照充足，太阳辐射强。年平均气温在0~14℃之间，由东南向西北递减；河西走廊年平均气温为4~9℃，祁连山区0~6℃，陇中和陇东分别为9℃和7~10℃，甘南为1~7℃，陇南为9~15℃（见图1-2）。无霜期一般为48~228天。光照充足，光能资源丰富，年日照时数为1700~3300小时，自东南向西北增多。河西走廊年日照时数为2800~3300小时，是日照最多的地区；陇南为1800~2300小时，是日照最少的地区；陇中、陇东和甘南为2100~2700小时，都显著高于我国同纬度东部各省。

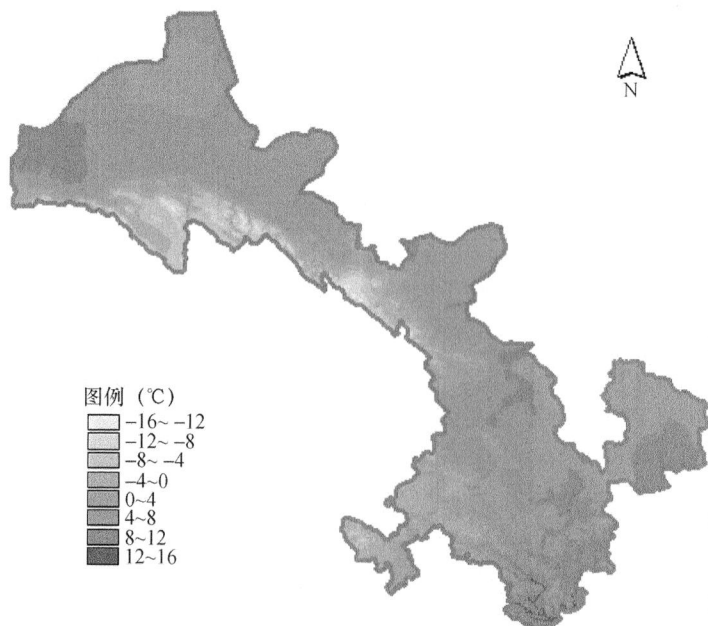

图1-2　甘肃省年平均气温分布图

图例（℃）
- −16~−12
- −12~−8
- −8~−4
- −4~0
- 0~4
- 4~8
- 8~12
- 12~16

甘肃省月平均气温、最高气温、最低气温1987~2003年比1961~1986年的平均值明显增高，尤以最低气温增幅最大，冬季升温幅度大于夏季，气候变暖主要来自最低气温的贡献。

冬季最冷月平均气温、最低气温升高和负积温绝对值减少，农耕期延长，热量资源增加，有利于越冬作物种植北界向北扩展，多熟制向北推移，喜温作物面积扩大，复种指数提高，也对牧区牲畜越冬度春有利。

近年来，甘肃省气候变暖，干旱大面积频繁发生，土壤水分蒸发加剧，水分亏缺增加，抑制了热量资源增加所发挥的作用；还使牧区天然草场退化和沙化，产草量和质量下降，草场生产能力降低，直接威胁畜牧业的可持续发展；越冬病虫卵蛹死亡率降低，病虫群数量上升，农牧业易造成病虫害，增大了病虫害防治难度，西北地区气候变暖的负面影响大于正面影响[①]。

四、生物资源

甘肃省幅员辽阔，经纬跨度较大，从东南至西北气候条件和土壤因素逐渐发生分异，植被的水平地域差异十分显著，而且山地的垂直地带分异也较明显。水平植被带有常绿阔叶、落地阔叶混交林地带，落叶阔叶林地带，森林草原地带，草原地带，荒漠草原地带，荒漠地带。甘肃省自然条件多样，农业栽培历史悠久，农作物品种资源十分丰富。粮食作物主要有：小麦、玉米、马铃薯、豆类、谷子、糜子、荞麦、高粱等30多种；经济作物主要有油料、棉花、甜菜、中药材、水果、蔬菜、瓜类、烟叶等。全省共有各类畜禽品种65个，天祝白牦牛、靖远滩羊、河西白绒山羊、山丹马等品种在省内外享有盛誉，甘肃省高山细毛羊、华特瘦肉型猪、早胜肉牛、藏羊、牦牛等地方品种是甘肃省畜牧业生产的主导品种。

第二节　农业设施条件

一、水利条件

甘肃省在多年的实践中总结出适宜发展雨水集蓄利用工程的地区特征：一是地表、地下水缺乏，区域性、季节性干旱缺水问题严重；二是修建区域性骨干引水、调水工程十分困难，技术和经济上不合理；三是当地有一定的降雨量，有集

---

① 刘德祥等．气候变暖对甘肃省农业的影响［J］．地理科学进展，2005，24（2）：49-58.

雨的气象条件；四是当地地形复杂，居住分散，适宜修建雨水集蓄利用工程进行分散开发。通过多年的建设，甘肃省建成大中小型水库287座，大中型灌区182处，各类机井4万多眼，集雨水窖（池、塘）253万眼（处），在水利工程建设和水资源的开发利用上形成了"三水"齐抓的发展格局①。到2010年底，全省有效灌溉面积1648.32万亩，占全省耕地面积的31.45%。水平梯田面积2760.92万亩，占全省耕地面积的52.68%；条田面积1288.97万亩，占全省耕地面积的24.60%。在中东部干旱地区实施了"121"雨水集流工程，集雨节灌面积发展到342万亩。逐步确立了"梯田、水窖、地膜、调整"的旱作农业发展路子，创立了"用水、保水、蓄水、截水、节水"五大技术体系。

根据河西及沿黄灌区高效农田节水技术推广项目实施情况，甘肃省2011年安排4250万元资金支持节水技术推广，共完成高效农田节水推广面积382.51万亩，比2010年增加了156.1万亩。

二、机械化水平

多年来，通过广大农民的有效投入及国家政策的正确引导和财政补贴，农民"面朝黄土背朝天"及"二牛抬杠"等生产方式有了根本性改变。2010年农业机耕面积2670万亩，机播面积1800万亩，分别占全省耕地面积的50.96%和34.44%；农村用电量42.85亿千瓦时，较2005年增长了26.59%。化肥使用量（实物量）达到292.92万吨，较2005年增长了11.41%。农药使用量4.46万吨，较2005年增长了95.72%。农膜使用量12.37万吨，较2005年增长了58.23%。

2011年，甘肃省安排2.4亿元专项资金，组织实施1000万亩旱作农业工程。2010年秋季共完成秋覆膜517.6万亩，加上顶凌覆膜面积553.2万亩，共完成全膜双垄沟播技术推广面积1070.8万亩，完成计划的107%。覆盖45个县区，681个乡镇，7641个行政村，4万个自然村，受益农户达到148.3万户，为实现全年粮食生产目标打牢了基础。推广测土配方施肥面积1200万亩，配方肥施用面积达650万亩。

三、电气化水平

广大农民基本告别了"油灯时代"走向光明，2010年99.71%的村庄实现了通电，农村水电站304个，农村生活用电达到了15.29亿千瓦时，占农村生产用电的55%。电视、电话、电器设备大范围进入农村，让农民享受现代社会的生活方式。

---

① 中国农村水利网，http：//ncsl. mwr. gov. cn.

四、农业科技

在农业科技发展方面。"十一五"以来，培育小麦、玉米、杂粮、马铃薯、胡麻、油菜、棉花、蔬菜等新品种46个，其中，通过省级审定认定30个，申请植物新品种保护5个，陇薯6号、陇亚9号、甘啤4号等品种获甘肃省科技进步一等奖，促进了农作物品种的更新换代，确保了全省粮食和主要农产品产量的持续增长。

旱作农业技术大幅度提高了旱地作物产量和水分利用效率。研究并示范推广了全膜双垄沟、秋覆膜、顶凌覆膜、一膜两用为核心的旱作农业技术，大幅度提高了旱地作物产量和水分利用效率。

农田节水技术节水增产增收明显。以制种玉米、马铃薯、瓜菜等作物为主的垄膜沟灌，以啤酒大麦、小麦为主的垄作沟灌和免冬灌等农田节水技术节水增产增收明显。

广泛应用了农作物病虫害综合控制技术。重点应用了以陇南小麦条锈菌越夏菌源区种植结构调整优化、抗病品种基因优化布局为基础的小麦条锈菌综合防控技术，对确保国家小麦安全生产起到了重要的作用。研制了新型安全高效植物源农药和杀虫剂、微生物类生物农药、抗病虫草调节物质等生物农药，建立了生物农药产业化生产工艺流程和产品质量标准，构建了生物农药与化学农药田间高效安全施用技术体系。

设计和应用了设施农业关键技术与产品，显著提高了农业效益。设计建造了不同类型的西北型标准化节能日光温室，强化了温室的采光、保温、集水、节水功能，研制出具有自主知识产权的温室保温材料等配套产品。在河西走廊沿山高海拔冷凉地区大力开发利用冷资源，发展低温食用菌种植和红提葡萄延后生产成效显著，在戈壁荒漠区发展日光温室有机生态无土栽培，为扩大和延伸现代农业技术的应用范围提供了样板。

膜下滴灌及水肥联供节水灌溉技术效能显著。以棉花、瓜菜为主的膜下滴灌及水肥联供节水灌溉技术，最大限度地发挥了节水技术的效能，并显著降低了病虫害发生。

特色农产品安全高效技术的创新与推广，提升了农业产业化水平研究。开发了一批提升马铃薯、啤酒大麦、高原夏菜、苹果、肉羊等区域特色优势产业发展的关键技术[1]。

---

[1] 吕迎春. 加强农业科技创新，支持甘肃省现代农业发展 [J]. 农业科技管理，2010，29（3）：36–38.

第三节 社会资源条件

改革开放以来，甘肃省社会经济取得了前所未有的变化，经济实现持续快速发展，城镇化水平有了较大提高，市政建设面貌有了显著改观，各项基础设施和人民生活也相应地得到了改善，为农业生产创造了良好条件。

一、农村劳动力转移

改革开放以来，甘肃省农业生产过程中每年析出的农业剩余劳动力规模都在200万人以上，近几年伴随科技的发展和资金投入的增加，农业劳动力析出的规模都在不断增加，基本维持在每年450万人以上，农业剩余劳动力的总量规模较大[①]。

2007年以来，随着国家和省政府对"三农"问题的重视，赋予了城乡就业新的含义，取消了农民进城就业的各种不合理限制，甘肃省农村劳动力进入了规范转移的新阶段。随着国家农民工培训规划"阳光工程"等措施的实施，有效地调动了农民转移的积极性。甘肃省开始有计划、有组织地安排农村剩余劳动力输转，农村剩余劳动力进入了稳定增加和转移阶段。2010年甘肃省总人口2557.53万人，其中，城镇人口为923.66万人，占全省常住人口的36.12%；乡村人口为1633.87万人，占全省常住人口的63.88%。农村从业人员总数为1065.92万人。据牛叔文等（2006）[②]研究，甘肃省流动人口规模在230万人左右（2004~2005年），并且流出量大大超过了流入量，不但解决了大量农村劳动力的就业问题，而且创造了一定的经济效益，被誉为具有甘肃省特色的劳务经济，"天水白娃娃"、"礼县礼贤大嫂"已经被注册为劳务商标。2007年全省各种形式的农村劳动力实用技术培训121.83万人，输转农村劳动力587.2万人次，劳务收入突破200亿元[③]。2010年输转城乡劳动力516.89万人，创劳务收入468亿元[④]。大量的农村劳动力被培训为具有一技之长的劳动者，成为城市建设中的重要力量。

二、农村教育及医疗保障

随着国家免除义务教育阶段学杂费等工作的深入开展，农村各个层次教育入

---

① 曾家洪．新形势下我国农村剩余劳动力转移的有效途径分析［J］．中国农村经济，2007（7）：18－20.
② 牛叔文等．实现农村劳动力有序转移的途径与对策［A］．甘肃省发改委．甘肃省"十一五"规划前期重大课题研究报告［M］．兰州：甘肃省人民出版社，2006.
③ 赵春．2008年甘肃省国民经济和社会发展报告［M］．兰州：甘肃省人民出版社，2008.
④ 甘肃省人民政府工作报告［R］．2011.

学率有了显著提高；农村人口受教育程度也不断提高。我省加大了基础教育改革力度，促进了农村从业人员文化素质的进一步提高。从文化程度来看，在全省乡村从业人员中，高中以上文化程度的从业人员 2011 年达到 171.28 万人，比上年新增了 7.14 万人，增加了 4.34%。初中文化程度的从业人员 2011 年为 407.65 万人，与上年相比增加了 7.65 万人，增长了 1.91%，小学文化程度的从业人员基本与上年持平。文盲、半文盲的乡村从业人员比上年减少了 10.07 万人，下降了 8.57%[①]。农民文化水平的提高为农业科技普及创新发挥了重要作用。现在正在实施的农村公共卫生保障体系，力图从根本上解决农民"看病难"及无钱治病等后顾之忧，从社会发展的角度，推动了农村生产的有效发展。

三、农民生活质量

农民人均纯收入的增加，使农民生活水平有较大提高，思想观念进一步解放，进而强化了农业生产投入。自 2005 年以来，甘肃省农民人均纯收入从 1980.00 元增加到 2010 年的 3424.70 元，净增 1444.70 元；农民家庭人均消费支出从 1819.58 元增加到 2941.99 元，净增 1122.41 元。各种耐用消费品拥有量平稳增加，投入农业生产中的各种机械、设施有了普遍增加。

总体来看，甘肃省深处西北内陆，地形狭长，地貌形态复杂，气候类型多样，特别是气温差别大，日照充足，昼夜温差大，隔离条件好，为发展特色优势农业产业提供了得天独厚的有利条件。

经过多年的实践与探索，各地因地制宜，调整农业结构，面向市场，积极发展特色农业，全省农业特色产业发展已经形成规模，基础条件不断改善，初步走出了具有自身特色的特色产业发展路子，为进一步提升特色农业产业综合效益奠定了坚实基础。

当然，甘肃省地理位置和气候条件特殊，降水稀少，时空分布不均，水资源严重短缺，干旱等自然灾害频发多发。农业生产过程中的基础条件如灌区改造和小流域治理虽然取得了一定成效，但小型农田基本建设特别是农田水利建设滞后。全省 70% 的耕地是山旱地，受自然条件影响大，生产水平长期低而不稳。近年来，中东部的全膜覆盖技术推广虽然取得了显著成效，但土地立地条件差的基本面貌没有大的改变。农业面临水源污染日趋加重、草原生态退化、水土流失和荒漠化等尚未得到有效遏制的问题，农业生态保护任务艰巨。

---

① 凤凰网，http://news.ifeng.com/gundong/detail_ 2012_ 06/13/15252970_ 0.shtml.

第 二 章

甘肃省农业可持续发展

本章试图在广泛吸收前人相关研究成果的基础上，采用主成分分析和动态聚类分析方法等，对甘肃省农业可持续发展在定量研究方面做些尝试，通过对其定量评价，分析其整体系统协调、持续状况并预测其未来的持续能力。

第一节 评价指标体系构建

进行甘肃省农业可持续发展评价时，首先要根据农业可持续发展系统的发展特征确定评价指标，然后以各指标为基础构成评价指标体系。各级指标均是对不同层面的甘肃省农业可持续发展客观状况的一种刻画、描述和度量，是一种"尺度"和"标准"。构成评价指标体系的指标既有直接从原始数据而来的基本指标及通过数据挖掘求出的深层次指标，用以反映子系统的特征；又有对基本指标的抽象、综合和总结的综合指标，用以说明各子系统之间的联系及农业可持续发展系统的整体特征，如各种"度"、"率"及"指数"等。农业可持续发展指标体系实际上是一个区域的以指标为基本元素、由若干个指标组成的发展条件和结果的集合。

由于农业可持续发展系统结构复杂、层次多、子系统种类多，子系统之间的关联关系十分复杂。这个复杂的大系统某些层次或元素或子系统的变化可能导致整个系统结构和功能的变化。根据矛盾运动的观点可以判断，在不同的时期，农业可持续发展系统中总是有一些对系统的变化起着主导作用、反应最为灵敏、能够度量且内涵丰富的层次或子系统或某些系统因素。用这些指标来评价农业可持续发展状态，容易反映农业可持续发展的真实面貌。但选取这些指标不是简单的事，它除了要符合统计学的基本规范外，要遵循如下的原则：

全面系统性原则。可持续发展的理论核心，实质是围绕着两条主线进行的：其一，努力把握人与自然之间关系的平衡；其二，努力实现人与人之间关系的和谐。"人与自然"和"人与人"之间的关系归纳起来可以概括为人口、经济、社会、资源、环境各要素之间的关系。农业可持续发展的目标就是通过调整农业经济与农村人口、社会、资源、环境之间的关系，使其维持协调、良性的循环发展。基于此，甘肃省农业可持续发展水平评价指标体系的设置必须涵盖农业与农村人口、经济、社会、资源环境的内容。

可操作性原则。设置评价指标体系只是手段，最终的目的是要依据它对农业与农村可持续发展水平进行量化测度。若设置出的指标体系过于追求全面和科学，而脱离了社会统计体系范畴，无法取得统计数据，那这样的指标体系就是毫无意义的。本指标体系的设置，既涵盖了人口、社会、经济、资源、环境各方面的指标，又考虑了指标能较准确地量化，如环境质量的好坏目前很难量化，可以用环境治理投入指标代替。而如农村制度、组织等一些软指标，目前无法获取量化资料，只能舍弃。

特殊性原则。社会经济的差异性是区域经济研究中的基本特征之一，作为区域经济研究领域的省级农业可持续发展水平评价指标体系的设置，也必须体现这一特征。特殊性原则要求设置指标体系时，要充分考虑到当地经济、社会、资源、环境的独特性和发展的非均衡性。本书充分考虑了甘肃省农业发展的滞后、农业自然条件的恶劣及生态环境的脆弱，因此指标体系中着重设置了经济增长、经济效益、经济结构等经济发展指标，生态环境质量和治理等环境指标，人口发展、科教水平等农村社会指标。

可比性原则。农业和农村可持续发展水平的量化测度只有与标准值或目标值做比较才能对其发展水平进行评价，因此，指标体系应考虑不同时期的动态对比以及不同地区空间对比的要求。该指标体系既有静态指标，又包括反映不同时期的动态指标。此外，考虑到空间可比性，指标设置中力求做到统计指标的统一性和包容性，以利于实际比较分析的应用。

目标性原则。《中国21世纪议程》指出，我国农业可持续发展的目标是：保持农业生产率稳定增长，提高食物产量和保障食物安全；发展农村经济，增加农民收入，改变农村贫困落后状况；保护和改善农业生态环境，合理、永续地利用自然资源，特别是生物资源和可再生能源，以满足逐年增长的国民经济和人民生活的需要。该指标体系的设置除了遵循以上目标外，根据甘肃省农业发展状况，应把发展经济、解决贫困、缓解自然生态环境恶化作为主要目标。

甘肃省农业可持续发展评价指标体系共包括4项一级指标，22项二级指标，指标构成如表2-1所示。

表2-1 甘肃省农业可持续发展评价指标体系

一级指标	二级指标（单位）
甘 肃 省 农 业 可 持 续 发 展 评 价 指 标 体 系 农业基本条件	机耕面积占总面积比重（%）
	人均草地面积（亩/人）
	人均林地面积（亩/人）
	人均耕地面积（亩/人）
	人均水域面积（m³/人）
农业投入水平	农林牧渔业从业人员数（万人）
	农业科技人员数（人）
	农村用电量（万千瓦）
	化肥施用量（吨）
	塑料薄膜使用量（吨）
	机电井眼数（眼）
	农机总动力（千瓦）
	农业机械化投入（万元）
农业产出水平	农林牧渔业发展速度（%）
	农民人均纯收入（元）
	人均粮食产量（吨/万人）
	人均蔬菜产量（吨/万人）
	人均油料产量（吨/万人）
	人均水果产量（吨/万人）
	人均食肉产量（吨/万人）
生态恢复能力	人均造林面积（亩/人）
	治理水土流失面积比重（%）

第二节　可持续发展测度

由于农业发展可持续性评价的特殊性，其受多方面因素的影响和制约，构成复杂，情况多变，具有较大的模糊性和随机性，而且这些因素对于农业可持续发展的影响都有着密切的相关联系，并且它们之间往往具有不同程度的相关性，不恰当的组合反而有可能导致错误的判断。往往需要对反映农业可持续发展的多个变量进行大量的观测，但在一定程度上增加了数据采集的工作量，更重要的是在大多数情况下，许多变量之间可能存在相关性而增加了问题分析的复杂性，同时对分析带来不便。因此本书认为有可能用较少的综合指标分别综合存在于各变量中的各类信息。主成分分析就是这样一种降维的方法。

设有原始变量：X_1，X_2，$\cdots$，X_m。原始变更与潜在主成分间的关系可以表示为：

$$\begin{cases} X_1 = b_{11}z_1 + b_{12}z_2 + \cdots + b_{1m}z_m + e_1 \\ X_2 = b_{21}z_1 + b_{22}z_2 + \cdots + b_{2m}z_m + e_2 \\ \cdots \\ X_m = b_{m1}z_1 + b_{m2}z_2 + \cdots + b_{mm}z_m + e_m \end{cases}$$

其中，$z_1 - z_m$ 为 m 个潜在主成分，是各原始变量都包含的主成分，称共性主成分；$e_1 - e_m$ 为 m 个只包含在某个原始变量之中的，只对一个原始变量起作用的个性因子，是各变量特有的因子。共性主成分与特殊因子相互独立。找出共性主成分是因子分析的主要目的。

由此可以建立甘肃省农业可持续发展定量评价模型。以 2012 年甘肃省 87 个县级行政区数据为样本，利用 SPSS 进行分析，其描述统计量如表 2 - 2 所示：

表 2 - 2　描述统计量

变量名称	均值	标准差	样本数
机耕面积占总面积比重（%）	59.28	26.17	87
人均草地面积（亩/人）	138.08	733.37	87
人均林地面积（亩/人）	31.08	124.45	87
人均耕地面积（亩/人）	2.23	1.39	87
人均水域面积（m^3/人）	22.17	43.55	87
农林牧渔业从业人员数（万人）	13.27	8.76	87
农业科技人员数（人）	238.20	167.81	87
农村用电量（万千瓦）	5309.99	5251.34	87
化肥施用量（吨）	35622.52	38223.56	87
塑料薄膜使用量（吨）	1712.35	1815.67	87
机电井眼数（眼）	553.20	1053.31	87
农机总动力（千瓦）	3861.17	4950.10	87
农业机械化投入（万元）	457394.06	654179.00	87
农林牧渔业发展速度（%）	106.98	0.92	87

续表

变量名称	均值	标准差	样本数
农民人均纯收入（元）	5386.44	2976.49	87
人均粮食产量（吨/万人）	5117.54	5386.74	87
人均蔬菜产量（吨/万人）	6351.62	8038.91	87
人均油料产量（吨/万人）	317.45	372.83	87
人均水果产量（吨/万人）	1358.39	1918.77	87
人均食肉产量（吨/万人）	15.25	20.31	87
人均造林面积（亩/人）	0.11	0.12	87
治理水土流失面积比重（%）	0.42	0.17	87

碎石图（见图2-1）显示从第4个因子开始，下降趋势较为平缓，说明提取4个主成分较为合理。提取4个主成分的旋转后方差累积贡献为60.1%，代表了全部解释变量的绝大多数信息（见表2-3）。

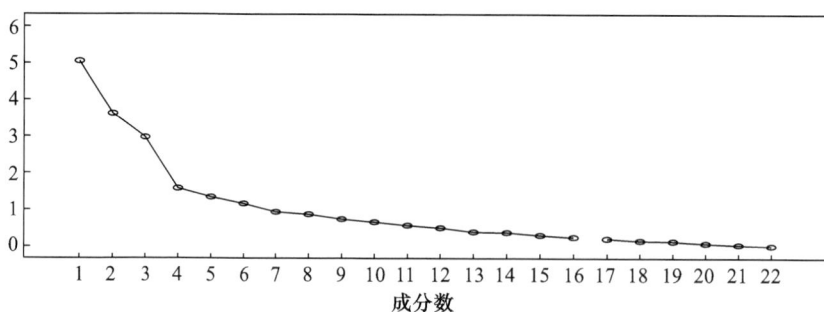

图2-1 碎石图

表2-3 方差累积贡献情况

成分	初始特征值			提取平方和载入			旋转平方和载入		
	合计	方差的百分比	累积百分比	合计	方差的百分比	累积百分比	合计	方差的百分比	累积百分比
1	5.05	22.97	22.97	5.05	22.97	22.97	4.31	19.57	19.57
2	3.62	16.47	39.44	3.62	16.47	39.44	3.47	15.78	35.35
3	2.97	13.49	52.93	2.97	13.49	52.93	3.13	14.24	49.59
4	1.58	7.17	60.10	1.58	7.17	60.10	2.31	10.51	60.10

对甘肃省87个地区的农业可持续发展水平进行评价，结果如表2-4所示。

表 2-4　甘肃省农业可持续发展能力测算结果

地区	农业基本条件	农业投入水平	农业产出水平	生态恢复能力	综合得分
城关区	1.80	1.16	0.53	2.66	6.14
七里河区	1.87	1.27	0.89	1.82	5.85
西固区	1.74	1.27	1.02	2.35	6.39
安宁区	1.85	1.25	0.96	2.13	6.19
红古区	1.09	1.15	1.37	3.57	7.18
永登县	1.87	2.62	1.89	1.88	8.27
皋兰县	1.66	1.74	2.23	2.34	7.97
榆中县	1.72	2.61	1.72	2.07	8.12
嘉峪关市	1.34	0.66	0.77	3.41	6.18
金川区	1.79	1.59	1.14	3.25	7.77
永昌县	1.88	2.52	2.61	3.42	10.44
白银区	1.65	1.49	1.27	2.85	7.26
平川区	1.63	1.47	1.37	2.84	7.31
靖远县	1.51	3.69	2.27	2.78	10.24
会宁县	2.35	3.01	2.31	0.97	8.65
景泰县	2.00	1.65	2.86	2.34	8.84
秦州区	2.36	2.38	2.92	0.55	8.22
麦积区	1.82	2.57	1.56	1.13	7.08
清水县	1.87	1.99	2.65	1.17	7.67
秦安县	2.13	3.10	1.98	0.56	7.78
甘谷县	1.87	2.93	1.62	0.88	7.30
武山县	1.68	3.25	1.68	1.54	8.16
张家川县	1.87	1.88	1.74	1.07	6.57
凉州区	1.64	7.64	1.00	3.89	14.17
民勤县	1.85	3.17	3.98	4.08	13.08
古浪县	2.08	3.26	2.14	2.20	9.68
天祝县	1.89	1.83	1.56	2.24	7.53
甘州区	2.00	2.00	2.00	2.00	8.00
肃南县	3.15	1.17	1.84	2.62	8.78
民乐县	2.03	1.94	2.90	2.49	9.36
临泽县	1.61	1.80	2.67	3.50	9.58

地区	农业基本条件	农业投入水平	农业产出水平	生态恢复能力	综合得分
高台县	1.13	1.81	2.51	4.17	9.62
山丹县	2.26	1.80	2.65	2.54	9.25
崆峒区	1.78	2.48	1.56	1.71	7.53
泾川县	2.00	2.29	2.35	1.52	8.16
灵台县	2.36	1.72	3.38	1.32	8.78
崇信县	1.87	1.12	2.80	1.54	7.32
华亭县	1.97	1.39	2.03	1.36	6.74
庄浪县	2.03	2.57	2.33	0.93	7.86
静宁县	2.30	2.77	3.08	0.76	8.91
肃州区	1.32	3.05	1.65	4.81	10.83
金塔县	1.31	1.54	2.50	4.59	9.94
瓜州县	2.26	1.88	1.84	3.52	9.51
肃北县	8.68	1.56	1.53	2.84	14.60
阿克塞县	6.84	1.24	1.17	3.04	12.29
玉门市	1.86	1.74	1.96	3.72	9.28
敦煌市	1.95	1.80	1.38	3.76	8.90
西峰区	2.17	2.63	1.52	2.22	8.54
庆城县	2.11	1.66	2.97	1.88	8.62
环县	3.11	3.59	3.13	0.60	10.43
华池县	2.54	1.40	3.25	1.39	8.58
合水县	2.28	1.59	2.79	1.94	8.60
正宁县	2.48	1.98	2.55	1.61	8.62
宁县	2.11	2.58	2.02	1.84	8.56
镇原县	2.57	3.07	2.81	1.18	9.63
安定区	1.83	3.31	1.70	1.77	8.62
通渭县	2.17	2.79	2.69	0.80	8.46
陇西县	2.02	2.78	1.59	1.04	7.43
渭源县	1.63	1.99	1.96	1.34	6.92
临洮县	1.71	3.07	1.64	1.48	7.90
漳县	1.66	1.46	1.78	1.46	6.35
岷县	1.70	2.00	1.41	0.79	5.90

地区	农业基本条件	农业投入水平	农业产出水平	生态恢复能力	综合得分
武都区	1.58	3.01	1.05	1.25	6.89
成县	1.77	1.50	1.52	1.16	5.95
文县	1.40	1.74	2.18	2.03	7.36
宕昌县	1.60	1.40	1.42	0.96	5.37
康县	1.69	1.25	2.04	1.20	6.18
西和县	1.66	2.10	1.56	1.14	6.46
礼县	1.83	2.27	1.63	0.70	6.43
徽县	1.67	1.21	1.12	1.33	5.33
两当县	1.40	0.60	8.43	2.77	13.19
临夏市	1.71	1.68	0.69	2.52	6.60
临夏县	1.87	1.91	1.75	1.38	6.91
康乐县	1.91	1.68	1.85	1.40	6.84
永靖县	1.82	1.89	1.99	1.92	7.61
广河县	1.85	1.51	1.48	1.83	6.67
和政县	1.95	1.01	2.35	1.62	6.94
东乡县	1.64	1.64	1.40	1.53	6.21
积石山县	2.12	1.46	2.23	1.25	7.06
合作市	1.30	0.58	1.14	1.93	4.94
临潭县	1.50	1.06	1.27	1.42	5.26
卓尼县	1.48	0.52	2.05	1.71	5.77
舟曲县	1.28	0.88	1.08	2.05	5.30
迭部县	1.45	0.55	0.92	1.92	4.84
玛曲县	1.43	0.43	0.92	1.91	4.69
碌曲县	1.44	0.44	0.92	1.89	4.69
夏河县	1.37	0.56	1.21	1.87	5.01

利用动态聚类分析，对上述得分进行5次凝聚中心计算，可以得到甘肃省县域农业可持续发展能力的初步划分结果，如表2-5所示。其中河西农业主产区可持续发展能力最高，为第一类地区，可持续发展能力平均得分为10.82分；陇东陇中农业主产区可持续发展能力较高，为第二类地区，可持续发展能力平均得分为8.06分；城镇人口密集区和陇南、临夏、甘南地区的农业可持续发展能力较低，为第三类地区，可持续发展能力平均得分为6.05分。

表 2-5 甘肃省县域农业可持续发展能力划分

类别	县区名称	可持续发展能力平均得分	区域特征
第一类地区	肃北县、凉州区、两当县、民勤县、阿克塞县、肃州区、永昌县、环县、靖远县、金塔县、古浪县、镇原县、高台县、临泽县、瓜州县、民乐县、玉门市、山丹县	10.82	主要为河西农业主产区
第二类地区	静宁县、敦煌市、景泰县、肃南县、灵台县、会宁县、庆城县、正宁县、安定区、合水县、华池县、宁县、西峰区、通渭县、永登县、秦州区、武山县、泾川县、榆中县、甘州区、皋兰县、临洮县、庄浪县、秦安县、金川区、清水县、永靖县、天祝县、崆峒区、陇西县、文县、崇信县、平川区、甘谷县、白银区、红古区、麦积区	8.06	主要为陇东、陇中农业主产区
第三类地区	积石山县、和政县、渭源县、临夏县、武都区、康乐县、华亭县、广河县、临夏市、张家川县、西和县、礼县、西固区、漳县、东乡县、安宁区、嘉峪关市、康县、城关区、成县、岷县、七里河区、卓尼县、宕昌县、宕昌县、舟曲县、临潭县、夏河县、合作市、迭部县、玛曲县、碌曲县	6.05	主要为城镇人口密集区和陇南、临夏、甘南地区

第三节 农业可持续发展目标

从资源永续利用角度，探讨现有技术经济条件下本地区自然资源可支撑的合理农业活动规模和目标。

一、农业活动适度规模

依据甘肃省的自然资源条件特征及市场经济条件下农业可持续发展的水平和现状，甘肃省农业活动适度规模确定的总体指导思想是："以实施可持续发展战略为中心，以高效合理利用农业资源、规范农业发展空间秩序为目标，确定地域农业发展方向，合理调整农业生产结构，促进甘肃省农业功能区内部和区际之间农业资源生态功能和生产功能的合理配置，促进农业生产功能以外的生态功能、就业和生活保障功能、文化传承和休闲功能的开发，有效地实现区域农业功能与人口资源环境的协调发展。"在此指导思路下，甘肃省应当依据各县区农业主体功能定位（如表2-6所示），合理定义农业适度规模。

对于农产品供给功能区，将主要承担为全社会提供农产品、确保国家粮食安全、输送工业所需的原材料与出口商品的任务，其农业适度规模应当以完成农产品生产目标来确定。

对于休闲和文化传承功能区、生态调节功能区、就业和生活保障功能区，不应硬性规定农产品生产规模，而应当以农耕文化保护和传承、建立与自然和谐发展的价值观和完成基本生活保障为主要任务。

表2-6　甘肃省农业功能区划分①

休闲和文化传承功能区（10县区）	生态调节功能区（37县区）	农产品供给功能区（11县区）	就业和生活保障功能区（29县区）
1. 兰州休闲功能区：（5区） 城关、安宁、西固、七里河、红古。 2. 酒（酒泉）—嘉（嘉峪关）休闲功能区：（2区） 嘉峪关、肃州。 3. 平凉休闲功能区：（2县区） 崆峒、泾川。 4. 临夏休闲功能区：（1市） 临夏市。	1. 陇中生态调节功能区：（13县区） 麦积、清水、武山、临洮、漳县、岷县、临夏县、康乐、永靖、广河、和政、东乡、积石山。 2. 陇南生态调节功能区：（9县区） 武都、康县、文县、西和、礼县、两当、徽县、成县、宕昌。 3. 河西生态调节功能区：（7县市） 民勤、天祝、肃南、瓜州、肃北、阿克塞、敦煌。 4. 甘南生态调节功能区：（8县市） 合作、临潭、卓尼、舟曲、迭部、玛曲、碌曲、夏河。	河西农产品供给功能区：（11县） 金塔、临泽、高台、民乐、金川、永昌、凉州、古浪、甘州、山丹、玉门。	1. 陇中就业和生活保障功能区：（18县区） 永登、皋兰、榆中、白银、平川、靖远、会宁、景泰、秦州、张家川、安定、静宁、庄浪、通渭、陇西、渭源、秦安、甘谷。 2. 陇东就业和生活保障功能区：（11县） 崇信、华亭、西峰、庆城、环县、华池、合水、灵台、镇原、正宁、宁县。

---

① 祁永安，张平．区域产业发展论——以甘肃省为例的理论与实证研究［M］．北京：经济管理出版社，2011.

二、资源利用效率目标

到 2020 年前，达到以下目标：

有效利用甘肃省光热水土资源，继承和挖掘农业生产的传统优势及特色产业发展优势，建立起甘肃省特色农业产业化发展体系。使产业化对农牧民经济收入的贡献率达到 50% 以上。初步建立起以农村土地为代表的资产参与农村生产运营体系。

大力推进秸秆、粪便、农膜等农业废弃物综合利用。农作物秸秆利用水平达到 70% 以上；粪便的利用率达到 40%；农膜回收利用水平达到 85% 以上。

农业科技在农业生产中贡献率达到 60% 以上。

到 2030 年达到以下目标：

农业资源综合利用水平达到新的高度。全面建成与城市经济相融合的资产、农产品生产经营体系。农业生产的效率、产品安全显著地增强；农民与城市居民收入差异显著缩小。农业科技在农村经济中贡献率达到 80% 以上。

三、环境治理目标

到 2020 年前，达到以下目标：

风沙危害程度明显降低；草场退化实现转换，开始步入良性发展轨道；土壤盐碱化总量显著下降；水土流失得到有效控制；甘肃省森林覆盖率平均水平达到 15%。

到 2030 年前，达到以下目标：

农村生产、生活环境干净整洁，人居和谐；农业生产中的面源污染消除；农业生产灌溉用水达标；甘肃省森林覆盖率平均水平达到 17%。

四、农业生态保护与建设目标

到 2020 年前，达到以下目标：

强化草原战略资源的地位和作用，加强草原生态保护与建设，落实生态补偿机制，转变草食畜牧业发展方式，增强高原草场对生态的保护作用。

祁连山水源涵养林工程的建设与保护，风沙沿线防护工程的建设与保护，草原湿地生态系统的保护与建设，黄土高原水土流失防护工程的建设与保护，陇南山地防护工程的建设与保护，水产资源保护及水生生物自然保护区建设等甘肃省标志性农业生态系统得到显著改善。

2030 年前，达到农业生态保护基本与农业生产及农村人居生活相适应。

第四节　农业可持续发展区域布局

一、功能区划方案

基于农业自然资源、社会资源条件与农业发展可持续性水平的区域差异，以县级行政区为基本单元，综合分析本地区农业可持续发展基本条件和主要问题的地域空间分布特征，在应用主成分分析的基础上，以动态聚类分析研究制定农业可持续发展区划方案（见表2-7、图2-2）。

表2-7　甘肃省农业可持续发展区划方案

序号	区域名称	下辖地区	主要县区
1	河西走廊现代农业生产区	酒泉、张掖、金昌、武威	金川区、永昌县、凉州区、民勤县、古浪县、甘州区、民乐县、临泽县、高台县、山丹县、肃州区、金塔县、瓜州县、玉门市、敦煌市
2	黄河干流及其主要支流沿岸现代农业生产区	临夏州、兰州市、白银市的沿黄河灌溉农业区及天水市渭河、平凉市泾河沿岸地带	城关区、七里河区、西固区、安宁区、红古区、永登县、皋兰县、榆中县、白银区、平川区、靖远县、景泰县、永靖县
3	中部重点旱作农业区	白银市会宁县、定西市所属县区、临夏州（沿黄灌区除外）及天水市除渭河沿岸以外地区	会宁县、秦州区、麦积区、清水县、秦安县、甘谷县、武山县、张家川县、安定区、通渭县、陇西县、渭源县、临洮县、漳县、岷县、临夏市、临夏县、康乐县、广河县、和政县、东乡县、积石山县
4	陇东雨养农业生产区	平凉市、庆阳市所属除泾河河谷以外的县区	崆峒区、泾川县、灵台县、崇信县、华亭县、庄浪县、静宁县、西峰区、庆城县、环县、华池县、合水县、正宁县、宁县、镇原县
5	陇南及天水南部山地特色农业及生态保护区	陇南及天水南部诸县	武都区、宕昌县、成县、康县、文县、西和县、礼县、两当县、徽县
6	祁连山区及甘南高原畜牧业生产及生态保护区	河西祁连山区及甘南州	天祝县、肃南县、肃北县、阿克塞县、合作市、临潭县、卓尼县、舟曲县、迭部县、玛曲县、碌曲县、夏河县

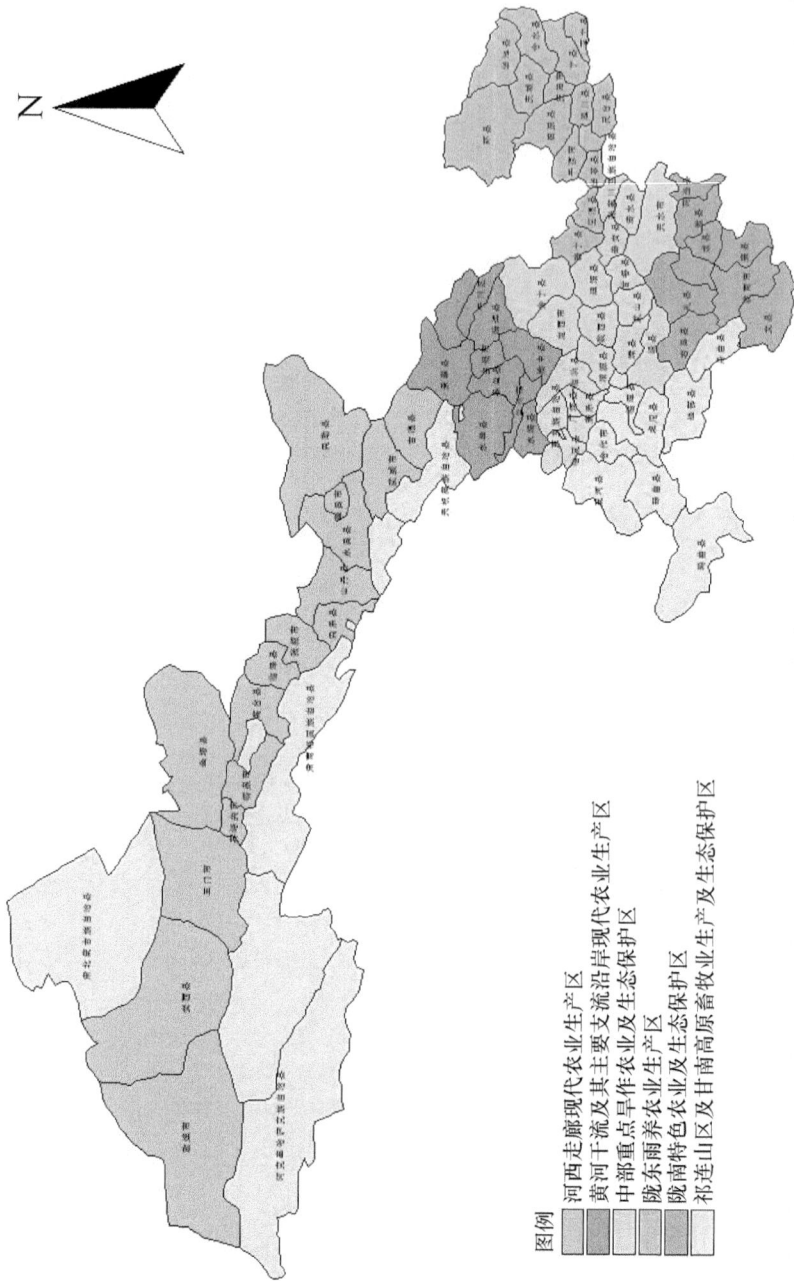

图 2－2 甘肃省农业可持续发展区划方案

图例
河西走廊现代农业生产区
黄河干流及其主要支流沿岸现代农业生产区
中部重点旱作农业生产区
陇东雨养农业生产区
陇南特色农业生产及生态保护区
祁连山区及甘南高原畜牧业生产及生态保护区

二、功能定位与目标

基于农业可持续发展理念，结合甘肃省区域农业资源的分布及利用特点，依据"发挥优势、突出特色、注重效益、持续发展"的原则，可以明确区域农业的功能定位、发展目标与方向。

（一）河西走廊现代农业生产区

该区域是甘肃省光热水土资源组合最好的地区。农业生产条件较好、农业经济发展较快、现代化水平较高，是主要的灌溉农业区。

发展方向：该区域以建设节水高效现代农业为主要发展方向。稳定玉米、专用春小麦、酿酒原料等生产，重点发展杂交玉米、瓜菜花卉为主的制种产业及蔬菜、棉花、酿酒原料等产业化种植业；建设国家级玉米制种基地、专用马铃薯和酿酒原料（啤酒大麦、啤酒花、酿酒葡萄）基地；大力发展草畜产业和瘦肉型生猪规模养殖、冷水鱼养殖产业，建成牛羊产业和草产业基地；逐步形成种植、养殖、饲草（料）加工、农产品加工及冷链储藏物流体系协调发展的现代农业产业体系。推进现代农业示范区、高效节水农业示范区、循环农业示范区建设，引领全省现代农业发展和循环农业发展。积极探索资源节约型农业可持续发展的新路子。

（二）黄河干流及其主要支流沿岸现代农业生产区

该区域是人口相对稠密、设施农业相对集中的区域。农业经济发展条件好，农业现代化水平相对较高。

发展方向：建设沿黄灌区及其主要支流沿岸粮食生产基地，重点发展高原夏菜、设施农业、瓜果、奶牛和生猪为主的设施养殖等高效农业，积极发展城郊农业，提高农产品的加工层次和储运能力。

（三）中部重点旱作农业区

该区域降水较少，时空分布不均，是全省主要的旱作农业区，也是重要的粮食产区。

发展方向：该区域以旱作集雨农业为主要特色，重点发展全膜双垄沟播玉米、马铃薯等高产高效粮食作物，积极发展区域特色小杂粮生产与加工；推进现代旱作农业示范区建设，提高粮食单产和品质；建设优质中药材基地，开展深加工，延长产业链。推进猪、禽规模化、牛羊标准化养殖，提升水平和层次。

（四）陇东雨养农业生产

发展方向：以粮食生产为主体，大力发展优质苹果产业基地、蔬菜、苜蓿草、白瓜子、黄花菜等地方特色优势农产品生产与加工，建立名优及创汇农产品基地。积极推进猪、禽规模化，牛羊标准化养殖，提升水平和层次，实现陇东现代农业发展新突破。

（五）陇南及天水南部山地特色农业及生态保护区

该区域自然条件好，降雨充沛，气候湿润，垂直差异较大，农业生物资源丰富，果品、蔬菜、中药材和食用菌等特色产业区域优势明显。

发展方向：该区域以发展山地特色高效农业为主。突出发展油菜、特色林果、冬春蔬菜、中药材、猪（禽）养殖、食用菌等特色产业（产品）；建设特色林果基地及"两江一水"流域设施及冬春蔬菜基地、特色中药材基地、猪（禽）规模养殖基地；积极发展茶叶、油橄榄、蜂产品及蚕丝等特色产品精深加工。

（六）祁连山区及甘南高原畜牧业生产及生态保护区

该区域是我国西部青藏高原地区及河西走廊重要的水源补给区和生态屏障。

发展方向：该区域以保护生态、突出特色、发展生态畜牧业为主要发展方向。继续实施退牧还草工程，落实草原生态补偿机制，加强草原生态环境保护与恢复。转变发展方式，推进草原畜牧业健康发展。积极发展乳制品、清真牛羊肉等畜产品精深加工。着力抓好青稞、油菜、藏中药材等特色农产品基地建设。

三、分行业产业布局调整

（一）种植业

按照"稳面积、攻单产、提质量、增效益"的发展思路，促进粮食、蔬菜、特色农产品等大宗农产品生产，努力提升农产品的品质及保证率。粮食生产要以中部干旱地区旱作农业及节水农业示范为突破口，利用双垄沟播技术，实现粮食总量的稳定增收。同时，抓好适宜地区油料作物增产。推行农作物机械化耕种收，减轻农业生产劳动力强度，降低生产成本，提高效益。特色优势农产品的产业化发展，着力打造以河西地区及沿黄灌区为主的玉米制种、以定西市为主的马铃薯脱毒种薯繁育、以临夏州等地为主的油菜制种三大种子生产基地。发挥区域特色优势，积极建设蔬菜、花卉制种、中药材、水果、蔬菜、酿酒原料标准化生产基地，提升特色产业发展水平。积极发展区域性地方特色产品，建设小杂粮、黑白瓜子、食用菌、兰州百合、庆阳黄花菜等特色产品生产基地，以品质、规模和品牌为"抓手"，提升特色产品发展的层次和效益。

（二）畜牧业

依托农区作物秸秆资源、人工种草和草原牧草资源，大力发展农区畜牧业，构建以农业为基础、牧业为辅助的生态农业产业链条，积极发展标准化、规模化养殖，加快畜牧业发展方式转变。以牛羊产业大县为重点，发展标准化、规模化养殖，推广养殖综合配套技术，加快畜牧业生产方式转变；建立健全畜禽良种繁育体系，提高能繁母畜比例，增强畜牧业发展后劲；积极发展清真牛羊肉加工，大力培育产品品牌，提高畜牧产业化水平，增强辐射带动能力。

立足牧区发展基础和资源优势，在保障草地生态系统良性循环的前提下，进一步优化区域布局和畜群结构，以牦牛、藏羊、甘肃省高山细毛羊为重点，发展高原特色畜牧业。

建立和完善猪禽良种繁育体系，积极推进规模化、标准化生产，提高养殖管理和产品质量安全水平；积极发展肉蛋加工，推动加工转化升值。

发挥区域特色优势，保护和发展区域性特色养殖业。开展天祝白牦牛、早胜牛、河曲马、甘肃省黑猪、陇东黑山羊、河西绒山羊等地方畜种资源保护，积极开展肉牛、肉羊品种选育、改良和开发，形成畜牧业发展新的增长点。在适宜地区积极发展养蜂、养蚕及特种养殖，拓宽畜牧养殖新领域。

（三）果品业

以平凉、庆阳、天水、陇南等地为核心，发展苹果生产。要求在进一步更新苗木品种的基础上，扩大适宜区栽培范围，在保障品质特征的前提下，稳定提高产量；加强科研和技术攻关，加快科技进步和自主创新，强化果农技术培训，提高果农果园水平；扶持果农专业合作经济组织发展，提高组织化程度；推进储藏加工业发展，拓展延伸产业链条。提高综合生产能力，创建品牌，拓宽营销渠道，扩大出口，增加效益。

以天水、兰州为基地的桃子生产，民乐为中心的苹果、梨生产。保持苗木的正常更新，有效利用现有科技做好病虫害的防治，扩大适宜区栽培范围，稳定提高生产总量和经济效益。扶持果农开展专业合作经营，推进组织化程度，延长产业链条。

第五节 促进农业可持续发展的重大措施

甘肃省农业可持续发展系统是一个区域复合系统。作为一个农业生产系统，要实现其可持续发展，应该紧紧围绕农业、农民、农村和资源环境问题，调整和优化系统的内部结构，增强其有利因素，克服其不利因素，完善系统的流通渠道和机制，促进系统内部物资流、能量流和信息流的总量不断增强，提高耕地的产出率、劳动生产率和资源环境的支持能力。根据前文探讨的甘肃省农业可持续发展的主要问题和发展思路，提出推动甘肃省农业可持续发展的几点措施。

一、工程措施

(一)资源保护与开发工程

土地整治工程。有效利用国家相关政策，加大投入力度，通过改造中低产田、工矿企业的废弃地复垦、荒地开发，在科学认证的基础上，适度扩大土地整治规模，提高土地资源的利用效率。

高标准农田建设工程。大规模开展高标准农田建设，完善田间道路、农田防护林网，改善农田田间生产条件，提升耕地基础地力，提高土地生产能力。加快灌区节水工程改造与更新，加大旱作农业区梯田、集雨蓄水设施建设力度。开展农家肥积造和秸秆还田，大力推广提高土地肥力和耕地质量的先进适用技术。

草原生态保护与建设。加大退牧还草工程实施力度，加强草原"三化"治理和有害生物防控，全面推行禁牧休牧轮牧制度和草畜平衡制度；落实草原生态保护补助奖励机制，促进农牧民增收；扶持草场围栏及游牧民定居工程，转变传统草原牧业发展方式，加强草原服务体系建设。

渔业生态保护建设。建设渔业生态保护区，建立渔业生态保护区资源与环境监测体系，开展渔业生态保护区相关科研工作。实施人工放流增殖，设立水生珍稀濒危野生动植物保护机构，制定水生野生生物保护地方性法规。

农村清洁工程建设。以自然村为基本单元，开展秸秆、粪便、生活垃圾等有机废弃物无害化处理和循环利用，推进人畜粪便、生活垃圾、污水向肥料、饲料、燃料转化；扶持废旧农膜回收与加工利用，治理白色污染；继续实施农村面源污染治理工程。

保护性耕作工程。实施保护性耕作工程项目，推动耕作制度改革。在河西灌区和陇中黄土高原旱作区选择建设保护性耕作示范区，建设省级保护性耕作工程技术中心支撑体系。

资源保护与监控工程。农业资源的利用和保护是农业生产发展的基础，要建立农业资源的动态监测系统，通过分析土地中的各种微量元素、肥力及影响因素的变化，为农业生产提供可靠的基础数据，增强影响土地生产过程的有效性。基本实现农地盖测土配方的全覆盖。

重大病虫害综合防控工程。加强农作物重大病虫害监测预警体系建设，及时准确发布预报信息，大力推进各种农作物专业化统防统治。同时，开展农业防灾减灾，把灾害损失降至最低程度。

(二)产业开发工程

种子工程。要通过先进的育种技术，实现甘肃省农业种子的更新及种子产业的发展。要以河西为基地，进一步强化玉米、瓜菜种子的产业化发展。进一步引进适宜新品质，提高产品产量和品质，增强适应性，使农业产业化发展有丰富的资料保障。

"菜篮子"建设工程。以河西走廊及沿黄灌区、泾渭河流域、徽成盆地等蔬菜重点产区、牛羊产业大县和猪（禽）生产重点县及特色渔业基地为重点，提高蔬菜、肉、蛋、奶、水产品等"菜篮子"产品均衡供给能力。新建和改造一批综合批发市场、产地专业批发市场，完善交易基础设施，提高"菜篮子"产品流通效率。健全农产品质量检测监管体系，推进产地准出和市场准入，进一步提高"菜篮子"产品质量安全水平。

"四个1000万亩"产业发展工程。1000万亩"全膜双垄沟播"技术推广工程。以中东部旱作农业区、河西沿祁连山地旱作农业区为重点，积极调整种植结构，全力推广"全膜双垄沟播"和"全膜覆土穴播"技术，实施旱作农业新增50亿斤粮食生产能力建设项目，主攻单产，增加总产，建成在全国具有引领作用的旱作农业示范区。1000万亩马铃薯"脱毒种薯"种植工程。推进以定西市为主的马铃薯"脱毒种薯"繁育基地建设，实现全省马铃薯种植"脱毒种薯"全覆盖，狠抓高产创建、储藏与加工，推进定西马铃薯产加销一体化示范区建设，提升马铃薯产业整体水平。1000万亩农田高效节水工程。实施好河西走廊及沿黄灌区农田高效节水示范工程，创建国家级节水农业示范区。进一步优化种植结构，压减高耗水作物种植面积。将工程节水、农艺节水、管理节水有机结合，大力推广膜下滴灌、管灌、垄膜沟灌、垄作沟灌等高效农田节水技术，构建高效节水农业技术体系。1000万亩优质林果工程。重点建设以中东部及天水苹果为主的水果标准化生产基地，创建一批苹果标准园，努力提高果品品质和效益。

循环农业工程。以实施《甘肃省循环经济总体规划》为契机，以循环农业综合示范区、循环农业示范项目和循环农业技术推广为平台，以资源利用节约化、生产过程清洁化、废弃物利用资源化为主线，积极实施循环农业项目。

农村能源工程建设。积极发展农村户用沼气，加快养殖小区和联户沼气工程、大中型养殖场沼气工程建设，加强农村沼气服务网点建设。扶持藏区、贫困地区及移民集中地区发展太阳能等清洁能源，示范推广秸秆固化替煤燃料、省柴节煤灶、节能炕、高效低排节能炉等能源利用新模式。

（三）生态环境保护工程

河西北部风沙沿线防沙治沙工程。应用防沙固沙技术，继续利用国家"三北"防护林建设，推进沙漠化的预防和治理，减轻沙漠化对绿洲的侵害。

祁连山水源涵养林保护工程。继续对祁连山水源涵养林进行保护。以核心区及缓冲区为核心，强化保护，进一步优化外围区林木结构，合理开发旅游资源，开展生态补偿和生态产业，增强区域可持续发展能力。

甘南草地湿地系统保护工程。以区域内牧民的定居工程为契机，减少区内承载的畜牧总量及人口总量，减少对草地的影响，提高草地湿地系统的生态恢复能力。

黄土高原综合治理工程。以山坡的治理、沟坝地开发为主体，实施退耕还林（牧），因地制宜地开展经济林、灌木林、饲草种植等，增加地表植被覆盖度，减少水土流失，增加保水能力，促进周边生态环境的改善。

陇南山地生态防护工程。以治沟、治坡相结合，努力增加山地林木的覆盖率，扩大耕地面积，以稳沟护坡及必要的工程措施为手段，减少滑坡、泥石流的发生，减少水土流失。充分利用陇南气候条件，大力发展适宜经济林，在保障生态环境稳定的基础上，提高经济收入水平，减少贫困的发生。

二、技术措施

（一）资源利用技术

继续探索和推广应用"全膜覆盖双垄沟播"旱作农业生产技术。甘肃省中部干旱地区节水保墒以该技术为重点，扩大推广适用面积，探索适宜作物品种，提高作物产量和品质，增强发展能力。

继续探索和推广应用"灌溉节水"技术。要通过常规节水技术和高科技节水技术推广应用，配套建设相应的设施，重点推广膜下滴灌、垄膜沟灌、垄作沟灌等先进节水技术，把水资源的利用效率提高到一个新水平。努力提高耕地水资源的保证率。

雨水集流（水窖—庭院经济）技术。干旱地区要注重雨水的收集，通过水窖等设施，积蓄水资源，发展庭院经济，解决日常生活的蔬菜等需求。

日光温棚设施的高效农业生产技术。有效利用光照及地形特点，大力发展设施农业，通过增加棚内温度、分享光照，拓展农业生产的空间，利用反季节生产，增加收益。

（二）环境治理技术

坡面治理技术。地表植被覆盖率不高，是甘肃省发生水土流失的根本原因。要实施包括退耕还林（草）在内的环境治理工程，通过增加坡面植被覆盖率，提高水土保持能力；同时，通过对沟坝地的改造，蓄水保土，扩大耕地面积或增加经济林木面积，达到稳定生态环境的目的。

防沙固沙技术。甘肃省河西地区北部是土地沙化的主要地区。要继续实施以"方格沙障"为主体的防沙固沙技术，通过物理方法，减轻沙化对农田的侵害；通过适宜植物的种植，增大地表粗糙度，按照生物学方法固沙防风，保护绿洲；

绿洲外围要预留生态用水,保障绿洲外围防沙植物的正常生长,同时,减少人为干扰和破坏,增强防沙固沙能力。

草场保护技术。要通过保护生物天敌的方法,减少草场的鼠害,提高草场的生殖及蓄水能力。加强草场的管护,减少人为挖药对草场的破坏;按照以草定畜的原则,核定草场的承载能力。

(三)农业生态保护与建设技术

退耕还林(牧)技术。根据国家要求及甘肃省实际,要求对大于25°的山坡地实现退耕还林(牧),发展适宜的经济林(牧草),充分利用自然条件,增加山坡植被覆盖度,减少水土流失,保护生态环境。

沼气发生技术。沼气是农村地区生物质能源进一步转换而发生的新能源,是减少环境污染,提高资源利用效率的有效方式。要积极探索在低温条件下沼气发生的新技术,改善沼气废渣的清除方式,提高无害化处理技术,增强其适应性。

三、政策措施

(一)加强组织领导

农业的可持续发展是一项涉及农业资源有效利用,减少生产过程中污染排放或对其他环境要素产生影响,增强农业经济实效,实施生态良性循环的可持续发展模式。不仅涉及当前,而且顾及长远;不仅要顾及农业产品的生产(经济效益),也要关顾生态环境的改善,更要兼顾人口发展的大问题。由此,必须加强组织领导,建立起强有力的由农业综合部门组织协调、各涉农部门各负其责的农业工作领导体制和工作机制。建立部门间快速、高效的工作协调机制。针对农业生产、生态环境改善、循环农业建设、农业资源的保护等方面进行统一协调。增强其发展的系统性和宏观性。避免在发展过程中走资源过度消耗、危及生态环境的路子,强调循环农业的有效发展,增强其市场适应性和经济有效性。

(二)强化科技支撑

加强新品种、新技术、新设备、新工艺、新管理方式的研发,增强农业发展、资源保护、生态循环和可持续发展的后劲。按照推进现代农业产业体系建设,推进农业科研、教学、推广结合,加强农业科技推广与服务体系建设、能力建设及人才队伍建设,加快农业科技、农业资源保护、生态环境治理等成果转换,强化科技推广,提高科技对可持续发展农业的贡献率。加强农业科技示范展示基地建设,实施粮棉油高产创建和果品蔬菜标准园创建,推进农产品标准化生产。提高农产品科技水平和质量安全水平。实施农业资源的保护与开发工程,推进生态环境的保护工程。为农业的可持续发展创造良好的外部条件。推进家庭农场农业经济的有效发展。促进农村人与自然的和谐。

（三）完善扶持政策

农业资源和生态环境的保护是公益性的，需要政府财政资金的有效扶持。各级政府必须制定农业资源和生态环境保护的规划，明确资源及生态环境的保护范围和重点，明确保护政策，制定相应的措施。一是通过项目建设，增加项目投入，严格实施项目管理，达到项目设施目标；二是加强农业资源和生态环境的保护管理，要通过明确责任，强化日常管理，促进生态环境的良性循环；三是加强配套设施建设，提升资源和生态环境保护的效益。

充分发挥市场的决定性作用，促进农业产业的高效发展。一是明确农业产业发展政策，对于战略性、基础性的粮食生产等，强化粮食补贴政策，充分调动农民的生产积极性，扩大生产规模，提高产品品质。二是有效利用现代科技手段，按照市场需求，组织农业生产。重点通过对全省八大（马铃薯、酿酒原料、种子、草食畜牧业、果品、蔬菜、中草药、草业）农业产业化发展的有效扶持，使其成为甘肃省特色农业发展的品牌或名片。三是积极扶持生态农业的有效发展。按照生态循环的模式，组织农业生产及其生产环节的循环。通过旱作农业产业发展及高效节水农业的示范，扩大覆盖面积，提高经济效益。

进一步完善促进农业循环发展的配套设施建设。市场、流通渠道、水利设施、交通设施、金融服务设施等均是现代农业快速发展的重要保证。通过建立公平、公正的市场环境，促进农产品的有效流通；通过水利设施和交通基础设施，使农产品的生产条件和流通条件得到保障，使市场需求能够及时反馈到生产环节中，同时，生产、流通、结算等过程能够得到现代金融业的有效支持。

（四）加强部门协作

农业生产是综合性的生产，涉及农业、林业、畜牧业、渔业、土地等管理部门。各个管理部门应该树立"一盘棋"的思想，充分认识部门间虽有不同的分工，但都是促进农业发展的重要组成部分，对推动农业发展负有不可推卸的责任。农业结构的调整是产业间数量关系的变革，调整是为了发展，发展一定需要调整，调整的过程中必然涉及部门间利益的消长关系。各部门不能仅以数量的增长作为部门发展和部门政绩的唯一评价指标，要树立全局的观点，从推进农业可持续发展的实际出发，认真对待结构调整中部门利益的消长问题，要以提高耕地的产出率和劳动生产率为共同目标，加强协作，消除部门分割、互相扯皮造成的不可持续发展问题和障碍。如在调整农业用地结构中，经济作物面积的扩大必然使粮食作物面积缩小，在农林交错地带、林牧交错地带，土地面积将互为消长，管理上可能出现职能的交叉，要处理好粮食部门、畜牧业与林业部门间的合作关系，防止冲突和矛盾。农村城镇化的发展必然要占用一些土地，应该积极地看待耕地减少问题，农村城镇化是转移剩余劳动力和促进农业集约化、规模化经营的重要过程，不能简单地认为城镇化占用了一些土地，就认为这不是农业可持续发展，而实际上这是农业结构调整的必然过程，是提高资源使用效率、走向可持续发展的一种方式。

（五）创新体制机制

创新体制机制是实现农业可持续发展的不竭动力。一是加快推进土地流转速度和步伐。在稳定家庭承包制的前提下，按照依法自愿有偿的原则，因地制宜采取土地入股、租赁、互换、转包、转让等形式流转土地承包经营权，激发农民参与土地流转的积极性。对农民的土地经营权进行确权后，让农民直接拿土地、宅基地、荒山林地参与流转经营，政府进行指导服务，规范土地流转办法，确保双方利益。二是完善专业合作社组织体系。进一步加大对专业合作社的扶持力度，增加资金数量，对与农户利益联结机制紧密、参与产加销各个环节、辐射带动能力强的专业合作社给予重点支持。同时，成立农业专业合作社协会，在政府的指导下，研究解决专业合作组织发展中的各类问题，自强自律，发挥其创新体制机制、化解经济纠纷和社会矛盾、研究拓展市场、带动农户抵御自然灾害和市场风险等方面的积极作用，促进特色优势产业健康发展。三是对于涉及农业生态环境保护与建设的内容，可以探索定额委托承包经营及管理制度，使责、权、利相统一。

（六）扩大对外开放

进一步加强农业可持续发展的对外交流与合作。要通过"走出去、请进来"相结合的办法，加强与农业发达国家或地区交流与合作。充分利用甘肃省的自然、农业产品等有利条件，开展农业技术合作研究与开发，特别是适宜甘肃省生产农产品的开发研究。也可以通过合作开发和经营，把甘肃省的农产品推广到新的市场空间。进一步加强农业可持续发展的技术人才的培养，通过农业科技人才推广，提高农业科技的推广与应用率，把甘肃省农业的现代化水平提升到一个新的高度。

四、法律措施

进一步加快农业可持续发展的相关法律法规建设。为规范农业行政行为，切实解决农业和农村经济发展中突出矛盾与问题奠定法制基础。加强在农业投入品监管、农产品安全、农业产业安全和生态安全等重要领域的农业立法，不断提高农业地方立法质量。要把农业资源的开发与保护、循环农业建设与发展、农业生态环境的治理与保护等纳入法制化轨道，要让广大群众了解实现农业可持续发展的重要性，同时，要让广大群众成为法制的守护神或保护者。加大农村普法教育，增强农业系统干部、农村基层干部和农民群众的法律意识；加强农业法制宣传，为农业和农村经济健康发展提供宽松、公平的法制环境。

第 三 章

甘肃省现代农业产业发展

当前，中国正处于农业、农村发展的重要时期，特别就甘肃省乃至西北地区农业整体而言，正处于从传统农业向现代农业转变的关键时期。依据省情、区情，立足长远与可持续发展理念，以传统农业向现代农业及其特色产业发展为突破口和契机，考察现代农业区域发展水平，对甘肃省乃至西北地区农业现代化发展具有重要的现实与战略意义。

第一节 研究背景与意义

现代化是人类社会进步的必由之路。目前，全球农业发展的趋势是形成规模化、特色化与专业化的产业区，而特色农业区域化发展已成为衡量一个国家农业社会化和现代化发展水平的一项重要标志，同样也是我国农业发展的必然取向。作为一个农民占大多数人口的大国，农民、农村和农业发展问题关系着中国现代化建设的成败，而解决问题的一个关键突破口是实现农业的现代化。

一、研究背景

从 20 世纪 80 年代后期开始，我国传统农业向现代农业转变的进程明显加快，现代农业得到了较快发展。发达国家的经验也表明，随着经济的发展特别是科学技术的进步与发展，农业必将由传统农业进入现代农业发展阶段。因此，我国应该全面实施现代农业发展战略，积极推进现代农业产业发展。

中央高度重视发展现代农业，以提高农业经济的地位。继 2004 年中央 1 号文件"增加农民收入"、2005 年"提高农业综合生产能力"、2006 年"建设社会主义新农村"之后，中共中央、国务院 2007 年 1 号文件《中共中央国务院关于积极发展现代农业，扎实推进社会主义新农村建设的若干意见》，非常明确地提出了把"发展现代农业"作为社会主义新农村建设的首要任务，指出要用现代的物质条件装备农业，用现代的科学技术改造农业，用现代的产业体系提升农业，用现代的经营形式推进农业，用现代的发展理念引领农业，培养新型农民，提高农业水利化、机械化和信息化水平，提高土地产出率、资源利用率和农业劳动生产率，提高农业素质、效益和竞争力。温家宝总理在十届五次人大会议所作的《政府工作报告》中再次强调要以加快发展现代农业为重点，扎实推进社会主义新农村建设。在加入 WTO 和经济全球化的大背景下，发展现代农业已经成为我国农业发展、农民增收、农村经济繁荣和全面建设小康社会的必然选择。党的十八大报告明确指出要加快发展现代农业，着力促进农民增收，坚持和完善农村基本经营制度，加快完善城乡发展一体化体制机制[①]。

21 世纪是我国实现农业现代化的关键历史阶段。改革开放以来，我国探索具有中国特色的社会主义现代化道路，取得了丰富的理论和实践成就。当前，我国西部省份在"西部大开发"的背景下，特色农业产业化发展迅速，优势农产品的区域化布局初步显现，农业区域开发成效明显，农业发展正处于从传统农业向现代农业转变的关键阶段。与此同时，我国西部省区也是资源较富集地区，又是生态敏感区，更是经济欠发达区域；西部省区的农业发展，承受着加速区域农业发展与维护生态环境的双重压力，从而面临"两难选择"与严峻现实。

立足于自然、经济和社会资源的优化利用将是实现现代农业发展的重要手段。农业作为国民经济的基础产业，具有显著的地域性、周期性、生态性等特点。最大限度地利用自然资源，仍然存在着优化资源配置等问题。在这一进程中，要把经济发展的大环境、区域发展的小环境，生产技术的有效利用和推进，农村劳动力资源的优化配置等环节有效结合起来，提高了综合效益，才能实现现代农业的高效发展。

随着现代农业的专业化发展，农业产业化是实现农业经济增长的重要途径。依照农业生产条件和市场需求，农业产业化发展已经走出了一条具有鲜明特色的路子。形成了"农业发展产业化，产业发展区域化"的倾向。从而带动了相关产业的发展和劳动生产技术的提高及管理水平的提升，促进了农民增收和生活水平的改善。

在全国处于传统农业向现代化农业转型的这一大背景下，统筹考虑甘肃省现代农业产业发展的条件和市场需求，正确分析和评价现代农业的发展水平，寻求甘肃省农业产业发展的异同，研究甘肃省现代农业产业发展区划，对于促进现代

---

① 十八大关于农业的学习材料［BE/OL］. 大秘书网，http：//www. damishu. cn/article.

农业产业的高效发展和专业化发展，增强农民的经济发展能力，增加收入改善生活，无疑具有重要价值。

二、研究意义

西部省区发展，农业是基础。实施西部大开发战略，不仅对于促进全国经济的协调健康发展具有重大意义，也是甘肃省充分发挥区域资源优势，深化农业产业经济结构调整，探索区域现代农业产业区域特色，从而促进现代农业产业发展的难得机遇。

（一）理论意义

现代农业产业是多学科交叉的应用领域，理论研究有待进一步发展与深化。尤其是对区域现代农业产业发展而言，理论的构建与研究尚显不足。本书在分析现代农业产业主要内涵与特征的基础上，针对现代农业产业的区域发展问题，提出并完善现代农业产业的区位理论、城乡一体化理论、比较优势理论、可持续发展等理论基础。区域现代农业产业的发展评价与模式选择是现代农业理论体系的重要内容，本书通过运用经济学、统计学的方法，试图构建甘肃省现代农业产业发展的评价指标体系，评述主要地区的现代农业产业发展阶段；以区域特征为基础，提出促进区域现代农业产业可持续发展的主要模式，构建区域现代农业产业的发展框架，这对于完善区域现代农业的发展内容、促进区域现代农业发展理论的形成具有重要的理论意义。

首先，农业发展的趋势是形成规模化、特色化与专业化的产业区，特色农业区域专业化已经是一个国家农业生产社会化和现代农业发展的一个重要标志，也是中国农业发展的必然取向。研究现代农业产业区域化发展模式，可为进一步建立和完善特色农业现代化理论体系提供相关研究成果。其次，中国特色农业现代化道路是中国特色社会主义道路的重要组成部分。将现代化理论应用于我国经济欠发达地区特色农业现代化研究，有利于完善新时期"三农"理论与中国特色农业现代化理论体系。最后，立足于省情市情，科学把握农业现代化道路的基本特征与总体要求，以特色农牧业产业发展为突破口和战略重点，探索具有区域特色的农业现代化发展模式、总体构想、发展重点、产业布局、区域布局及制度体系，可为学术界及相关产业部门正确认识并推动甘肃省现代农业产业发展提供可资借鉴的基本思路、理论依据与政策参考。

（二）现实意义

对于发挥甘肃省农业产业发展优势具有重要的指导作用。甘肃省气候类型多样，农业的发展受气候等自然条件、经济发展水平等条件制约，采用何种发展模式是一个重要的现实问题。发展现代农业产业是顺应国家"三农"政策举措，开展农业现代化产业研究是甘肃省农业产业发展体系的重要组成部分，确定现代农业产业的发展方向与重点是农业部门的重要研究课题。本课题从甘肃省农业生产的自然资源特征以及农业和农村发展现状出发，对于各种发展模式进行系统的分析，这对于明确甘肃省的农业产业发展思路、确定区域发展重点、制定政府补贴政策，有效推进甘肃省农业产业发展，推动各地区因地制宜地发展现代农业产业具有十分重要的指导意义。

对于加快甘肃省经济一体化、农业发展产业化具有重要的推动作用。甘肃省正在构建"一横两纵六区"、"一带三区"、"三屏四区"三大国土空间战略格局。在经济全球化与区域经济一体化的背景下，结合我国区域经济发展规划提出的构想，在研究论证的基础上，上升为国家发展战略。这一战略对于我国整体经济及西部地区经济发展、实施西部大开发的战略举措意义重大。发展现代农业产业，是推进全面现代化的客观要求，通过发展现代农业，使甘肃省的传统农业逐步向集约化、标准化、现代化方向发展，从而推进农村经济发展和加快农民增收致富步伐，加速农村小康社会和建设社会主义新农村的历史进程。现代农业发展研究对于提高甘肃省"三农"竞争力，整合区域内的资源、产品、资金、技术，促进统筹区域经济协调可持续发展，加快区域经济一体化的进程具有重要的推动作用。

对于明确区域发展重点及方向具有重要的促进作用。甘肃省农业区域特色优势差异大，发展不平衡，不同地区的现代农业发展基础条件不同，如何发挥区域优势，探索适合区域可持续发展的现代农业产业发展道路是区域现代农业发展的一个重要问题。本课题通过现代农业产业区划研究，明确区域农业产业发展的现状与主要问题，通过构建指标进行综合评价，指出各类型的现代农业发展阶段，并根据各区域的基础与优势条件，提出各区域未来的主要发展方向，这有助于各区域因地制宜，发挥优势，采取切实可行的措施，推进区域的现代农业可持续发展。

第二节 相关研究与概念界定

现代农业是相对于传统农业而言的，是一个动态的和历史的概念。现代农业应当是不断地应用新的生产要素和先进经营管理方式，用现代科技、现代工业产品、现代组织制度和管理方法来经营的科学化、集约化、市场化、生态化的可持续发展农业，是人类农业发展史上最新的阶段。

一、相关研究

目前，国内外学术界关于现代农业（Modern Agriculture）的概念还缺乏一个统一的认识或界定。所以，甘肃省现代农业产业区划分析需要对相关研究有所借鉴。

（一）甘肃省现代农业相关研究

国家统计组甘肃省调查总队课题组（2007）根据现代农业的基本内涵与主要特征，设置了由现代农业物质装备要素、科技支撑要素、劳动力素质要素、产业化发展要素和产出效能要素5个一级指标和13个二级指标的评价体系。本书认为在五大构成要素中，劳动力素质要素的达标率最高，产出效能要素的达标率最低，两者相差26个百分点。显而易见，目前甘肃省农业综合生产能力低，农民增收缓慢是影响现代农业发展进程的最大"瓶颈"因素。

魏胜文（2009）[①] 的研究认为：甘肃省农业发展介于传统农业和现代农业之间，属于过渡型农业。甘肃省农业特征突出表现在以下几个方面：第一，农业弱势产业地位没有根本改变，现代农业发展进程明显滞后于工业化、城市化水平；第二，体制障碍影响产业互动；第三，农业比较效益低，农村生产要素外流加剧；第四，农业投资不足，科技转化率较低；第五，资源约束，劣势明显；第六，农业产业化水平低，农产品结构性供求矛盾突出；第七，基础条件仍比较差，农业综合生产能力弱。应当将甘肃省农业定位于：保障粮食安全和农产品供给；农业为农村劳动力提供就业的机会；延长农业产业链，增加农民收入；利用资源与保护环境统一；发展新型农业产业。

王生林等人（2009）[②] 利用AHP方法对甘肃省现代农业发展水平进行了测评，研究结论认为甘肃省现代农业的发展水平处于现代农业的准备实现阶段，仍处于较低水平。与国内很多省份相比，存在较大差距。通过对比发现，甘肃省现代农业发展水平已远远落后于东部沿海、东北、中部发达地区，甚至是一些西部省份。

刘养卉等人（2010）[③] 建立了4项准则指标和17项个体指标的现代农业发展水平评价指标体系，用其对甘肃省现代农业发展水平进行了聚类分析。将甘肃省市（州）级以上地区的现代农业发展水平划分为5类，对各地区现代农业发展

---

① 魏胜文. 甘肃省现代农业发展的阶段特征及功能定位［J］. 甘肃省社会科学，2009（11）：139 - 142.

② 王生林，赵莉，马丁丑. 甘肃省现代农业发展水平的测评与分析［J］. 湖南农业科学，2009，（11）：161 - 164.

③ 刘养卉，龚大鑫，窦学诚. 甘肃省各地区现代农业发展水平聚类分析［J］. 中国农业资源与区划，2010（4）：41 - 44.

水平进行了横向评价。

（二）甘肃省农业产业相关研究

目前已发表的对于甘肃省农业产业研究的论文数量较少。一般认为甘肃省农业已形成八大（或六大）特色优势农业产业。2008 年甘肃省在推进《甘肃省特色优势产业增产增收计划实施方案》的过程中，选择了马铃薯、蔬菜、果品、制种、中药材、酿酒原料六大特色优势产业的发展。2010 年，受全国农业区划办的委托，甘肃省农业资源办公室和西北民族大学共同完成了《甘肃省特色优势农业产业发展战略研究》，其中选择了马铃薯、中药材、酿酒原料、草食畜牧业、制种、蔬菜六大特色优势产业的发展战略问题进行了专题研究。当然，也有人把草业作为甘肃省特色农业产业发展的重要内容。

此外，在区域特色优势农业产业发展研究中，陇南市将其具有的油橄榄、花椒、核桃、中药材、蚕桑等作为区域性的主导产业来抓。促进了当地特色优势产业的发展。庆阳、白银、定西、平凉、临夏、甘南市等区域也相应选择了适宜当地发展的特色优势产业。

《甘肃省"十二五"农业发展规划纲要》进一步提出：应当从战略性主导产业、区域性特色优势产业和地方性特色产品三个层次，着力构建具有甘肃省特色的现代农业产业体系，应该是甘肃省对农业产业发展研究的最新成果。即分不同层次来确定特色优势产业的发展。

（三）甘肃省农业区划相关研究

农业生产与自然地理条件和环境有着深刻的对应关系。开展农业生产布局与规划，就必须研究区域的自然地理条件与环境。一般我们把影响农业生产的主要因素在地理分布上具有相近和相似的区域划分为同类，以此开展农业的专业化、规模化生产，有利于农业生产效率的提高。它是在农业资源调查的基础上，根据各地不同的自然条件与社会经济条件、农业资源和农业生产特点，按照区内相似性与区间差异性和保持一定行政区界完整性的原则，把全国或一定地域范围划分为若干不同类型和等级的农业区域；并分析研究各农业区的农业生产条件、特点、布局现状和存在的问题，指明各农业区的生产发展方向及其建设途径。农业区划既是对农业空间分布的一种科学分类方法，又是实现农业合理布局和制定农业发展规划的科学手段和依据，是科学地指导农业生产，实现农业现代化的基础工作。

中国地域辽阔，农业资源类型多样。几千年来，依据不同的自然地理条件和环境，开展适宜的农业生产，总结出诸多的生产规律。我国对于农业区划的研究，最早起源于 1949 年前个别学者的研究；1978 年周立三院士率领研究团队，以江苏为试点，系统开展了中国综合农业区划研究，从理论上、实践上起到了开创性、示范性的作用，为我国农业区划工作奠定了理论和实践基础；20 世纪 80 年代初期，国家将全国分为十个农业综合区①。

20 世纪 80 年代初期，在国家相关部门的支持下，各省区相继成立农业区划委员会，有计划、有组织地进行多学科广泛的农业资源调查，开展农业资源区划研究。甘肃省农业区划研究工作，得益于国家相关政策的支持，开展了相应的农业资源调查和农业区划工作。基本摸清了农业生产的"家底"，对农业生产进行了分区，制定了不同区域的农业开发方案。甘肃省综合农业区划将全省划分为 6 个一级综合农业区和 25 个二级区②，一级区包括：陇东黄土高原农林牧区、陇南山地农林区、甘南高原高寒畜牧林区、陇中黄土高原农林牧区、河西走廊灌溉农业区、祁连山马鬃山山地畜牧水源林区。此后，甘肃省农业区划基本以此为依据。

根据全国农业区划委员会的要求，甘肃省全省各地州市及县均开展了相关农业综合区划及农业资源区划，进一步摸清了各地农业资源的分布、数量和质量，为每个市州及县区的农业发展发挥了重要作用。

其后，部分县区还开展过农村经济的区划研究工作，对进一步发挥农村经济优势，突出特色提高经济效益，发挥了重要作用。

2009 年，受全国农业区划办的委托，甘肃省农业资源办公室和西北民族大学共同完成了《甘肃省农业功能区划研究》方案。这项工作在全国农业区划办的统一指导下，将甘肃省县级行政区按照农业功能的主导性划分为休闲农业与文化传承功能区、生态调节功能区、农产品生产供给功能区和就业和生产保障功能区四类，分析了各主体功能区的特点与未来 10~15 年的拓展方向。在此基础上，2011 年，该课题组又完成了《甘肃省农业生态功能区发展战略研究》，进一步丰富了甘肃省农业功能区划研究成果。

按照"因地制宜、发挥优势，区域互补、突出特色，分类指导、梯度推进，产业带动、提高效益"的原则，根据甘肃省"十二五"规划纲要、各区域所处功能区、农业自然环境条件、现阶段农业发展基础、生产方式等，甘肃省"十二五"农业发展规划中将全省农业发展区域布局如下：沿黄农业产业带，主要包括临夏州、兰州市、白银市的沿黄河灌溉农业区；河西走廊农产品主产区，包括酒泉、张掖、金昌、武威 4 市的走廊绿洲农业区；陇东农产品主产区，包括平凉市、庆阳市所属县区；中部重点旱作农业区，主要包括白银市会宁县、定西市所属县区、临夏州（沿黄灌区除外）及天水市北部部分县；陇南及天水南部山地

---

① 全国农业区划委员会. 中国农业农业资源与区划要览［M］. 北京：测绘出版社、工商出版社，1987.

② 全国农业区划委员会. 中国农业自然资源和农业区划［M］. 北京：农业出版社，1991.

特色农业区，包括陇南市所属县区、天水市南部县区；甘南及祁连山等高寒牧区，包括甘南州及祁连山区。

（四）小结

上述研究成果，对于推动甘肃省现代农业和农业产业的发展起了重要作用。但是这些研究仅涉及其中的个别或部分问题，即没有能够把现代农业与产业发展、产业发展与区划问题研究很好地结合起来。实际上，现代农业在当前的表现形式主要有三种方式：一是已经广泛推广应用的"设施农业"及其产业链条。它是在相应人工设施的支持下，有效利用农业生产技术，实现农业资源的高效利用，最终达到高收益的农业生产。其特点是高投入、高收入、高风险。二是生态农业。主要是利用生态学原理和经济学原理，在相关农业技术的支撑下，实现经济收益的农业形式。三是相关新的现代产业技术、现代产业体系、现代产业形式、现代产业理念对传统农业的改造和支撑而形成的新的农业生产方式。其显著的特点就是相关的现代农业生产技术、体系、形式、理论等改造了传统农业生产和经营，解决了发展"瓶颈"，实现农业的持续发展。如节水技术的推广使用，使节水农业得到迅速发展。现代农业在经济领域中的表现特征即生产的可持续性、产品的安全性、生产的经济高效性和生产体系的综合性。

2007年《中共中央国务院关于积极发展现代农业，扎实推进社会主义新农村建设的若干意见》，即改革开放以来中央第九个1号文件要求，发展现代农业是社会主义新农村建设的首要任务，要用现代物质条件装备农业，用现代科学技术改造农业，用现代产业体系提升农业，用现代经营形式推进农业，用现代发展理念引领农业，用培养新型农民发展农业，提高农业水利化、机械化和信息化水平，提高土地产出率、资源利用率和农业劳动生产率，提高农业素质、效益和竞争力。中央1号文件对现代农业的阐述充分体现了现代农业的主要特征与发展方向，是我国确定现代农业发展政策的纲领性文件，也是本章对于现代农业评价、优势产业区域划分与现代农业区划的基础。

二、概念界定

关于现代农业产业的含义，农业界、经济学界和地理学界有着各种各样的观点。归纳起来，主要有两种：一部分学者认为现代农业产业近似于石油农业产业，另一部分学者则以动态的观点看待现代农业产业，肯定其在不同的历史时期有着不同的含义。本书认为现代农业产业应该体现出内涵的丰富性，不能从某一方面、某一角度、某一层次加以把握。对现代农业的界定，应从其共性和个性、普遍性和特殊性两个方面加以把握。一方面，现代农业产业要有公认的标准和水平，这是现代农业产业的一般含义；另一方面，现代农业产业的具体实现形式又是多种多样的，在不同的区域有着不同的实现形式，这是现代农业的特殊内涵。现代农业产业的模式具有普遍性和趋同性的特征，但由于各区域资源禀赋不同，其模式又呈现出差异性和阶段性。

按照上述思路：本书中将现代农业产业的概念概括为：用现代物质条件装备的农业产业，用现代科学技术改造的农业产业，用现代产业体系提升的农业产业，用现代经营形式推进的农业产业，用现代发展理念引领的农业产业，用培养新型农民发展的农业产业，提高农业产业的水利化、机械化和信息化水平，提高土地产出率、资源利用率和农业劳动生产率，提高农业素质、效益和竞争力。具体体现为：一是已经广泛推广应用的"设施农业"；二是生态农业；三是相关新的农业生产技术、管理技术对传统农业的改造和支撑而形成的新的农业生产方式。

从现代农业产业的特征看，现代农业产业应该具有较高的农业投入、农业产出，较高的综合效益等特点，同时，食品安全与农业的可持续发展是现代农业产业发展的焦点问题。因此，农业产业的可持续发展水平也应该是现代农业产业的一个重要特征。根据现代农业产业的内涵特征，可以把甘肃省的现代农业产业划分为三个领域，即产前领域，包括农业机械、化肥、水利、农药、地膜等领域；产中领域，包括种植业（含种子产业）、林业、畜牧业（含饲料生产）和水产业；产后领域，包括农产品产后加工、储藏、运输、营销及进出口贸易技术等。

本章认为，甘肃省发展现代农业产业应综合考虑农村经济社会的发展和现有开发状况等因素，优化空间发展战略布局。优化空间布局，就是要确立农业产业的特色发展区，目的是按照农业的多功能，确定不同区域的农业主导功能，引导各区域农业产业走特色化、产业化、规模化、现代化发展之路，制定发挥主导功能作用的政策措施，逐步形成农业资源高效利用，各区域农业协调发展，人与自然和谐的空间布局。

第三节　产业发展状况、特点及布局

近年来，甘肃省现代农业得到了较快发展，产业规模持续扩大，生产水平明显提高，产业链条逐步延伸，加工体系渐趋完善，一批特色农产品生产位居全国前列。

一、产业发展状况

目前，甘肃省已初步形成了马铃薯、棉花、瓜类、蔬菜、果品、啤酒大麦、制种、中药材、蚕豆、百合、烤烟、草产品、草食畜牧业等农业主导产业、区域性特色优势产业区和产品。其中，马铃薯、中药材、苜蓿草、玉米制种、啤酒大麦5个产业位居全国第一，食用百合、肉羔羊、酿酒葡萄等10个产业位居全国前5位；河西制种、定西马铃薯、陇东苹果、南部草畜等产业基地不断壮大，依托基地培育起"农"字号龙头企业，打造出了"腾胜淀粉"、"平凉金果"、"华羚干酪素"等品牌产品，俏销国内外市场。2009年，甘肃省特色农业种植面积由2000年的1000多万亩发展到2582万亩，占甘肃省农作物播种面积的一半以上，形成了稳定的规模化基地；甘肃省农产品年加工量达800万吨，加工率达36%，龙头企业年销售收入255.7亿元、净利润21.62亿元；甘肃省参与产业化经营的农户达192万户，占全省农户的40%，年户均增收1960元①。

同时，为加大对特色农业、特色优势产业项目的扶持，甘肃省积极调整农业结构，取得了巨大成效。为培育龙头企业和支持优势产业发展，甘肃省相继出台了农业产业化龙头企业培育扶持办法以及草食畜、马铃薯、中药材、苹果、蔬菜等产业扶持办法，制定了相关产业发展规划，并不断增加财政投入、加大扶持力度，使特色产业基地向优势区域集中。2009年，各类农业产业化组织达3308个，比2002年的1015个增长了2.3倍，其中龙头企业达1715个，比2002年的403个增长了3.3倍，呈现加速发展的势头。

现代农业的发展一方面有效利用当地的自然环境和条件，另一方面把现代农业生产技术有效地结合了起来，提高了生产的质量和效益，促进了甘肃省现代农业产业的发展。其生产技术和管理方式的应用主要有以下几个方面特点：①良种技术支撑下的现代农业发展。新品种的推广和应用。主要体现在种植业、畜牧业、渔业、林果业等。②生产技术支撑下的现代农业发展。化肥、农药、农业现代化条件的利用，抚育技术的改善，保障和改善了生产环境，改变了生产条件，提高了生产力，提高了经济效益。③农业生产设施支撑下的现代农业发展。设施农业、畜牧业，节水生产技术等，提高了资源的利用效率。④现代管理技术支撑下的现代农业的发展。现代农业生产新的组织形式，提高了农业生产的效能。如按照生态农业的模式，构建和组织农业生产，增强了农业生产的系统性和组织性。保障农业的可持续发展，增强其经济效能。

二、产业发展特点

"十一五"以来，甘肃省利用丰富而独特的自然资源优势，按照发展特色经济的思路，积极面向国内外市场，坚持从战略性主导产业、区域性优势产业和地

---

① "甘肃省特色"农业五彩缤纷．中国会计报，2010－04－03.

方性特色产品三个层次上，大力推进农业结构战略性调整，使现代农业产业发展水平明显提高，并初步形成了规模实力不断增强、区域布局趋于合理、产业优势日益明显、市场竞争力逐步提升的农业发展格局。甘肃省现代农业产业发展特点主要体现在以下几个方面：

（一）现代农业产业经营组织快速发展

甘肃省坚持以农业产业化促进现代农业发展，积极扶持产业化经营组织，使现代农业产业经营组织的规模与实力不断增强。2009 年年底，甘肃省农业产业化经营组织达 3308 个，其中龙头企业达 1715 个；在 1715 家龙头企业中，国家级、省级重点龙头企业达 283 个，占产业化组织总数的 51.8%；中介组织达 931 个，专业市场 295 个，其他组织 367 个，并已成为甘肃省农业、农村经济发展的推动力；甘肃省龙头企业固定资产总值达 194 亿元，销售收入 255 亿元，净利润 21 亿元；甘肃省农产品年加工 800 多万吨，农产品加工率达到 36%。与此同时，甘肃省参与产业化经营的农户达 192 万户，占甘肃省农户的 40%，年户均增收 1960 元①。

（二）现代农业产业生产基地已形成规模

甘肃省业已建成一批具有一定规模，并跻身国家前列的优质农产品生产基地。2007 年末，甘肃省马铃薯、蔬菜、果品、玉米制种、酿酒原料、中药材六大特色优势农产品基地面积达 2440 万亩，占农作物播种面积的 44%。其中，马铃薯种植面积 987 万亩，产量 1033 万吨，占全国总产量的 12%；杂交玉米制种面积 108 万亩，产量 45 万吨，占全国总用量的 50% 以上；啤酒大麦种植面积 185 万亩，产量 62 万吨，占国产大麦的 33%；麦芽产量近 60 万吨，占国内麦芽市场的 35%；中药材种植面积 225 万亩，当归、党参、甘草等大宗地道药材产量分别占全国总产量的 90%、60% 和 25% 以上。目前，甘肃省已成为全国最大的玉米制种基地和全国重要的马铃薯、中药材和高原夏菜基地②。2009 年，甘肃省特色农业种植面积由 2000 年的 1000 多万亩发展到 2582 万亩，占甘肃省农作物播种面积一半以上，形成了稳定的规模化基地。目前，甘肃省马铃薯、中药材、苜蓿草、玉米制种、啤酒大麦 5 个农业产业位居全国第一，食用百合、肉羔羊、酿酒葡萄等 10 个产业位居全国前五位。

（三）现代农业产业区域化布局初步形成

多年来，甘肃省不断加强政府引导和政策支持力度，积极引导现代农业产业优势区域集中，大力推进基地建设和加工项目向优势农产品区域转移，初步构建了具有地方特色的现代农业优势产业带，使现代农业产业区域化布局特征更趋明

---

① "甘肃省特色"农业五彩缤纷. 中国会计报，2010 – 04 – 03.

② 甘肃省农牧厅. 独特资源优势造就甘肃省特色产业发展. 农民日报，2008 – 10 – 16.

显。目前，甘肃省中部地区建成了沿黄河谷川道区的蔬菜基地和马铃薯、中药材、百合肉用羊生产基地，并形成了淀粉、百合、肉类、蔬菜、中药材五大主导产业；河西地区已建成全省特色农产品综合生产基地，并形成了粮、酒、棉、蔬菜、果、制种六大主导产业；陇南地区建成了以干鲜果品为主的特色农产品生产地，并形成了干果、中药材、食用菌三大主导产业；陇东地区建成了苹果、烟叶、杏、肉牛、油料等生产基地，并形成了果、烟、菜、肉四大主导产业；甘南、临夏地区已建成草食畜产品基地，并形成了以牛羊肉、乳品、皮毛为主的特色畜产品主导产业。同时，河西制种、定西马铃薯、陇东苹果、南部草畜等产基地不断壮大，已打造出"腾胜淀粉"、"平凉金果"、"华羚干酪素"等品牌产品畅销国内外市场。

（四）现代农业产业的市场竞争力不断增强

2009 年，马铃薯、中药材、苜蓿草、玉米制种、啤酒大麦 5 个产业位居全国第一；食用百合、肉羔羊、酿酒葡萄等 10 个产业位居全国前五位；马铃薯产业种植面积 900 多万亩，鲜薯产量突破 1000 万吨；制种产业中杂交玉米种子生产面积 110 万亩，产种量 4.7 亿公斤，占全国玉米种子用量一半左右；瓜菜花卉制种面积 10 万多亩，产种量 300 万公斤以上；啤酒大麦种植面积近 200 万亩，总产 78 万吨，面积和产量均占国产大麦的 1/3；酿酒葡萄面积 11 万多亩；水果蔬菜总面积 1100 万亩；药材种植面积 560 万亩，产量 41 万吨。当归、党参、红黄芪、甘草等地道药材占总量的 50% 以上，占全国的大半，农业特色优势产业的发展已具规模，市场竞争力不断增强。

（五）现代农业产业促进农民增收效果日趋明显

2007 年末，甘肃省现代农业产业化经营组织带动农户数达 179 万户，占总户数比重的 38.42%。农户从事农业产业化经营增加收入 34.4 亿元，户均增收 1920 元，比 2000 年增长了 42.22%，比全国当年户均增收 1486 元的平均水平高 434 元。其中，特色优势产业对农民人均纯收入的贡献达 592 元，占农民家庭经营纯收入的 41.49%；马铃薯、蔬菜、果品、制种、中药材、酿酒原料六大特色优势产业对农民人均纯收入的贡献分别为 160 元、148 元、132 元、38 元、70 元和 44 元[①]。2009 年，河西洋葱直接和间接出口 30 万吨左右，葱农亩均纯收入突破 5000 元以上，使种植几十亩甚至上百亩的大户，成为"十万元户"甚至"百万元户"的葱农；而知名品牌"兰州高原夏菜"总产量 150 吨，收入 25 亿元，其中榆中县 20 多万户菜农中，收入五六万元的农民很普遍，收入 10 万元以上的农户扎堆出现[②]。

---

① 武文斌. 特色优势产业担当增收"桥头堡". 甘肃省日报, 2008 - 07 - 01.

② 甘肃省特色产业优势突出, 去年促农增收效益显著. 甘肃省日报, 2010 - 01 - 21.

三、甘肃省现代农业优势产业布局分析

《甘肃省"十二五"农业发展规划》认为，应当从战略性主导产业、区域性特色优势产业和地方性特色产品三个层次，着力构建具有甘肃省特色的现代农业产业体系。

（一）战略性主导产业

战略性主导产业的发展带有全局性和基础性，是涉及全省社会经济发展的大问题。基于这一考虑，我们认为，甘肃省现代农业的战略性主导产业，应当进一步强化粮食、马铃薯、草食畜三大产业的主导地位，提升产业发展整体水平和层次。

1. 粮食产业

粮食生产作为农业发展的核心，在一个地区社会经济发展中具有核心地位。在计划经济时期，我国粮食生产基本以省区平衡为主，各市州并不要求实现平衡，最大限度地发挥了各地的生产优势，以经济效益为目标，改善各地农业生产结构，提高农业生产效能。改革开放后，我国农业生产实行粮食生产的国家平衡战略，强调在"绝不放松粮食生产"的前提下，调整农业生产结构。这一基本原则，在更大范围内，发挥各地区资源优势，从顺应市场需求，提供农业生产服务的层面上，一方面，实现了粮食生产专业化、基地化生产，粮食生产取得巨大丰收；另一方面，增强农业生产的自主权，调整了农业生产结构，增强了经济效益。

甘肃省粮食产量从1983年首次突破500万吨，到2011年首次突破1000万吨大关。在自然条件并没有发生根本性变化的前提下，不到30年粮食总产量翻了一番。尤其从2009年开始，实现了跨越式发展。2009年甘肃省粮食产量首次突破900万吨，2010年突破950万吨，2011又突破1000万吨。据相关研究①，甘肃省粮食产量的影响因素主要有：粮食播种面积、受灾面积、有效灌溉面积、农业机械总动力、粮食价格、政策因素等。

要求调整粮食结构，稳定粮食生产面积4000万亩以上，突出发展玉米和马铃薯两大高产作物，稳定小麦、大麦和小杂粮生产。依靠科技支撑，大力推进1000万亩国家级旱作农业示范区和500万亩省级旱作农业示范区建设，推广全膜双垄沟播技术1300万亩，全膜覆土穴播小麦扩大到200万亩，实施1000万亩脱

---

① 段小红，王化俊，耿小娟. 甘肃省粮食生产波动的影响因素与对策. 农业现代化，2009（5）：26 – 29.

毒马铃薯全覆盖工程，努力把中东部旱作农业区培育成我省粮食生产新的增长点①。

2. 马铃薯产业

马铃薯产业是甘肃省重要的战略性主导产业。以定西为中心的马铃薯生产基地，是我国重要的产业化基地。根据甘肃省农牧厅《关于进一步加快发展马铃薯产业的意见》（2008 年），规划经过 3～5 年努力，马铃薯生产基地稳定在 1000 万亩以上，力争生产鲜薯总产量达到 1500 万吨。年产脱毒原种 8000 万粒，脱毒原种 3 万吨，脱毒良种繁育基地面积达 75 万亩，年产一、二级脱毒良种 150 万吨，脱毒种薯普及率达 90% 以上。精淀粉生产能力稳定在 60 万吨左右；全粉生产能力达 5 万吨；速冻薯条、薯片生产能力达 1 万吨；企业实际加工量在现有基础上平均提高 50% 以上②。

加快新品种选育，优化品种结构，实现脱毒种薯全覆盖。抓好四大基地建设：以定西市、兰州市等为主的中东部高淀粉、菜用型马铃薯生产基地；以张掖市、武威市祁连山沿线等为主的食品加工专用型马铃薯生产基地；以陇南市、天水市为主的早熟菜用型马铃薯生产基地；以定西高寒阴湿区和武威市、张掖市冷凉灌区为主的优质种薯生产基地。加强马铃薯仓储能力建设，完善市场体系；抓好以定西市为主的精淀粉及变性淀粉加工、以河西沿山冷凉灌区和沿黄灌区为主的马铃薯全粉和薯条薯片等休闲食品加工。整体推进，形成技术研发、良种繁育、原料基地、加工企业、市场流通、信息发布相互配套的产业体系，建设马铃薯生产大省。

2011 年甘肃省安排专项资金 1.19 亿元支持马铃薯产业发展，主要用于马铃薯一、二级脱毒种薯扩繁补贴、二级脱毒种薯库建设补助。全省各地调运储备原种 10703 万粒，原种 2.14 万吨，一级种薯 20.9 万吨，二级种薯 107.2 万吨。全省共播种一级种薯生产面积 15.4 万亩，播种二级种薯生产面积 131.2 万亩，播种脱毒种薯达到 978.5 万亩，全省已基本实现了脱毒种薯全覆盖。

3. 草食畜产业

草食畜牧业是甘肃省的传统优势产业，也是推动农业转型跨越发展的重要突破口。近年来，在全国牛羊存栏总体下降的情况下，甘肃省牛羊存栏保持两位数增长，在全国的位次分别提升到第 11 位和第 6 位，草食畜牧业增加值占全省畜牧业的比重达 53%，牛羊肉外调量每年超过 12 万吨，已成为全国重要的牛羊肉生产供应基地，特别是 50 个牛羊大县年出栏量已占全省 80% 以上，初步建成了

---

①　甘肃省确保粮食产量每年稳定在 1100 万吨［BE/OL］. 新华网甘肃省频道，http：//www. gs. xinhuanet. com/news，2013 - 02 - 13.

②　甘肃省农牧厅. 关于进一步加快发展马铃薯产业的意见. 2008，5.

一批区域性的牛羊产业基地。2011 年，全省牛羊产业收入占农民人均现金收入的比重超过 20%，同时还为 200 多万农牧民提供了稳定的就业机会①。

在发展草食畜产业的过程中，以肉牛、肉羊产业大县建设为重点，以特色化、规模化、标准化为基础，逐步向养殖园区化发展，着力推进规模养殖和健康养殖；加快牛羊品种改良步伐，建立健全牛羊良种繁育体系、动物疫病防控体系和畜牧业信息化体系；全力推进草业开发与秸秆青贮氨化利用；完善活畜及畜产品交易市场。实施牛羊产业进位工程，确立战略性主导产业地位，建设草食畜牧业强省。

实践证明，大力发展草食畜牧业是甘肃省调整优化农业结构、加快转变农业发展方式、推进现代农业建设的必由之路。

（二）区域性特色优势产业

全力推进中药材、种子、水果、蔬菜、酿酒原料等重点区域性特色优势产业发展。

1. 中药材产业

甘肃省是中药材产业最具潜力的地区之一。经过多年蓄势发展，甘肃省中药材产业正在向一流生产基地、一流加工物流中心、道地药材价格形成中心和信息发布中心迈进，全省中药材人工种植面积位居全国第一，中药材产业对农业增效、农民增收的贡献越来越大。2011 年，全省中药材种植面积达 255 万亩、产量 53 万吨、产值 34 亿元，分别比 2008 年增长 6%、13% 和 17%。其中，定西市种植面积 110 万亩，产量 16.9 万吨，产值 9.5 亿元②。

近年来，中药材产业主要以稳定种植面积，优化品种结构，提高产品品质，加快推进标准化、规范化生产，建立《中药材生产质量管理规范》认证基地为重点，在陇西、陇南、河西等四大优势产区，重点建设十大陇药和三大濒危资源保护抚育生产基地。加强仓储和流通能力建设，建立健全中药材质量检测体系；积极培育发展龙头企业和专业合作组织，支持建设一批产品达到《药品生产质量管理规范》标准的中药材饮片加工和浸膏提取生产企业，提升中药材精深加工层次和市场竞争能力，建设全国一流的优质中药材药源基地、饮片加工基地、储运交易中心、道地药材价格形成中心和信息发布中心。

目前在中药材优势集中产区，种植药材促进农民增收作用突出，10 万亩以上的重点县农民种植药材收益占人均纯收入的比重明显提高。其中，宕昌县为 59%、岷县为 44%、漳县为 44%、陇西县为 36%、渭源县为 24%、武都区为 18%。

---

① 甘肃省：着力做大做强草食畜牧业. 甘肃省日报，2012 - 09 - 17.
② 甘肃省中药材种植面积居全国第一. 中国中医药报，2012 - 08 - 17.

2. 种子产业

甘肃省独特的水土光热资源及干燥的气候是发展种子产业最具优势的地区。目前，河西走廊已形成全国最大的杂交玉米种子生产基地，甘肃省的啤酒大麦种子和马铃薯、花卉、蔬菜、牧草种子基地在全国也是独占鳌头，制种业已经成为全省农业优势产业。2010 年，河西走廊玉米制种达 130 多万亩，生产种子 2.75 亿公斤，占全国玉米用种量的 50%；发展蔬菜花卉种子基地 15 万亩，年产种 300 万公斤。全国种业 50 强中，从事杂交玉米和蔬菜花卉制种的企业全部落户甘肃省。目前，甘肃省种子生产经营企业已达 390 家，其中省内种子企业建成大型加工中心 116 个，年加工能力达 7 亿公斤以上①。

现在，甘肃省种子产业着力打造以河西走廊及沿黄灌区杂交玉米、瓜菜，以定西市为主的脱毒马铃薯种薯、以天水市为主的航天育种及以临夏州为主的油菜等国家级标准化种子基地；扶持发展育—繁—推一体化现代种业龙头企业；加强种子质量检测体系建设；健全农作物种子质量监督检测网络和完善种子检验设施，提高种子检测能力，保障用种安全。加强种子市场监管，维护诚信种子企业的合法权益，促进种子基地健康有序发展，实现甘肃省由种业大省向种业强省的跨越。

3. 水果产业

甘肃省是我国北方水果生产大省，是全国苹果优势产区。有 18 个县被农业部确定为全国苹果优势区域重点县，苹果、梨、葡萄等水果生产在全国具有明显的竞争优势和发展潜力，果品产业已真正成为农民增收致富的支柱产业。2010 年全省水果面积已达 670 万亩；产量达 295 万吨；产值突破 70 亿元②。

目前，甘肃省果品生产正在不断向优势区域集中，呈现出规模化、区域化、产业化的发展格局。陇东的平凉、庆阳已成为全国知名的红富士苹果生产基地，天水和陇南礼县的元帅系苹果在国内一枝独秀，已成为全国最大的元帅系苹果生产基地。

在果品产业发展过程中，重点支持平凉、庆阳、天水、陇南等市的重点县区发展苹果产业，建立规范的良种苗木繁育基地，稳步适度扩大优势区域种植面积，调整优化品种和布局结构，改善果园基础设施条件，深入开展标准果园创建活动，提高综合生产能力；加强科研和技术攻关，加快科技进步和自主创新，强化果农技术培训，提高果农果园水平；扶持果农专业合作经济组织发展，提高组

---

① 制种业优势趋显：种子产业成为甘肃省农业发展新的增长点［BE/OL］. 新华网甘肃省频道，http: //www. gs. xinhuanet. com/news，2010 - 02 - 06.

② 杨祁峰. 2010 年甘肃省果品产业现状与发展思路［BE/OL］. 中国苹果科技网（技术简报），http: //kjtg. nwsuaf. edu. cn/apple/ 2011 - 07 - 30.

织化程度；推进贮藏加工业发展，拓展延伸产业链条。创建品牌，拓宽营销渠道，扩大出口，增加效益。果品产业已经成为区域农民收入的重要来源。

4. 蔬菜产业

蔬菜产业是甘肃省现代农业发展的突出亮点和农民增收的重要支柱。甘肃省立足于区域资源优势，紧盯市场需求，大力发展特色优势蔬菜产业，强化扶持引导，注重品牌培育，以蔬菜为主的"菜篮子"产品实现了产销两旺。2012 年全省蔬菜面积 640 万亩、产量 1360 万吨，比上年增加了 20 万亩和 60 万吨。其中高原夏菜外销量由 2007 年的 100 多万吨增加到 2012 年的 400 多万吨，高峰期外销量由 2007 年的每天 3000 吨增加到 6000 吨；产品由 10 多个种类增加到 20 多个种类；外销区域由 50 多个大中城市发展到 80 多个大中城市①。

近年来，在蔬菜产业发展过程中，重点支持河西及沿黄灌区、渭河流域、泾河流域、陇南两江一水沿岸和陇东川区等优势产区蔬菜基地建设，创建国家级蔬菜标准园和标准化生产基地，推进绿色食品、有机食品认证；加快新品种选育、引进和推广，集约化育苗，大力发展设施蔬菜生产；加快产地市场体系、冷链设施和加工能力建设，增强均衡供应和市场调节能力，提升产业发展水平；打造"高原夏菜"品牌，建设全国重要的"西菜东调"基地和西北地区冬春淡季蔬菜供应中心。使蔬菜产业成为甘肃省现代农业发展的重要组成部分。

5. 酿酒原料产业

甘肃省河西走廊是酿酒原料（啤酒大麦、啤酒花、酿酒葡萄）产业的重要发展区域。酿酒原料产业经过 20 多年的发展，已从无到有、从小到大发展成集科研、生产、加工于一体，在国内外市场具有较强竞争力的特色优势产业。随着人民生活水平的提高，啤酒、葡萄酒已经成为生活中的必需品，优质产品生产离不开高质量的原料，甘肃省河西走廊正是酿酒原料的最佳产地。

甘肃省立足于市场需求和自然条件，大力发展酿酒原料产业，走出了一条带动区域发展的路子。2008 年全省啤酒大麦种植面积 220 万亩，总产量达 90 万吨，面积占我国啤酒大麦种植总面积的 25%，产量占全国啤酒大麦的 1/3 以上；2008 年啤酒花种植面积约 5 万亩，产量近万吨，占全国总量的一半；2007 年，全省酿酒葡萄种植面积达 15.84 万亩，约占全国总面积的 20%，产量约 10 万吨②。

近年来，甘肃省围绕这一产品优势，建设一批以啤酒大麦、啤酒花和酿酒葡萄为主的规模大、质量优的优质酿酒原料标准化生产基地，扶持一批经济实力强、技术含量高、带动能力大的加工龙头企业，加快区域化、专业化、标准化、

① 王朝霞. 甘肃省蔬菜产业成为农业发展突出亮点. 甘肃省日报, 2013 - 01 - 15.
② 祁永安等. 甘肃省特色优势农产品产业发展战略研究 [R]. 甘肃省农牧厅, 2010.

品牌化、产业化建设步伐，提升酿酒原料产业综合生产能力和产业化水平，建成研发能力强、生产规范、质量优、加工水平高的酿酒原料产业基地。

（三）地方性特色优势产品

甘肃省复杂的自然地理环境以及长期以来形成的社会经济及文化传统，选择了大量符合区域发展的农业特色产品。这些产品与当地的自然、生态环境相适应，成为当地重要的农产品，当然这其中包含了多年来科技进步对产品的改良和促进，这些农产品成为当地的地方产品。

在发展特色优势农产品的过程中，甘肃省扶持庆阳荞麦、糜谷，定西豌豆、扁豆，会宁谷子，临夏蚕豆等抗旱特色小杂粮生产及加工；扶持庆阳白瓜子、黄花菜、兰州百合、苦水玫瑰、陇南茶叶、油橄榄、蚕桑、天水等地的蜜蜂养殖；扶持鲑鳟鱼、鲟鱼等特色水产品养殖；加大对甘南、天祝藏区中藏药、牦牛、藏羊产业的扶持力度。实施甘肃省黑猪、八眉猪、蕨麻猪，天祝白牦牛、早胜牛、山丹马、河曲马，甘肃省高山细毛羊、河西绒山羊、陇东黑山羊、靖远滩羊、庆阳驴等地方品种资源保护，开展选育和改良工作。使这些产品在区域发展成为地方的特色农产品。

第四节　现代农业产业发展分析

目前对于区域现代农业发展评价的研究，主要在构建综合评价指标体系的基础上，使用某类评价方法完成。常用的评价方法有：模型法、参数比较法、多指标综合测定法和数据包络分析法等。杜华章（2010）[1] 选取反映长三角现代农业发展现状的 11 个主要经济指标，采用因子分析和聚类分析，把长三角 16 个地区现代农业发展现状分为 3 个层次进行综合评价。周亚莉等人（2010）[2] 在界定现代农业概念的基础上，应用改进型熵权法从粮食安全水平、产业化经营水平、现代化生产水平、可持续发展水平和绩效水平五个领域评价了陕西省现代农业发展水平，并建立了农业贷款与现代农业发展水平的分布滞后模型。余志刚（2011）[3] 通过建立现代农业发展评价的指标体系和基于层次分析法确立权重的

① 杜华章．长三角现代农业发展现状的综合评价［J］．农业部干部管理学院学报，2010，（7）：21－28.

② 周亚莉，袁晓玲．现代农业发水平评价及其金融支持 ——以陕西省为例［J］．西安交通大学学报（社会科学版），2010，33（1）：19－26.

③ 余志刚．基于层次分析法的哈尔滨市现代农业发展综合评价［J］．农业经济与管理，2011（1）：21－29.

综合评价模型，利用1995～2008年数据对哈尔滨市现代农业发展现状进行评价。李宝玉等人（2012）[①] 以农业投入、农业产出、农村社会发展水平及农业可持续发展水平为分级指标，构建了环渤海现代农业区域发展水平评价指标体系，并以市为基本评价单元对环渤海区域现代农业进行了评价。张雯等人（2012）[②] 选取辽宁省沈阳市4个涉农县（市）为实证分析对象，运用层次分析法和模糊数学法，建立现代农业资源定量评价体系及具体评价指标，同时确定现代农业的发展等级。李芸等（2013）[③] 通过标准化处理数据，依靠层次分析法（AHP）计算的权重，得出重庆市现代农业发展水平综合得分。

以上研究成果尽管在评价方法和指标选取上有所差异，但对于本章的研究无疑具有重要参考价值。本章认为现代农业是一个复杂的动态系统工程，包括经济、社会、资源、生态等方面的诸多内容，且具有明显的多层次性和多方位性特征。本章的创新之处在于：以县级行政区为基本单元，将现代农业需要评价的重点内容分解成系列指标，再以主成分分析方法降维处理，确定其综合得分。这种评价思路对于甘肃省规划各县区的现代农业发展战略具有现实意义。

一、评价指标体系

本书在构建现代农业综合发展水平评价指标体系时，参照国内外有代表性的指标设置，采用频度统计法[④]、理论分析法[⑤]和专家咨询法[⑥]初步构建出比较完整的甘肃省现代农业的一般评价指标体系表（见表3－1）。

在对甘肃省现代农业发展水平评价测算中，考虑到数据的可获取性和农牧区的差异，适当简化了上述初选评价指标体系，最终从表征现代农业综合发展水平的"现代农业投入水平"、"现代农业产出水平"、"农业科技推广水平"和"农业可持续发展水平"四个子系统中，选取8个具体指标，形成用于实地测算的"甘肃省现代农业的一般评价指标体系"（见图3－1）。

---

① 李宝玉，李刚，高春雨. 环渤海现代农业指标评价体系的构建与发展水平评价 ［J］. 中国农学通报，2012，28（11）：133－139.

② 张雯，丛巍巍，张广胜. 沈阳市现代农业资源的定量评价研究——基于层次分析法和模糊综合评价法 ［J］. 江苏农业科学，2012，40（2）：327－331.

③ 李芸，张安明. 基于AHP法的重庆市现代农业发展水平评价 ［J］. 中国农业学通报，2013，29（26）：41－46.

④ 频度统计法是通过对已有的现代农业评价研究报告及论文进行频度统计，优先选择那些使用率高的指标。

⑤ 理论分析法是在对甘肃省现代农业的发展现状和主要问题进行深入比较分析的基础上，选择那些比较重要、针对性较强、能反映甘肃现代农业水平的指标。

⑥ 专家咨询法则是在前两种分析方法初步提出的候选指标基础上进行综合调整。

表3-1　甘肃省现代农业的一般评价指标体系

一级指标	二级指标	单位	指标计算	现代农业内涵表述
现代农业投入水平	人均农业耕地面积	km²/人	耕地面积/第一产业就业人数	农业规模化
	单位耕地面积	Kwh/km²	农业机械总动力/耕地面积	农业机械化
	有效灌溉率	%	有效灌溉面积/耕地面积	农业水利化
	劳动力受教育水平	%	初中以上文化程度农村劳动力数/乡村劳动力数	农民知识化
	每万人农业从业人员中农业技术人员数	人/万人	农业技术人员人数/第一产业就业人员数	农业科技化
	农业劳动生产率	元/人	农业总产值/第一产业就业人数	农业效益化
现代农业产出水平	土地产出率	元/km²	农业总产值/耕地面积	农业效益化
	单位播种面积粮食产量	kg/km²	粮食总产量/粮食作物播种面积	农业效益化
	农产品加工率	%	食品加工业产值/农业总产值	农业产业化水平
	农产品商品率	%	出售的农产品的收入/农业总产值	农产品商品化
农村社会发展水平	城镇化率	%	城镇人口数/总人口数	农村发展水平
	农民人纯收入	元	农民纯收入总额/农业人口数	农村发展水平
	恩格尔系数		食品支出额/消费总支出	农村发展水平
农业可持续发展水平	农业成灾率	%	农业成灾面积/农业受灾总面积	农业可持续发展水平
	森林覆盖率	%	有林地面积/国土资源总面积	农业可持续发展水平
	单位播种面积化肥施用量	kg/km²	化肥有效成分总量/播种总面积	农业可持续发展水平

（一）农业投入水平 B_1

a. 单位耕地面积农机总动力 C_1：现代化的物质装备是现代农业的基本特征，单位耕地面积农机总动力表征了农业生产经营中机械的强度。计算公式为：

单位耕地面积农机总动力（kg/km^2）＝农业机械总动力/农作物播种面积

b. 有效灌溉面积比率 C_2：水利化水平是现代农业的重要特征，现代农业必须搞好水利基础设施建设，提高旱涝保收面积的比率，有效灌溉比率是表征农田水利化水平和水资源有效利用水平的指标。计算公式为：

有效灌溉面积比率（%）＝有效灌溉面积/耕地面积×100%

（二）农业产出水平 B_2

a. 农民人均纯收入 C_3：是指农民全年总收入扣除相应的各项费用性支出后，最终归农民所有的可支配性收入，一般意义上，现代农业的发展水平越高，农业的产出越高，相应的农民的人均纯收入水平也越高。计算公式为：

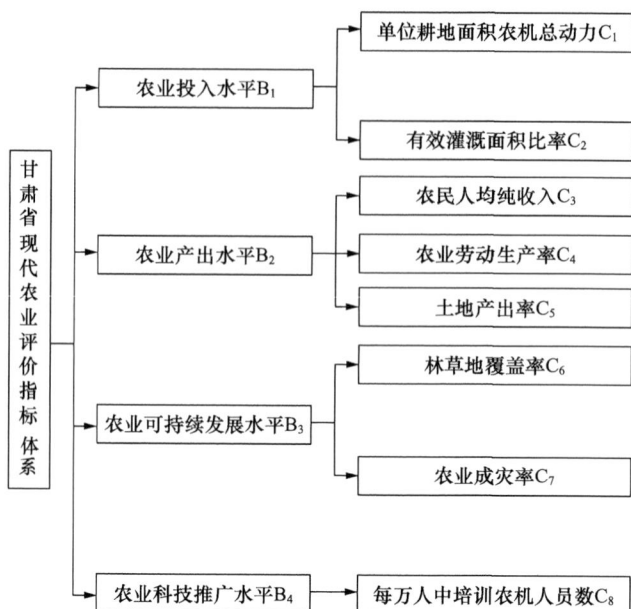

图 3 − 1　甘肃省现代农业评价指标体系

农民人均纯收入 =（农村居民家庭总收入 − 家庭经营费用支出 − 生产性固定资产折旧 − 税金和上交承包费用 − 调查补贴）/农村居民家庭常住人口

b. 农业劳动生产率 C_4：劳动生产率是劳动者生产某种产品的劳动效率，高水平的劳动生产率是现代农业的最重要特征，劳动生产率越高，表明单位劳动时间生产的农产品的实物量和产值越大，计算公式为：

劳动生产率（元/人）= 农业总产值/第一产业从业人员总数

c. 土地产出率 C_5：土地是农民基本生产物质资料，土地产出水平是衡量现代农业水平的一个重要指标，高水平的土地产出率是现代农业追求的目标，集中反映出现代农业的综合生产水平。计算公式为：

土地产出率（%）= 农业总产值/耕地面积

（三）农业可持续发展水平 B_3

a. 林草地覆盖率 C_6：该指标反映现代农业可持续发展的生态环境，林草地覆盖率越高越有利于水土保持和生态环境改善。计算公式为：

林草地覆盖率（%）= 林草地面积/国土资源总面积 × 100%

b. 农业成灾率 C_7：该指标为一项负向指标，反映农业自然灾害情况，农业成灾率越高说明农业的可持续发展能力越低。计算公式为：

农业成灾率（%）= 农业成灾面积/农业受灾总面积 × 100%

（四）农业科技推广水平 B_4

每万人中培训农机人员数 C_8：农机人员数的多少，是反映地区农业机械农业化推广水平的一个重要指标。计算公式为：

每万人中培训农机人员数（人/万人）= 培训农业人员数/第一产业从业人员数

二、测算结果

本书采用主成分分析法对甘肃省各县区现代农业水平进行综合评价，各项指标值如表3-2所示。

表3-2　各县区主要指标值

县区名称	单位耕地面积农机总动力	有效灌溉面积	农民人均纯收入	农业劳动生产率	土地产出率	林草地覆盖率	农业成灾率	每万人中培训农机人员数
城关区	26.66	150.00	12380.94	0.83	18.70	14.13	56.52	87
七里河区	16.45	44.25	6905.00	0.80	4.74	36.27	87.23	59
西固区	37.64	86.99	7586.87	0.97	11.87	11.50	75.00	230
安宁区	27.79	390.00	7868.51	0.16	16.92	14.73	—	—
红古区	28.75	144.50	7479.78	2.69	19.69	1.87	100.00	34
永登县	3.38	15.02	3524.00	0.51	1.43	69.38	70.62	66
皋兰县	10.96	51.36	3705.24	0.88	2.54	71.62	55.81	86
榆中县	4.79	37.26	3155.78	0.81	2.30	54.02	79.23	85
嘉峪关市	37.17	126.06	7865.10	2.97	13.93	8.30	—	1068
金川区	16.28	51.20	6818.27	1.58	3.23	2.06	—	2070
永昌县	12.38	94.33	5738.71	1.39	2.86	24.83	—	501
白银区	24.25	78.30	5637.30	1.90	6.58	76.75	72.49	225
平川区	11.73	47.37	3630.16	0.59	1.75	57.27	82.20	104
靖远县	7.00	51.65	3658.15	1.03	2.99	55.14	65.93	133
会宁县	2.08	14.68	2655.06	0.60	1.18	46.72	83.66	41
景泰县	10.05	17.17	3938.11	1.05	2.36	58.51	80.93	127
秦州区	2.94	10.22	3100.07	0.54	2.01	37.24	62.33	114
麦积区	4.73	25.10	2763.33	0.57	2.81	65.38	58.08	115
清水县	1.84	6.62	2738.41	0.77	1.85	43.70	64.67	175

续表

县区名称	单位耕地面积农机总动力	有效灌溉面积	农民人均纯收入	农业劳动生产率	土地产出率	林草地覆盖率	农业成灾率	每万人中培训农机人员数
秦安县	3.10	10.02	2848.43	0.64	2.73	15.06	48.27	88
甘谷县	2.63	25.82	2883.07	0.53	2.81	20.37	50.76	85
武山县	4.08	21.57	2797.66	0.85	4.60	43.77	90.91	115
张家川县	2.55	9.28	2480.50	0.36	1.77	45.46	77.15	140
凉州区	14.52	95.68	5590.66	1.37	5.74	4.80	30.77	753
民勤县	21.04	99.02	5218.37	1.91	3.92	3.97	57.69	803
古浪县	6.68	32.85	2663.02	0.61	1.60	1.32	98.55	326
天祝县	11.13	39.79	2752.18	0.62	2.92	1.97	82.98	298
甘州区	12.21	134.63	5862.28	1.94	8.45	36.15	100.00	86
肃南县	6.88	85.63	7008.64	2.90	5.99	1.80	98.28	230
民乐县	7.05	76.73	4905.13	1.16	2.39	60.79	100.00	65
临泽县	16.45	148.70	5886.00	2.22	7.61	51.89	—	229
高台县	10.53	135.71	5551.39	2.19	7.71	72.02	72.28	117
山丹县	7.66	59.41	5405.45	1.06	2.31	51.72	88.24	97
崆峒区	3.58	20.46	4029.88	0.90	2.50	16.89	67.06	110
泾川县	2.76	17.72	3249.28	0.93	3.54	76.92	72.20	28
灵台县	2.20	6.69	3157.89	0.90	1.89	37.92	72.97	39
崇信县	2.13	7.55	3252.73	1.21	2.47	16.62	67.61	18
华亭县	2.38	7.47	3730.36	0.98	2.42	23.19	61.71	106
庄浪县	2.94	9.35	2610.65	0.52	1.92	37.73	60.24	74
静宁县	1.84	11.29	2682.53	0.76	1.75	87.72	73.42	127
肃州区	15.71	121.58	7012.59	2.89	8.27	26.79	87.64	543
金塔县	13.46	104.39	7276.00	3.80	7.58	17.62	97.59	650
瓜州县	7.68	8.95	7196.52	1.88	3.37	32.43	90.05	302
肃北县	46.65	85.50	8408.14	2.34	12.28	42.96	—	857
阿克塞县	99.24	131.25	8918.72	2.39	21.33	30.60	100.00	—
玉门市	8.41	18.72	7158.32	1.93	3.02	69.70	69.23	602
敦煌市	16.04	128.10	7670.45	3.61	11.41	79.80	—	314
西峰区	6.14	30.52	4085.00	1.18	3.89	54.51	56.91	145

续表

县区名称	单位耕地面积农机总动力	有效灌溉面积	农民人均纯收入	农业劳动生产率	土地产出率	林草地覆盖率	农业成灾率	每万人中培训农机人员数
庆城县	3.27	6.27	3173.03	0.83	1.97	65.76	41.98	95
环县	1.36	5.59	2656.14	0.53	1.03	62.77	99.15	74
华池县	3.02	8.43	3073.02	0.80	1.46	69.88	60.81	193
合水县	4.73	13.85	3050.06	1.06	3.64	81.43	55.00	187
正宁县	4.26	9.35	3445.20	0.82	3.31	47.58	100.00	113
宁县	3.12	11.75	3164.64	0.71	2.74	48.63	97.12	66
镇原县	2.10	8.46	2902.44	0.80	1.49	83.42	39.76	62
安定区	5.56	9.60	2696.16	0.71	1.24	41.89	81.20	229
通渭县	2.14	5.27	2549.95	0.47	0.86	31.03	78.74	131
陇西县	3.81	15.73	2860.28	0.59	1.72	35.47	70.38	134
渭源县	4.34	15.85	2648.25	0.53	1.66	60.70	83.46	154
临洮县	5.87	36.22	2901.71	0.63	2.28	55.56	79.66	148
漳县	3.88	17.67	2618.33	0.56	1.68	57.43	52.04	210
岷县	3.26	14.70	2540.35	0.38	2.01	35.97	39.18	169
武都区	5.72	29.30	2215.00	0.64	3.34	63.01	72.37	95
宕昌县	3.85	21.92	1873.38	0.36	2.10	40.45	100.00	121
成县	7.02	28.04	3285.40	0.72	3.12	54.70	64.69	148
康县	4.24	22.29	2154.37	0.43	2.06	70.09	56.59	217
文县	8.84	49.48	1986.56	0.44	2.52	73.03	78.06	96
西和县	3.59	16.19	2100.67	0.41	2.02	82.48	80.57	60
礼县	2.16	19.86	2199.07	0.38	1.45	57.08	72.34	205
两当县	5.99	25.44	1814.63	0.94	2.52	46.54	35.80	394
徽县	6.19	22.91	3319.02	1.10	4.25	44.36	87.75	133
临夏市	19.41	152.16	4749.47	0.59	13.31	10.40	97.50	134
临夏县	4.55	51.81	2350.95	0.35	2.79	39.72	92.28	56
康乐县	4.20	30.86	2354.01	0.38	2.17	48.84	35.12	75
永靖县	5.83	41.20	2381.97	0.74	2.70	34.16	46.37	192
广河县	9.74	64.54	2542.03	0.33	2.70	45.84	100.00	87
和政县	4.05	25.30	2229.97	0.37	2.32	60.68	100.00	112

县区名称	单位耕地面积农机总动力	有效灌溉面积	农民人均纯收入	农业劳动生产率	土地产出率	林草地覆盖率	农业成灾率	每万人中培训农机人员数
东乡县	4.97	31.97	1813.54	0.39	2.12	48.44	100.00	53
积石山县	3.04	32.98	2011.00	0.35	2.41	45.64	68.42	80
合作市	2.64	3.53	2763.62	0.73	1.58	88.86	100.00	128
临潭县	4.67	13.74	2420.03	0.37	1.65	71.55	89.57	54
卓尼县	0.65	21.06	2423.12	0.61	2.75	89.82	97.49	86
舟曲县	15.24	33.23	2617.76	0.41	2.99	87.00	84.16	268
迭部县	5.85	65.34	2719.68	0.81	3.42	89.60	89.29	195
玛曲县	——	——	3734.86	1.72	——	94.26	——	82
碌曲县	5.13	——	3338.64	1.23	6.85	96.56	100.00	173
夏河县	2.51	17.84	2775.75	0.85	2.87	96.49	100.00	84

各变量的描述统计量如表 3-3 所示。

表 3-3 描述统计量

变量	均值	标准差	样本数
单位耕地面积农机总动力	9.6016	13.08767	87
有效灌溉面积	47.4275	56.28703	87
农业劳动生产率	1.0378	0.77320	87
土地产出率	4.2647	4.33752	87
农民人均纯收入	3998.7895	2082.45117	87
林草地覆盖率	47.9199	25.80841	87
农业成灾率	24.1297	18.21358	87
每万人中培训农机人员数	206.4368	280.80547	87

提取 5 个主成分的累积方差贡献为 99.991, 涵盖了解释变量的全部信息 (见表 3-4)。

表 3-4 正交旋转后的解释总方差情况

主成分	方差贡献 (%)	累积方差贡献 (%)
第 1 主成分	86.938	86.938
第 2 主成分	8.877	95.815

主成分	方差贡献（%）	累积方差贡献（%）
第3主成分	3.654	99.469
第4主成分	0.522	99.991

经过正交旋转后，第1主成分为 C_8（农民人均纯收入）得分最高，反映"农村社会发展水平"；第2主成分为 C_3（有效灌溉面积比率）得分最高，反映"农村投入水平"；第3主成分为 C_{13}（每万人中培训农机人员数）得分最高，反映"农村科技推广水平"；第4主成分为 C_{11}（单位耕地面积有效化肥施用量）得分最高，反映"农业可持续发展水平"；第5主成分为 C_6（单位播种面积粮食产量）得分最高，反映"农业产出水平"（见表3-5）。

表3-5 正交旋转后的成分矩阵

变量	第1主成分	第2主成分	第3主成分	第4主成分
农民人均纯收入	0.941	0.300	0.145	-0.066
土地产出率	0.677	0.554	-0.051	-0.040
农业劳动生产率	0.659	0.128	0.305	0.044
单位耕地面积农机总动力	0.600	0.355	0.089	-0.046
有效灌溉面积	0.420	0.906	0.041	-0.015
每万人中培训农机人员数	0.237	0.009	0.948	-0.212
林草地覆盖率	-0.271	-0.267	-0.086	0.913
农业成灾率	-0.100	-0.116	0.076	-0.235

各县区5类因子得分和最终计算的现代农业综合得分如表3-6所示：

表3-6 各县区因子得分情况

县区名称	第1主成分得分	第2主成分得分	第3主成分得分	第4主成分得分	现代农业综合得分
城关区	4.520	-0.06	-1.68	-0.47	2.31
七里河区	1.920	-0.90	-1.07	-0.22	-0.27
西固区	1.870	-0.07	-0.62	-1.07	0.11
安宁区	-0.03	6.74	-0.75	0.36	6.31
红古区	1.490	1.28	-1.28	-1.10	0.39
永登县	0.070	-0.65	-0.39	0.65	-0.32

县区名称	第1主成分得分	第2主成分得分	第3主成分得分	第4主成分得分	现代农业综合得分
皋兰县	-0.090	0.12	-0.25	0.81	0.59
榆中县	-0.370	-0.01	-0.33	0.14	-0.57
嘉峪关市	1.230	0.85	2.75	-0.79	4.03
金川区	0.490	-0.46	6.61	-1.21	5.43
永昌县	0.520	0.62	0.85	-0.55	1.44
白银区	0.840	0.23	0.19	1.47	2.72
平川区	-0.150	0.09	-0.26	0.39	0.07
靖远县	-0.180	0.17	-0.19	0.20	0.00
会宁县	-0.500	-0.38	-0.56	-0.29	-1.73
景泰县	0.250	-0.69	-0.28	0.33	-0.39
秦州区	-0.250	-0.62	-0.46	-0.82	-2.15
麦积区	-0.520	-0.20	-0.13	0.38	-0.47
清水县	-0.480	-0.59	-0.12	-0.56	-1.74
秦安县	-0.430	-0.55	-0.75	-1.89	-3.63
甘谷县	-0.510	-0.20	-0.68	-1.58	-2.97
武山县	-0.510	-0.24	-0.28	-0.30	-1.33
张家川县	-0.630	-0.45	-0.18	-0.40	-1.66
凉州区	0.220	0.70	1.61	-1.69	0.85
民勤县	-0.070	0.92	1.91	-1.52	1.25
古浪县	-0.890	0.12	0.24	-1.94	-2.48
天祝县	-0.870	0.24	0.11	-2.00	-2.52
甘州区	0.580	1.48	-0.57	0.19	1.68
肃南县	1.510	0.06	-0.59	-1.36	-0.38
民乐县	0.470	0.40	-0.45	0.90	1.31
临泽县	0.430	1.78	0.13	0.77	3.11
高台县	0.430	1.54	-0.13	1.48	3.32
山丹县	0.870	-0.14	-0.54	0.40	0.59
崆峒区	0.230	-0.63	-0.75	-1.52	-2.68
泾川县	-0.080	-0.52	-0.43	0.96	-0.07
灵台县	-0.140	-0.71	-0.75	-0.74	-2.34
崇信县	-0.110	-0.72	-1.05	-1.67	-3.55

续表

县区名称	第1主成分得分	第2主成分得分	第3主成分得分	第4主成分得分	现代农业综合得分
华亭县	0.150	− 0.86	− 0.71	− 1.38	− 2.80
庄浪县	− 0.520	− 0.50	− 0.56	− 0.87	− 2.45
静宁县	− 0.440	− 0.50	0.12	1.38	0.57
肃州区	1.100	0.90	0.95	− 0.14	2.80
金塔县	1.300	0.46	1.23	− 0.48	2.51
瓜州县	2.210	− 1.77	− 0.27	− 0.43	− 0.26
肃北县	2.060	− 0.27	2.04	0.49	4.32
阿克塞县	2.540	0.62	− 1.38	0.17	1.95
玉门市	1.990	− 1.55	1.25	1.11	2.80
敦煌市	1.700	0.78	0.43	2.03	4.95
西峰区	0.230	− 0.45	− 0.27	0.05	− 0.44
庆城县	− 0.110	− 0.77	− 0.34	0.22	− 1.00
环县	− 0.420	− 0.58	− 0.28	0.48	− 0.81
华池县	− 0.240	− 0.67	0.14	0.56	− 0.20
合水县	− 0.270	− 0.55	0.23	1.03	0.44
正宁县	− 0.010	− 0.70	− 0.36	− 0.07	− 1.13
宁县	− 0.170	− 0.58	− 0.50	− 0.07	− 1.31
安定区	− 0.560	− 0.48	0.12	− 0.48	− 1.40
通渭县	− 0.580	− 0.55	− 0.36	− 1.02	− 2.51
陇西县	− 0.460	− 0.41	− 0.34	− 0.82	− 2.02
渭源县	− 0.560	− 0.35	0.02	0.34	− 0.55
临洮县	− 0.560	0.05	− 0.04	0.20	− 0.35
漳县	− 0.630	− 0.32	0.17	− 0.02	− 0.81
岷县	− 0.670	− 0.37	− 0.21	− 1.06	− 2.31
武都区	− 0.890	0.07	− 0.12	0.36	− 0.58
宕昌县	− 1.110	0.04	− 0.14	− 0.44	− 1.65
成县	− 0.250	− 0.26	− 0.14	0.04	− 0.62
康县	− 0.940	− 0.08	0.39	0.53	− 0.10
文县	− 1.170	0.60	0.07	0.89	0.40
西和县	− 0.810	− 0.21	− 0.09	1.17	0.06
礼县	− 0.910	− 0.13	0.24	0.09	− 0.70
两当县	− 1.330	0.11	0.90	− 0.59	− 0.91
徽县	− 0.210	− 0.36	− 0.28	− 0.24	− 1.09
临夏市	− 0.330	2.24	− 0.42	− 0.92	0.57
临夏县	− 0.990	0.58	− 0.41	− 0.38	− 1.20
康乐县	− 0.820	0.03	− 0.40	− 0.52	− 1.71
永靖县	− 0.980	0.30	− 0.03	− 0.97	− 1.69
广河县	− 0.970	0.82	− 0.21	0.02	− 0.34

县区名称	第1主成分得分	第2主成分得分	第3主成分得分	第4主成分得分	现代农业综合得分
和政县	-0.870	0.00	-0.04	0.46	-0.44
东乡县	-1.160	0.28	-0.31	-0.08	-1.27
积石山县	-1.070	0.21	-0.30	-0.41	-1.57
合作市	-0.330	-0.67	0.15	1.60	0.76
临潭县	-0.600	-0.34	-0.24	0.79	-0.40
卓尼县	-0.640	-0.18	0.08	1.66	0.92
舟曲县	-0.730	0.07	0.76	1.56	1.66
迭部县	-0.850	0.76	0.57	1.84	2.31
玛曲县	0.350	-1.07	-0.17	1.70	0.82
碌曲县	0.040	-0.91	0.31	1.97	1.42
夏河县	-0.380	-0.36	0.08	1.98	1.32

由以上计算结果可知，在甘肃省87个县级行政区中，有34个县级行政区的现代农业发展水平较高（见图3-2），即城关区、西固区、安宁区、皋兰县、嘉峪关市、金川区、永昌县、白银区、平川区、靖远县、凉州区、民勤县、民乐县、临泽县、高台县、山丹县、静宁县、肃州区、金塔县、肃北县、阿克塞县、玉门市、敦煌市、合水县、文县、西和县、临夏市、合作市、卓尼县、舟曲县、迭部县、玛曲县、碌曲县、夏河县。

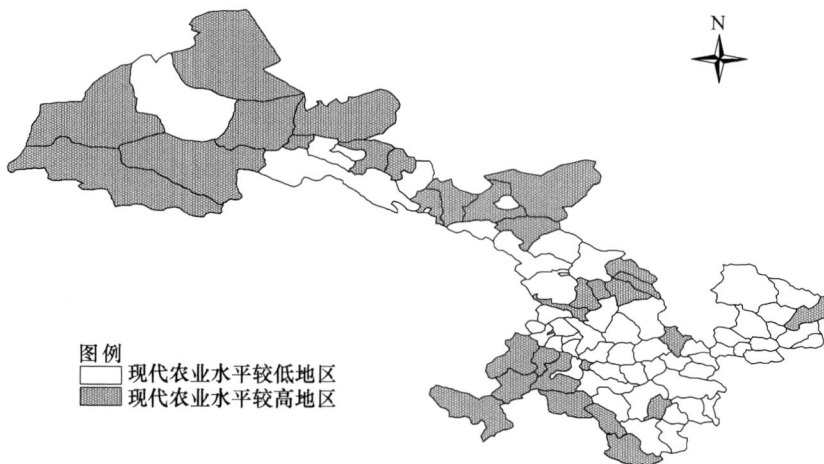

图3-2 甘肃省各县区现代农业水平分布情况

第五节　结论与建议

甘肃省现代农业发展水平较高的县区主要分布于沿黄灌区、河西地区和甘南地区，这也是目前甘肃省主要的农、畜产品供给区。与此相反，甘肃省中部、东部的旱作农业和雨养农业区的现代农业水平普遍不高。针对这一分布特征，对于甘肃省各县区提高现代农业发展水平提出如下建议。

一、主要发展方向

第一，各县区应当根据区域要素禀赋条件，因地制宜地发展现代农业。要素禀赋条件包括自然条件和社会经济条件。自然条件是现代农业发展的基础，社会经济条件是现代农业发展的保障，二者相结合形成了各县区独特的现代农业类型。甘肃省各县区的现代农业发展水平差异主要取决于区域内要素禀赋条件，区别其基本要素禀赋，因地制宜地发展现代农业生产，对于甘肃省现代农业水平提高和产业升级具有十分重要的意义。

第二，应当将现代农业水平提高与农业产业化发展相结合。甘肃省现代农业发展水平较高的县区农业产业化程度也相对较高。有效利用现代科学技术提高农业发展水平，同时选择具有产业比较优势和市场潜力的农业产业，把具有相似自然条件与产业特征及现代化水平的生产空间划分为同一类型走现代农业产业化发展道路，可以更进一步地突出重点，发挥优势，扩大规模，提高产业经营集约化程度，增强产业竞争优势，提高经济、社会及生态效益。

第三，现代农业水平的提高必须考虑可持续发展。农业发展的功能性不仅体现在其经济性、战略性，还应体现在生态性、稳定性方面。现代农业发展，不仅要重视近期利益，更要注重长远利益；不仅要重视经济效益，还要重视生态效益。现代农业发展需要把不同类型的县区存在的制约问题区别开来，制定差异化发展战略；而从区域发展的角度来解读，相邻区域内的相互的学习、影响、带动，对农业发展的现代化水平同样具有重要的带动作用。

二、具体措施

在新一轮"西部大开发"背景下，加强甘肃省区域农业经济的快速发展具有重要的现实意义。根据以上分析，本书针对性地提出如下促进甘肃省现代农业产业发展的具体措施。

（一）加大农业投入，促进区域现代农业产业可持续发展

持续不断的农业投入既是区域现代农业发展的保障，也是该区域现代农业增加产出的前提，有利于促进区域农村社会稳定快速发展。针对区域现代农业发展需要，在加大农业投入方面提出如下建议。

首先，要加大现代农业基础设施的投入力度，提高现代农业的设施装备水平。农机化水平低下严重影响现代农业的发展，可以通过政府及相关部门加大对农业基础设施建设的资金投入以保证现代农业发展的稳定环境；同时要开辟新型农业投入渠道，鼓励和支持发展适合农村需求特点的多种所有制金融组织，积极培育多种形式的小额信贷组织，稳步推行农业保险，建立完善农业保险体系，规避农业生产中自然和市场风险，引导社会各种力量参与到现代农业的多元化投入机制中来。

其次，要加大现代农业科技的投入力度，全面整合甘肃省的农业科技资源，建立以省级、县（区）级科研机构为核心，以科技型支柱企业为龙头，以新型推广服务组织为基础的科技支撑体系；完善新型农村科技推广服务体系，以农民专业经济技术合作组织为着眼点，兼顾政府推广机构。高校院所服务实体、农业企业或科技中介公司三类推广组织协同发展；建立新型产、学、研合作机制，促进科技成果的产业化及资源化；加强农民科技素质培训，提高农民接受科技和利用科技的综合能力；同时要创新农业科技成果转化机制，大力发展各种有利于现代农业的服务体系，加快新技术、新产品的推广应用。

再次，要加快城乡一体化建设进程，从甘肃省不同地区的基础条件出发，从产业布局、土地利用、投资建设、就业保障、文教卫生等多方面统筹城乡协调发展，促进城市优质要素向农村加快流动，社会资源配置和国民收入分配向农村倾斜，建立以城带农、以工促农的长效机制。特别是对于城镇化率低的，可以通过建设小城镇来转移部分农村剩余劳动力，逐步缩小城乡差距，促进农村社会发展水平的提高。

最后，要继续推进退耕还林还草工程的建设，减少农药化肥的使用，以促进和保障农业生态环境的恢复和发展，坚持走农业可持续发展的道路。

（二）实施土地流转制度，推进区域现代农业产业协调与管理机制创新

要加强耕地监督管理，把耕地保护落到实处。用城市规划管理方式加强基本农田管理，严格执行非农占用耕地补偿制度，保障补偿地质量；同时，要实行土地流转制度，保证农民的土地经营流转权，在家庭联产承包责任制的基础上，在稳定农村土地承包关系的前提下，按照依法、自愿、有偿的原则，进一步完善土地承包经营权流转，鼓励通过转租、转包、转让、互换、入股、出租、合作等方式进行土地承包经营权的合理流转，逐步发展适度规模经营，提高集约化生产

水平。

由于甘肃省各地农业产加销一体化的市场机制、整治和保护农业生态环境的一体化机制和社会公共资源共享机制等协调联动合作机制尚未形成，有必要在甘肃省县区内利用"一体化发展论坛"、"咨询研究的平台"等协调联动机制，充分借鉴国内外先进经验，建立统一、开放、竞争有序的农产品市场，完善市场体系。加强区域产业项目合作，支持和引导区域产业转移，促进区域产业结构调整和产业布局的优化；加强区域生态环保合作，联合制定区域环境和资源保护规划。同时，政府也应该遵循市场经济体制的内在要求，遵循市场对资源配置的基础性作用，克服政府过多的行政干预，致力于弥补市场缺陷；着力克服地方保护主义，为资源自由流动和区域经济合作扫除障碍；加强沟通和谈判，从共同利益和长远利益出发，做大农业产业这块"蛋糕"，形成新型的农业利益补偿机制，成立甘肃省现代农业产业区域发展协调机制。

（三）优化区域现代农业产业布局，建立标准化和规模化农产品生产基地

根据区域农产品的比较优势，优化农产品产业布局，是发挥区域农业资源优势，提高农业生产效率的重要内容。要通过加大科技投入、提高农民素质等手段以提高产品在市场中的竞争力。在实际操作中应按照集中连片、充分发挥比较优势的原则，充分适用现代农业产业区划研究成果，通过科学规划，加快建立农产品区域生产基地。基地建设要突出规模化水平，实现规模效益，为现代农业的产业化发展提供支撑。基地建设要严格实施标准化生产，从播种、田间管理到收获均要实行标准化，逐步提高甘肃省现代农业产业的发展水平。

要依靠现已形成的农业产业化发展基础，进一步推进农业产业特色化、特色产业规模化、规模产业现代化、现代产业标准化。从基地建设、产品收购、储藏、加工、销售、消费等多个环节推进特色农业产业的发展。按照循环经济的发展思路，走生态农业的发展道路，提高特色农业的现代化水平。甘肃省种植特色产业是甘肃省农业产业发展的基础性、战略性产业。需要把粮食、马铃薯、制种、酿酒原料、中药材等特色产业作为发展重点进行产业化发展设计，把区域性特色产业如陇南等地经济作物等，作为区域发展的重要补充，发展成地方品牌，做出成效。

随着我国城乡居民收入不断提高，畜禽产品的消费量也持续增长。近年来，草食畜牧业和畜禽养殖业在农业总产值中所占的比重不断扩大，已成为吸引农村剩余劳动力，增加农民收入的主要途径之一。甘肃省奶类和禽蛋比较优势明显，应该成为今后发展的重点。随着人们生活水平的提高和健康意识的增强，发展绿色畜产品既是当前我国新阶段农业生产的一项重大战略措施，也是新阶段农业生产的迫切需要。因此，畜禽养殖业亟须建立规模化、标准化、科学化的养殖基

地，提高畜禽养殖业的科技水平，提升产品的品质与安全性，这样才能加快推进社会主义新农村建设，大力推动城乡统筹发展，优化产业结构，加快农业现代化进程。

甘肃省林果产品比较优势也较为明显，各县区应当根据各地的区位优势和当前的国内外需求，在丰富林果业品种、提高质量的基础上，积极发展休闲林果业、水果保鲜运输、水果精深加工等较高附加值产业，树立品牌，实现林果产业由数量型向质量效益型的转变。同时要注重标准化生产、林果业科技培训、科技示范推广等体系的建立和实施，进一步提高林果产业的国内外市场竞争力。

（四）充分发挥农业多功能性，突出现代农业生态服务功能

农业作为国民经济一个基础性、战略性生产部门，在有效利用各种资源条件，适应和造就各种生态环境，连接人与自然，协调人口、资源、环境的关系方面，具有其特殊作用。即农业生产应当呈现出多功能的特征。农业多功能性是指农业作为社会活动的一个重要组成部分，不仅具有经济功能，而且具有不可忽视的政治功能、社会功能、文化功能和生态功能，这种多功能性是农业与生俱来的，其具体内容伴随社会经济的发展而变化。从现代农业评价部分可以看出，甘肃省现代农业生态条件较差，需要突出生态服务功能，不断改善农业生产生态条件，减少农业化学肥料的施入量，大力发展循环农业，防治农业面源污染，提高农产品质量安全水平。总之，甘肃省要制定合理的现代农业产业发展规划，明确区域功能定位，引领现代农业产业更快更好发展。

（五）加快制定区域现代农业产业发展规划，推进区域重点工程项目建设

在新一轮"西部大开发"战略进程中，甘肃省现代农业产业的发展同样担负着促进经济快速发展的任务。因此，加快区域现代农业产业发展规划的制定，进一步推进甘肃省现代农业产业建设，有利于探索新模式与新途径，加快农村全面小康社会建设步伐；有利于发挥龙头作用，带动现代农业建设；有利于促进全国区域农业农村经济的协调发展。考虑到甘肃省各县区内部现代农业产业发展的非均衡性，要根据区域内不同的产业基础、资源和区位优势，并在现有的发展基础上，综合考虑经济因子、社会因子、文化因子、环境因子，科学制定甘肃省各县区新农村建设和现代农业产业发展规划，从国家总体战略出发，明确甘肃省新农村建设与现代农业产业发展的方向和目标，重点解决区域内普遍关注而单一县区不能很好解决的主要问题，提出促进甘肃省现代农业产业和新农村建设稳步推进的有效政策措施。

在重点工程方面，要结合现代农业产业的区划研究，因地制宜地实施休闲农业产业现代化建设工程、繁荣农村产业建设工程、山区生态环境建设工程和新农民素质教育工程等重点工程建设。

第　四　章

甘肃省现代农业区域优势产业

农业区域优势产业的形成是比较优势原理在农业领域的具体运用。发展区域特色优势产业就是充分发挥地区比较优势，将潜在优势转化为现实优势，将资源优势转化为经济优势。比较优势就是特色，比较优势就是竞争力，没有比较优势就没有特色可言。种植业、畜牧业、林果业和水产业等，作为现代农业"产中领域"的重要内容，其产业优势的比较研究对现代农业的发展具有重要作用。

农产品比较优势的研究始于20世纪70年代，主要的研究方法包括比较优势法、相对生产成本法、净出口指数法、劳动密集指数法、简单进出口法、净经济利益法、区位商法、国内成本系数法、综合比较优势指数法等。

综合比较优势指数法和区位商法在优势农产品评价中得到了较为广泛的运用。唐华俊等（2001）[1] 将环境质量因子引入比较优势范畴，创建了集中反映资源、市场和环境等多因子交互作用的农产品区域比较优势决策模型，分别计算了中国东北、华北、江南、西南、西北稻谷、玉米、小麦等农产品区域比较优势指数。张华等（2004）[2] 运用1994～1998年中国粮食作物生产及商品粮数据，采用单因素比较优势指数和综合比较优势指数法，计算了中国东、中、西部地区小麦、稻谷、玉米的综合比较优势指数。胡建等（2008）[3] 运用种植规模比较优势指数与产量比较优势评价相结合的综合比较优势方法，对河北省各市区的农产品比较优势进行了市政分析，在此基础上分别从构建粮棉油区域特色经济、果品区域特色经济及环京津区域特色经济提出了河北省发展农产品特色区域格局的思

---

① 唐华俊，罗其友．基于比较优势的种植业区域结构调整 [J]．中国农业资源与区划，2001 (10)：37 - 41.

② 张华，王道龙，屈宝香，周旭英．我国主要粮食品种区域比较优势研究 [J]．中国农业资源与区划，2004 (4)：16 - 20.

③ 胡建，李维军，杨香合，王亮．河北省农产品比较优势评价研究 [J]．中国市场，2008，36 (9)：116 - 117.

·71·

路。梁山（2008）① 采用规模比较优势指数、产量比较优势指数和综合比较优势指数法，运用河北省区市的数据对河北省主要农作物进行了比较优势分析评价；李旭霖等（2008）② 通过运用农产品综合比较优势指数法，对莱阳市农产品比较优势及其生产分布分析表明：莱阳市农产品中，小麦、玉米、大豆等传统优势作物，花生、蔬菜、烟叶等经济作物，苹果、梨、桃子等林果产品，禽蛋和奶类畜产品的综合比较优势明显。宋光钧（2008）③ 运用综合比较优势的方法，对皖西地区农产品的比较优势进行了测算和分析，得出了皖西地区油菜籽、水稻、烟叶与全国水平相比具有比较优势，而棉花、小麦与全国平均水平相比具有比较劣势的结论。李瑾等（2009）④ 运用综合比较优势法测算了全国 31 个省、自治区、直辖市主要畜产品的综合比较优势指数，阐述了我国畜牧业生产的区域优势特征，提出了促进生猪生产向北方转移，发挥南方地区牛羊生产潜力等措施。李文等（2009）⑤ 运用综合比较优势的方法对东北地区 4 种主要肉类产品的比较优势和专业化程度分析，总结出了该区域的优势肉类产品。

本章将着重采用比较优势指数法，通过建立相应测定指标来测定甘肃省主要农产品、畜产品和水产品的比较优势，为科学发展甘肃省现代农业的区域优势产业，实现资源化配置提供依据。

第一节　农产品比较优势

种植业是农业的主要组成部分之一，其主要粮食作物如小麦、水稻、玉米、大豆、谷子、高粱和薯类等和经济作物花生、棉花、蔬菜与麻类等是维持人类社会生存和发展最基本的生活资料，是最具基础性、战略性的物资。因此，进行农产品的比较优势评价，从而实现优化农产品的优化布局，提高粮食产量、保障粮食安全既是保持区域社会稳定、保障区域经济发展的基础和前提，也是该区域农业科技工作的首要任务。

---

① 梁山. 河北省区域特色农产品的比较优势分析 [J]. 农业技术经济, 2008 (11): 93 - 96.
② 李旭霖, 陈国玉. 莱阳市农产品比较优势及区域布局分析 [J]. 青岛农业大学学报 (社会科学版), 2008 (3): 46 - 47, 75.
③ 宋光钧. 皖西地区农产品比较优势分析 [J]. 特区经济, 2008 (2): 180 - 182.
④ 李瑾, 秦向阳. 基于比较优势理论的我国畜牧业区域结构调控研究 [J]. 农业现代化研究, 2009 (1): 8 - 12.
⑤ 李文, 吴文欣, 王桂霞. 东北地区肉类产品比较优势与专业化生产分析 [J]. 中国畜牧杂志, 2009 (3): 14 - 16, 18.

本章主要以农作物单产和种植规模作为区域农作物比较优势测定指标的关键因子，建立三个比较优势测定指标，即规模比较优势指数、单产比较优势指数和综合比较优势指数，对甘肃省的农产品比较优势进行分析。

一、计算方法

国外学者自 20 世纪六七十年代就开始对部分国家和地区的农产品进行比较优势分析和研究。绝大部分学者都是通过构建一些模型或数量指标分析不同国家在某种或某些产品由于资源禀赋的优势而拥有比较优势。国内学术界对农产品的比较优势的研究始于 20 世纪 70 年代末，早期对比较优势的研究多为定性讨论。自改革开放以来，国内学者对农产品比较优势的测定和分析也越来越多，主要是借鉴国外学者采用的方法和数量指标来分析我国部分地区农产品在市场上的比较优势。本章主要以农作物单产和种植规模作为区域农作物比较优势测定指标的关键因子，建立三个比较优势测定指标：规模比较优势指数、单产比较优势指数和综合比较优势指数，对甘肃省农产品的比较优势进行分析。

（一）种植规模化比较优势指数

规模化比较优势指数反映了一个地区某一农作物生产的规模、专业化程度，也是市场需求、市场区位条件、技术资金投入、作物生态适应性、种植制度等因素相互作用的结果。规模比较优势是用某地区某作物的播种面积占该区域作物播种面积的比值与整个评价区域同一比值的比率来表示的，一般来讲，存在规模即有一定的经济效益。规模比较优势主要反映的是该地区该作物种植面积和规模在全国（全省）的比较优势，不能涵盖由于科技进步等因素导致农作物单产提高的因素。计算公式如下：

$$SAI_{ij} = \frac{GS_{ij}/GS_i}{GS_j/GS}$$

式中，SAI_{ij} 为规模优势指数；GS_{ij} 为 i 区 j 中作物播种面积；GS_i 为 i 区所有农作物的播种面积；GS_j 为全省 j 种农作物的播种面积；GS 为全省所有农作物的播种总面积。如果 $SAI_{ij} > 1$，表明 i 区 j 中农作物的种植与全省平均水平相比具有规模优势；如果 $SAI_{ij} < 1$，表明 i 区 j 中农作物的种植与全省平均水平相比不具有规模优势。

（二）单产比较优势指数

区域生态适宜性是作物生产重要的基础性条件，同一品质的作物在不同区域有不同的产量，不同品质类型的作物在不同试验区产量差异显著。选取作物的单产作为衡量的指标，可以反映区域农业比较优势形成中资源供给因素的作用，即区域生态适宜性，单产越高，说明农业生产效率越高，其内涵生产力越大。用该地区该作物的单产水平和该地区粮食作物单产水平的比值与整个评价区域同一比值的比率来表示，就可以综合反映某地区的某类农产品生产条件，即资源优势水平。单产比较优势指数主要是从资源内涵生产力的角度来反映农业比较优势，但是在一般情况下，往往生产规模越小，其单产水平越高。因此，该指数并不能客观反映一个地区一种作物的真正比较优势。计算公式如下：

$$EAI_{ij} = \frac{AP_{ij}/AP_i}{AP_j/AP}$$

式中，EAI_{ij} 为 i 区 j 中农作物的单产比较优势指数；AP_{ij} 为 i 区 j 中农作物单产；AP_i 为 i 区全部农作物平均单产；AP_j 为全省 j 中农作物平均单产；AP 为全省全部作物平均单产。$EAI_{ij} > 1$，表明与全省平均水平相比，i 区 j 中作物生产具有单产比较优势；$EAI_{ij} < 1$，表明与全省平均水平相比，i 区 j 中作物生产处于劣势。

（三）综合比较优势指数

区域农作物的比较优势是农业自然资源禀赋、社会经济及区位条件、科学技术、种植制度以及市场需求等因素综合作用的结果，任何单方面的优势都不能全面反映综合水平，规模优势指数仅从种植规模的大小说明专业化水平，产量优势指数仅从产出上说明效率优势状况，它们都是从一个方面说明优势问题，却不能较全面地描述农产品的综合比较优势。因此，选择综合比较优势指数法更能全面地反映一个地区某种农作物生产的真正比较优势。综合比较优势指数是单产优势和规模比较优势的有机结合，能够更为全面地反映一个地区某种作物生产的优势。因此，取单产优势指数与规模优势指数的几何平均值，则可全面地反映这个问题。计算公式如下：

$$AAI_{ij} = \sqrt{EAI_{ij} \times SAI_{ij}}$$

式中，AAI_{ij} 表示综合优势指数，如果 $AAI_{ij} > 1$，表明 i 区 j 种农作物生产与全省平均水平相比具有比较优势；如果 $AAI_{ij} < 1$，表明 i 区 j 种农作物与全省平均水平相比不具有比较优势。

此外，考虑到甘肃省各县区可以被划分为纯农业县区、农牧兼营县区和纯牧业县区[①]，对于纯牧区由于农作物种植品种单一，利用比较优势法的计算结果并不准确，在选择农产品比较优势区时，排除了部分牧业县区。另外，被选择地区除要求 $AAI_{ij} > 1$ 外，还应当同时满足高于甘肃省农区平均水平。

二、主要粮食作物比较优势指数

表 4－1 是甘肃省各县区主要粮食作物比较优势指数。综合来看：

---

① 农牧兼营县区包括瓜州、山丹、永昌、民勤、永登、靖远、漳县、岷县、环县、华池、迭部、卓尼共 12 个县区。纯牧业县区包括玛曲、碌曲、夏河、合作、肃北、阿克塞、天祝、肃南共 8 个县区。

表 4 - 1 主要粮食作物的综合比较优势指数

县区名称	小麦	玉米	谷子	大豆	马铃薯
城关区	0.43	2.10	—	—	—
七里河区	1.07	1.60	1.14	—	—
西固区	0.95	1.51	—	0.90	—
安宁区	—	—	—	—	—
红古区	0.99	1.48	—	0.45	—
永登县	1.03	0.53	0.41	—	1.46
皋兰县	0.87	0.74	0.95	0.18	1.52
榆中县	0.77	1.06	0.40	—	1.65
金川区	1.27	1.07	—	—	0.72
永昌县	1.18	0.77	0.46	—	0.64
白银区	0.83	0.91	0.40	0.42	0.63
平川区	0.97	1.23	—	0.61	1.00
靖远县	1.00	1.01	0.59	0.30	1.54
会宁县	0.58	1.02	0.50	0.28	2.00
景泰县	1.03	1.02	0.15	—	1.19
秦州区	0.92	1.03	0.17	—	1.42
麦积区	0.63	0.72	1.00	0.73	0.74
清水县	0.81	0.95	0.64	0.47	1.43
秦安县	0.80	0.82	0.42	0.39	1.77
甘谷县	0.88	0.84	0.76	0.32	1.41
武山县	0.85	0.75	0.28	0.38	2.07
张家川县	1.12	1.04	—	—	1.60
凉州区	0.96	1.24	—	0.21	1.08
民勤县	1.30	1.20	—	—	0.46
古浪县	0.94	0.82	0.44	0.12	1.82
天祝县	1.28	0.10	—	—	2.80
甘州区	0.58	1.09	0.36	0.14	0.91
肃南县	0.99	1.41	—	—	0.85
民乐县	1.15	0.55	0.12	—	2.32
临泽县	0.23	0.81	—	0.29	—
高台县	0.71	1.05	0.33	0.31	0.71
山丹县	1.28	0.20	—	—	2.39

县区名称	小麦	玉米	谷子	大豆	马铃薯
崆峒区	1.02	1.10	0.64	0.16	1.06
泾川县	0.95	0.71	0.34	0.89	0.92
灵台县	1.15	1.14	0.31	—	0.66
崇信县	0.95	1.13	0.81	0.40	0.81
华亭县	0.77	1.12	0.17	0.28	1.17
庄浪县	1.19	0.82	—	0.16	1.95
静宁县	1.06	0.67	0.68	—	1.55
肃州区	0.79	1.29	0.08	—	0.44
金塔县	1.61	1.35	—	—	—
瓜州县	1.80	0.79	—	—	—
肃北县	1.38	0.26	—	—	3.05
阿克塞县	1.04	1.86	—	—	—
玉门市	1.75	0.90	0.17	—	—
敦煌市	0.63	2.06	—	—	—
西峰区	0.91	0.70	1.39	1.08	0.87
庆城县	1.03	0.95	0.73	0.80	0.85
环县	0.47	1.40	0.23	0.57	1.06
华池县	0.72	1.48	0.67	0.40	0.87
合水县	0.86	1.13	0.84	0.87	0.96
正宁县	0.96	1.00	0.86	0.76	1.02
宁县	0.91	0.71	0.78	1.11	0.52
镇原县	1.18	1.17	0.83	0.42	0.43
安定区	0.53	0.92	—	—	2.77
通渭县	0.67	1.46	0.65	—	1.31
陇西县	0.47	1.15	0.85	—	2.12
渭源县	0.61	0.70	—	—	3.37
临洮县	0.73	0.74	0.10	—	2.38
漳县	0.80	0.74	—	—	3.05
岷县	0.70	—	—	—	4.83
武都区	0.94	0.75	0.31	0.68	1.83
宕昌县	0.94	0.83	0.10	0.18	1.58
成县	0.73	0.84	—	1.46	1.06

县区名称	小麦	玉米	谷子	大豆	马铃薯
康县	0.97	0.95	—	1.26	1.15
文县	1.06	0.76	0.13	0.49	1.22
西和县	0.84	0.69	—	—	2.37
礼县	1.22	0.58	0.12	—	1.96
两当县	1.20	1.15	—	0.70	0.35
徽县	0.66	0.67	—	1.95	1.31
临夏市	0.71	1.72	—	—	0.84
临夏县	1.12	1.24	—	—	1.31
康乐县	1.25	0.91	0.17	—	1.22
永靖县	0.58	1.34	0.16	0.18	1.51
广河县	0.49	1.60	—	—	1.64
和政县	1.32	0.92	—	—	1.34
东乡县	0.54	0.74	0.57	—	2.70
积石山县	0.92	1.11	—	—	2.11
合作市	1.59	—	—	—	3.47
临潭县	1.80	—	—	—	2.91
卓尼县	1.82	—	—	—	2.70
舟曲县	1.06	0.88	0.15	0.45	1.43
迭部县	1.50	0.28	—	—	2.06
玛曲县	—	—	—	—	—
碌曲县	—	—	—	—	6.81
夏河县	2.16	—	—	—	1.92

在小麦种植上有比较优势的县区主要有：金川区、永昌县、靖远县、景泰县、张家川县、民勤县、民乐县、山丹县、灵台县、庄浪县、金塔县、瓜州县、玉门市、镇原县、文县、礼县、两当县、临夏县、康乐县、和政县 20 个县级行政区。主要分布于：沿黄灌区、河西走廊、陇南和陇东个别县区。

在玉米种植上有比较优势的县区主要有：城关区、七里河区、西固区、红古区、平川区、凉州区、民勤县、甘州区、崆峒区、灵台县、崇信县、华亭县、肃州区、金塔县、敦煌市、环县、华池、合水县、镇原县、通渭县、陇西县、两当县、临夏市、临夏县、永靖县、广河县、积石山县 27 个县级行政区。主要分布于：沿黄灌区、河西走廊、陇中和陇东部分地区。

在谷子种植上有比较优势的县区主要有：七里河区、麦积区、西峰区 3 个县级行政区。

在大豆种植上有比较优势的县区主要有：徽县、宁县、成县、康县、西峰区 5 个县级行政区。

在马铃薯种植上有比较优势的县区主要有：永登县、皋兰县、榆中县、靖远县、会宁县、秦州区、清水县、秦安县、甘谷县、武山县、张家川县、古浪县、民乐县、山丹县、庄浪县、静宁县、安定区、陇西县、渭源县、临洮县、漳县、岷县、武都区、宕昌县、文县、西和县、礼县、徽县、临夏县、康乐县、永靖县、广河县、和政县、东乡县、积石山县 35 个县级行政区。广泛分布于沿黄灌区、陇东、陇中、陇南等地区。

三、主要经济作物比较优势指数

表 4-2 是甘肃省各县区主要经济作物综合比较优势指数。综合来看：

表 4-2　主要经济作物的综合比较优势指数

县区名称	油料作物	蔬菜	线麻	烟叶	甜菜
城关区	—	2.15			
七里河区	0.29	2.06	—	—	—
西固区	0.21	2.09	—	—	—
安宁区	—	2.15			
红古区	0.29	2.08	—	—	—
永登县	0.91	1.13	0.39	—	1.05
皋兰县	1.25	1.78	—	—	—
榆中县	0.86	1.81		0.56	—
金川区	1.67	0.96			0.91
永昌县	1.29	1.54			—
白银区	0.62	1.85			—
平川区	1.09	1.39			—
靖远县	0.48	1.62			—
会宁县	0.96	1.08			—
景泰县	0.91	0.74			0.49
秦州区	1.61	1.09			—
麦积区	1.35	1.47	—	0.46	—
清水县	2.04	1.16	3.24		—
秦安县	1.41	1.37	—		—

县区名称	油料作物	蔬菜	线麻	烟叶	甜菜
甘谷县	0.81	1.17	—	0.22	0.52
武山县	0.62	1.55	—	—	0.87
张家川县	1.25	1.28	3.37	—	—
凉州区	0.71	1.25	—	—	2.38
民勤县	2.22	1.35	—	—	—
古浪县	1.07	0.90	—	—	2.21
天祝县	1.81	1.50	—	—	—
甘州区	0.71	1.28	—	—	1.64
肃南县	0.71	1.65	—	—	—
民乐县	2.66	0.58	—	—	—
临泽县	0.25	1.27	—	—	2.71
高台县	0.47	1.27	—	—	1.52
山丹县	1.94	0.63	2.57	—	0.36
崆峒区	1.29	1.66	—	0.48	—
泾川县	1.41	1.57	—	—	—
灵台县	2.00	1.27	—	0.30	—
崇信县	2.24	1.23	—	0.46	—
华亭县	1.36	1.19	—	—	—
庄浪县	1.29	1.37	—	—	—
静宁县	2.18	1.30	—	—	—
肃州区	0.34	1.31	—	—	1.69
金塔县	1.14	1.84	—	—	—
瓜州县	0.86	0.98	—	—	—
肃北县	3.38	0.75	—	—	—
阿克塞县	—	1.24	—	—	—
玉门市	0.71	0.98	—	—	2.15
敦煌市	—	2.14	—	—	—
西峰区	2.15	1.62	—	—	—
庆城县	1.77	1.66	—	—	—
环县	2.81	1.03	—	—	—
华池县	2.85	1.13	—	—	—
合水县	1.83	1.62	—	—	—
正宁县	1.77	1.19	—	4.16	—
宁县	2.33	1.03	—	0.44	0.18

县区名称	油料作物	蔬菜	线麻	烟叶	甜菜
镇原县	2.82	1.31	—	—	—
安定区	1.62	1.25	—	—	—
通渭县	1.20	0.52	—	—	0.82
陇西县	0.61	0.82	—	—	—
渭源县	0.43	0.14	—	—	0.53
临洮县	0.92	1.63	—	0.66	—
漳县	0.51	0.83	—	—	—
岷县	0.60	0.26	—	—	—
武都区	0.94	1.20	0.32	0.21	—
宕昌县	0.75	0.61	—	0.73	—
成县	1.56	1.35	0.21	2.18	—
康县	1.66	1.08	0.52	0.32	—
文县	1.19	1.13	—	—	—
西和县	2.15	1.17	—	—	—
礼县	1.65	0.78	1.33	1.02	—
两当县	1.07	0.95	—	1.14	—
徽县	0.93	1.10	1.27	4.56	—
临夏市	0.28	2.07	0.27	—	—
临夏县	1.60	0.86	—	—	1.78
康乐县	2.04	0.28	—	—	0.48
永靖县	1.67	1.73	—	—	—
广河县	2.56	1.48	—	—	—
和政县	2.59	0.21	—	—	—
东乡县	2.19	1.45	—	—	—
积石山县	3.47	0.64	—	—	—
合作市	2.07	0.40	—	—	—
临潭县	2.49	0.15	—	—	—
卓尼县	1.98	0.34	—	—	—
舟曲县	1.73	0.70	0.44	0.79	1.15
迭部县	1.80	0.85	—	—	—
玛曲县	—	—	—	—	—
碌曲县	8.85	—	—	—	—
夏河县	9.22	—	—	—	—

在油料作物种植上有比较优势的县区主要有：秦州区、麦积区、秦安县、民勤县、民乐县、山丹县、泾川县、灵台县、崇信县、华亭县、静宁县、庄浪县、西峰区、环县、华池县、合水县、宁县、镇原县、安定区、成县、康县、西和县、礼县、临夏县、康乐县、永靖县、广河县、积石山县、东乡县、和政县30个县级行政区。主要分布于：河西、陇东和陇中的部分县区。

在蔬菜种植上有比较优势的县区主要有：城关区、七里河区、西固区、安宁区、红古区、皋兰县、榆中县、永昌县、白银区、靖远县、武山县、泾川县、敦煌市、西峰区、庆城县、合水县、临洮县、武都区、成县、文县、西和县和徽县22个县区。主要分布于：沿黄灌区和河西、陇东、陇南部分地区。

在线麻种植上有比较优势的县区主要有：清水县、张家川县、山丹县、礼县、徽县5个县区。

在烟叶种植上有比较优势的县区主要有：正宁县、成县、礼县、徽县、两当县5个县区。

在甜菜种植上有比较优势的县区主要有：永登县、凉州区、古浪县、甘州区、临泽县、高台县、肃州区、玉门市、临夏县9个县区。

在中药材种植上有比较优势[①]的县区主要有：华亭县、瓜州县、陇西县、康乐县、漳县、岷县、武都区、宕昌县、康县、文县、西和县、两当县、渭源县、礼县14个县级行政区。主要分布于：陇中、陇南和陇东、河西部分地区。

四、主要水果综合比较优势指数

表4-3是甘肃省各县区主要水果综合比较优势指数。综合来看：

表4-3　主要水果的综合比较优势指数

县区名称	苹果	梨	葡萄	桃
城关区	1.13	0.55	0.22	0.68
七里河区	0.68	0.99	—	3.28
西固区	1.00	1.29	0.20	0.55
安宁区	0.17	0.36	0.28	6.42
红古区	1.32	0.37	0.20	1.37
永登县	1.10	1.65	0.87	0.58
皋兰县	0.50	1.50	0.01	2.79

---

① 因为《中国农业年鉴》中没有统计2010年全国中药材的产量，所以甘肃各县区中药材的比较优势只考虑了规模比较优势，没有考虑单产比较优势。

县区名称	苹果	梨	葡萄	桃
榆中县	1.19	1.65	0.54	0.39
金川区	0.36	1.49	4.79	—
永昌县	1.20	2.63	0.11	—
白银区	1.94	0.71	—	—
平川区	0.79	1.38	0.45	0.43
靖远县	1.36	1.40	0.03	0.93
会宁县	2.64	1.43	0.00	0.12
景泰县	1.95	2.04	0.00	0.15
秦州区	2.04	0.33	0.01	0.31
麦积区	1.71	0.12	1.44	0.21
清水县	2.32	0.04	0.12	0.01
秦安县	1.68	0.14	0.01	1.52
甘谷县	1.75	0.21	0.01	0.03
武山县	0.78	0.46	0.18	0.16
张家川县	2.77	0.56	—	—
凉州区	1.66	0.81	1.18	—
民勤县	0.16	0.22	7.74	—
古浪县	1.62	0.52	0.23	—
天祝县	—	—	—	—
甘州区	0.85	1.79	0.37	0.08
肃南县	—	—	—	—
民乐县	0.90	4.08	0.05	0.01
临泽县	1.15	0.51	2.92	0.03
高台县	0.86	1.56	2.69	0.12
山丹县	0.48	5.70	0.68	—
崆峒区	2.02	0.41	0.05	0.45
泾川县	1.62	0.16	0.01	0.10
灵台县	2.94	0.18	—	0.12
崇信县	2.07	0.93	—	0.22
华亭县	1.61	1.88	—	0.04
庄浪县	1.25	0.24	—	0.02
静宁县	2.96	0.14	—	0.01

续表

县区名称	苹果	梨	葡萄	桃
肃州区	0.79	2.87	0.32	0.58
金塔县	0.61	1.89	1.53	0.64
瓜州县	0.65	1.70	1.42	0.38
肃北县	—	—	—	—
阿克塞县	—	—	—	—
玉门市	0.95	1.78	0.44	0.25
敦煌市	0.02	0.07	5.57	0.36
西峰区	2.00	0.04	0.05	0.07
庆城县	1.88	0.01	0.08	0.05
环县	2.15	0.04	0.01	0.11
华池县	2.81	0.09	—	—
合水县	2.36	—	0.01	—
正宁县	2.05	0.01	—	0.01
宁县	1.52	0.01	—	0.04
镇原县	2.56	0.04	0.02	0.05
安定区	0.22	4.48	—	—
通渭县	2.13	1.78	—	—
陇西县	0.70	2.77	—	0.23
渭源县	0.21	3.76	—	—
临洮县	0.79	2.57	—	0.77
漳县	1.47	0.83	—	0.06
岷县	0.26	3.00	—	—
武都区	1.11	0.70	0.85	1.59
宕昌县	2.03	1.16	0.11	0.05
成县	0.93	0.51	0.78	0.93
康县	1.24	0.79	—	0.46
文县	1.52	1.06	—	1.62
西和县	1.79	0.20	—	0.61
礼县	1.53	0.05	0.01	0.05
两当县	1.86	0.22	—	1.07
徽县	0.71	1.59	0.28	0.89
临夏市	—	8.52	—	—

县区名称	苹果	梨	葡萄	桃
临夏县	0.01	2.42	—	0.03
康乐县	0.79	3.32	—	—
永靖县	0.97	0.73	0.02	0.11
广河县	0.40	4.16	—	—
和政县	—	8.52	—	—
东乡县	0.13	4.51	—	0.31
积石山县	0.21	3.26	—	0.09
合作市	—	—	—	—
临潭县	0.29	3.64	—	—
卓尼县	0.97	4.06	—	—
舟曲县	2.54	0.17	0.14	0.10
迭部县	1.55	0.43	—	0.20
玛曲县	—	—	—	—
碌曲县	—	—	—	—
夏河县		8.52		

在苹果种植上有比较优势的县区主要有：会宁县、景泰县、秦州区、麦积区、清水县、秦安县、甘谷县、崆峒区、灵台县、崇信县、西峰区、环县、庆城县、华池县、合水县、正宁县、镇原县、通渭县、两当县、西和县、宕昌县21个县区。主要分布于：陇东和陇南部分地区。

在梨种植上有比较优势的县区主要有：永登县、皋兰县、榆中县、永昌县、甘州区、民乐县、高台县、山丹县、华亭县、肃州区、金塔县、瓜州县、玉门市、安定区、通渭县、陇西县、渭源县、临洮县、岷县、临夏县、康乐县、广河县、和政县、东乡县、积石山县25个县区。主要分布于：沿黄灌区、河西、陇东和甘南部分地区。

在葡萄种植上有比较优势的县区主要有：永登县、金川区、麦积区、民勤县、天祝县、肃南县、临泽县、高台县、玉门市、瓜州县、阿克塞县、敦煌市、金塔县13个县区。主要分布于：河西地区。

在桃种植上有比较优势的县区主要有：七里河区、安宁区、红古区、皋兰县、武都区、文县、两当县7个县区。主要分布于：沿黄灌区和陇南部分地区。

第二节　畜产品比较优势

畜牧业也是农业的主要组成部分之一，它与种植业并列为农业生产的两大支柱。改革开放 30 多年来的我国各地农村实践和发达国家的经验证明，通过产业化来发展畜牧业，是实现农业发展、农业结构调整、农民增收、农村繁荣的有效途径。在甘肃省农业产业日益开放的大趋势下，如何在积极参与国际产业链合理分工的同时，加快区域现代畜产品优势分区，增强区域畜牧业的整体竞争力，促进农民稳健增收和农村和谐发展，是一个值得研究的战略课题。

一、研究方法

本节采用区位商的方法计算畜产品的比较优势。区位商是产业的效率与效益分析的定量工具，是一种较为普遍的集群识别方法——是用来衡量某一产业的某一方面，在一特定区域的相对集中程度。在产业结构研究中，运用区位商指标可以分析区域优势产业的状况（王莉惠等，2007）[①]。其计算公式为：

$$Q_{ij} = \frac{AX/AY}{BX/BY}$$

式中，Q_{ij} 为第 i 个地区第 j 个指标的区位商；AX/AY 指地区某项农产品产量指标值占该指标全国（全省）总值的比重；BX/BY 指地区人口占全国（全省）总人口的比重。

计算结果 $Q_{ij} > 1$，表示集中度高；反之则表示集中度比较分散。

二、计算结果

表 4-4 是甘肃省各县区主要畜产品的区位商计算结果。综合来看：

表 4-4　主要畜产品的区位商计算结果

县区名称	猪肉	牛肉	羊肉	禽肉	牛奶	绵羊毛	山羊毛	禽蛋
城关区	0.01	—	0.02	—	0.19	0.03	—	0.01
七里河区	0.09	—	0.07	0.03	2.02	0.23	0.12	0.15
西固区	0.07	0.02	0.14	0.13	0.79	0.23	0.02	0.48

---

① 王莉惠，王克林. 泛珠三角区域经济合作中湖南农产品比较优势研究 [J]. 农业系统科学与综合研究，2007（2）：126-130.

县区名称	猪肉	牛肉	羊肉	禽肉	牛奶	绵羊毛	山羊毛	禽蛋
安宁区	0.02	—	0.03	0.02	0.29	0.05	—	0.02
红古区	0.37	0.12	0.57	0.06	2.89	1.45	0.19	0.25
永登县	0.47	0.09	0.95	0.16	0.81	3.29	0.87	0.65
皋兰县	0.35	0.00	1.50	0.12	—	3.52	0.99	0.48
榆中县	0.45	0.12	0.78	0.06	0.43	0.99	1.53	0.32
金川区	0.18	0.17	1.41	0.02	0.44	2.99	1.47	0.10
永昌县	0.35	0.51	5.51	0.11	2.28	15.13	10.22	0.32
白银区	0.51	0.03	0.99	0.19	1.08	1.09	1.87	0.20
平川区	0.27	0.03	0.95	0.07	0.04	1.17	2.67	0.18
靖远县	0.66	0.01	2.47	0.31	0.16	3.00	2.90	0.98
会宁县	0.87	1.31	4.81	0.17	0.36	5.24	2.58	0.19
景泰县	0.98	0.03	6.68	0.18	0.93	10.97	7.61	0.25
秦州区	0.19	0.16	0.06	0.05	0.02	0.06	0.17	0.11
麦积区	0.30	0.25	0.07	0.07	0.05	0.00	0.26	0.19
清水县	0.74	1.78	0.26	0.12	0.26	0.17	0.57	0.38
秦安县	0.53	0.09	0.11	0.08	0.05	0.29	0.20	0.19
甘谷县	0.49	0.14	0.04	0.06	0.03	0.09	0.14	0.11
武山县	0.40	0.23	0.23	0.06	0.04	0.16	0.57	0.15
张家川县	0.07	1.79	0.54	0.07	0.08	1.31	1.35	0.13
凉州区	1.42	2.31	2.14	0.17	0.20	5.33	1.43	0.40
民勤县	0.43	1.13	8.82	0.21	0.07	16.33	2.92	0.50
古浪县	0.67	0.76	2.84	0.05	0.06	5.79	1.61	0.18
天祝县	0.64	3.78	6.51	0.03	0.24	13.44	8.09	0.10
甘州区	1.26	4.37	3.04	0.76	0.89	9.53	2.03	0.81
肃南县	0.10	5.90	68.94	0.07	2.47	191.69	29.21	0.03
民乐县	1.14	0.39	2.48	0.19	0.67	6.78	1.27	0.29
临泽县	1.27	6.38	2.36	0.35	3.17	4.55	0.14	0.49
高台县	1.26	3.63	3.70	0.19	2.76	8.69	5.02	0.32
山丹县	0.27	0.32	6.91	0.15	0.30	13.22	5.91	0.16
崆峒区	0.11	4.63	0.42	0.05	0.78	0.57	0.59	0.11
泾川县	0.45	4.40	0.18	0.08	0.09	0.04	0.49	0.25
灵台县	0.14	5.13	0.30	0.04	0.12	0.66	0.88	0.13

续表

县区名称	猪肉	牛肉	羊肉	禽肉	牛奶	绵羊毛	山羊毛	禽蛋
崇信县	0.53	9.35	1.32	0.11	0.48	1.45	2.16	0.25
华亭县	0.59	6.25	0.70	0.09	0.30	0.22	0.95	0.16
庄浪县	0.53	0.80	0.12	0.09	0.07	0.00	0.10	0.29
静宁县	0.45	0.44	0.04	0.07	0.03	0.01	0.02	0.20
肃州区	0.44	3.62	6.85	0.89	2.73	14.06	2.04	0.80
金塔县	0.73	0.52	18.91	0.45	0.30	30.88	8.20	0.43
瓜州县	0.26	1.09	8.66	0.10	0.25	15.07	11.37	0.13
肃北县	0.13	2.83	35.64	0.10	0.11	71.67	212.98	0.15
阿克塞县	0.02	0.47	46.08	0.02	1.29	64.86	58.82	0.03
玉门市	0.29	0.35	12.61	0.12	1.06	21.12	12.91	0.22
敦煌市	0.22	0.43	10.36	0.20	0.95	15.83	2.14	0.22
西峰区	0.29	0.40	0.54	0.01	0.12	1.08	1.93	0.08
庆城县	0.22	1.35	1.24	0.02	0.06	0.04	6.93	0.11
环县	0.32	1.05	4.15	0.04	0.55	22.52	0.19	0.19
华池县	0.45	1.68	2.50	0.05	0.57	0.08	13.72	0.28
合水县	0.28	1.10	1.89	0.04	0.91	0.51	13.84	0.20
正宁县	0.19	0.62	0.19	0.02	0.06	0.21	1.17	0.13
宁县	0.30	1.86	0.33	0.03	0.12	0.46	1.65	0.16
镇原县	0.18	1.92	0.80	0.03	0.01	0.82	3.91	0.22
安定区	0.74	0.38	1.05	0.07	0.02	1.99	0.79	0.16
通渭县	0.54	0.40	0.18	0.09	0.01	0.20	0.14	0.17
陇西县	0.53	0.16	0.40	0.04	0.01	0.00	0.28	0.11
渭源县	0.53	0.28	0.32	0.08	0.03	0.28	0.69	0.13
临洮县	0.69	0.66	1.36	0.13	0.23	0.99	0.45	0.27
漳县	0.67	0.10	0.20	0.05	0.02	0.13	3.23	0.11
岷县	0.47	0.48	0.43	0.02	0.01	0.02	0.72	0.05
武都区	0.63	0.14	0.30	0.04	0.00	0.00	1.13	0.13
宕昌县	0.65	0.54	0.14	0.01	0.02	0.01	0.55	0.19
成县	0.67	0.27	0.30	0.09	—	—	1.92	0.15
康县	0.64	1.05	0.46	0.05	0.01	0.13	1.45	0.07
文县	0.44	0.51	0.22	0.03	—	0.00	1.19	0.24
西和县	0.36	0.37	0.14	0.02	—	0.05	0.12	0.14

县区名称	猪肉	牛肉	羊肉	禽肉	牛奶	绵羊毛	山羊毛	禽蛋
礼县	0.52	0.91	0.43	0.02	—	0.03	0.89	0.13
两当县	5.07	11.47	1.16	0.04	0.07	0.29	4.04	1.45
徽县	0.19	0.48	0.06	0.17	—	—	0.28	0.04
临夏市	0.16	1.85	0.29	0.02	0.42	0.71	0.07	0.02
临夏县	0.31	0.60	1.09	0.16	1.42	3.28	1.26	0.28
康乐县	0.17	1.96	0.75	0.05	0.06	4.43	0.69	0.14
永靖县	0.81	0.20	2.69	0.16	0.22	4.72	3.93	0.19
广河县	0.00	1.03	1.02	0.04	0.11	5.62	0.58	0.12
和政县	0.28	2.20	1.59	0.02	0.09	4.93	0.93	0.06
东乡县	0.05	0.95	10.01	0.07	0.09	6.26	2.88	0.09
积石山县	0.16	1.06	0.80	0.01	0.09	3.46	2.82	0.06
合作市	0.13	4.87	4.47	—	2.46	7.21	3.34	0.00
临潭县	0.53	1.69	2.05	0.01	1.49	2.22	5.08	0.01
卓尼县	0.74	7.43	5.50	0.07	1.80	6.70	10.48	0.17
舟曲县	0.73	0.90	0.85	0.12	0.02	0.15	2.95	0.14
迭部县	0.46	5.71	3.77	0.06	2.91	1.25	2.01	0.14
玛曲县	—	40.37	21.31	—	25.35	33.91	—	—
碌曲县	0.04	16.94	28.36	—	16.67	48.87	0.56	—
夏河县	0.08	10.51	22.23	—	4.93	29.26	1.22	—

在猪肉产出上有比较优势的县区主要有：凉州区、民乐县、高台县、临泽县和甘州区5个河西县级行政区。

在牛肉产出上有比较优势的县区主要有：会宁县、清水县、张家川县、凉州区、民勤县、天祝县、甘州区、肃南县、临泽县、高台县、崆峒区、泾川县、灵台县、崇信县、华亭县、肃州区、瓜州县、肃北县、庆城县、环县、华池县、合水县、宁县、镇原县、康县、两当县、临夏市、康乐县、广河县、和政县、积石山县、合作市、临潭县、卓尼县、玛曲县、迭部县、碌曲县、夏河县38个县级行政区。主要集中于：陇东、河西和临夏、甘南两个民族自治地区。

在羊肉产出上有比较优势的县区主要有：皋兰县、金川区、永昌县、靖远县、会宁县、景泰县、凉州区、民勤县、古浪县、天祝县、甘州区、肃南县、民乐县、临泽县、高台县、山丹县、崇信县、肃州区、金塔县、瓜州县、肃北县、阿克塞县、玉门市、敦煌市、庆城县、环县、华池县、合水县、安定区、临洮县、两当县、临夏县、永靖县、广河县、和政县、东乡县、合作市、临潭县、卓尼县、迭部县、玛曲县、碌曲县、夏河县43个县级行政区。主要集中分布于：河西、沿黄地区、陇东和临夏、甘南两个民族自治地区。

在禽肉产出上有比较优势的县区主要有：无。

在牛奶产出上有比较优势的县区主要有：七里河区、安宁区、永昌县、白银区、肃南县、临泽县、高台县、肃州区、阿克塞县、玉门市、临夏县、合作市、临潭县、卓尼县、迭部县、玛曲县、碌曲县、夏河县18个县级行政区。主要分布于：陇中、河西和甘南地区。

在绵羊毛产出上有比较优势的县区主要有：红古区、永登县、皋兰县、金川区、永昌县、白银区、平川区、靖远县、会宁县、景泰县、张家川县、凉州区、民勤县、古浪县、天祝县、甘州区、肃南县、民乐县、临泽县、高台县、山丹县、崇信县、肃州区、金塔县、瓜州县、肃北县、阿克塞县、玉门市、敦煌市、西峰区、安定区、临夏县、康乐县、永靖县、广河县、和政县、东乡县、积石山县、合作市、临潭县、卓尼县、迭部县、玛曲县、碌曲县、夏河县45个县级行政区。主要分布于：陇中、沿黄地区、河西和临夏、甘南两个民族自治地区。

在山羊毛产出上有比较优势的县区主要有：榆中县、金川区、永昌县、白银区、平川区、靖远县、会宁县、景泰县、张家川县、凉州区、民勤县、古浪县、天祝县、甘州区、肃南县、民乐县、高台县、山丹县、崇信县、肃州区、金塔县、瓜州县、肃北县、阿克塞县、玉门市、敦煌市、西峰区、庆城县、环县、华池县、合水县、正宁县、宁县、镇原县、漳县、武都区、成县、康县、文县、两当县、临夏县、永靖县、东乡县、积石山县、合作市、临潭县、卓尼县、舟曲县、迭部县、夏河县50个县级行政区。广泛分布于：陇中、河西、陇东、陇南和甘南地区。

在禽蛋产出上有比较优势的县区主要有：两当县。

第 五 章

甘肃省现代农业产业区划

本章在第三章和第四章测算结果的基础上，对甘肃省现代农业产业区划进行了初步研究。通过构建综合评价指标体系，得出各县区现代农业发展所处阶段；根据各区域的资源禀赋条件，提出未来现代农业产业发展的主导方向。

第一节　分区的基本思路和原则

甘肃省传统农业正逐步向集约化、标准化、现代化方向发展。现代农业产业发展对于提高甘肃省"三农"竞争力，整合区域内的资源、产品、资金、技术，促进统筹区域经济协调可持续发展，加快区域经济一体化的进程具有重要意义；在推进农村经济发展和加快农民增收致富步伐，加速农村小康社会和建设社会主义新农村的历史进程中，发挥着极其重要的作用。

一、分区的基本思路

甘肃省现代农业产业区划应当符合以下四个基本思路：

（一）有利于全面提升甘肃省现代农业发展水平

发展现代农业是甘肃省农业走向持续发展的必由之路。甘肃省现代农业产业分区，要以农业的特色化、规模化、产业化、现代化发展为目标，有利于提升农业的现代化水平。因此，在战略性产业发展过程中，要有利于稳定提高粮食产量和质量，发挥国家和区域粮食安全的保障作用；要有利于不断优化农业产业结构，用现代科技装备和改造传统农业，通过农业科技示范园区带动农民科学种养，提高科技在现代农业中的贡献率，引领示范现代农业发展。在特色农业产业发展过程中，有利于农产品精深加工，通过龙头企业带动，形成"公司＋基地＋

农户"的利益共担机制，延伸和拓宽农业产业链，提高农业附加值；有利于农产品流通网络服务体系，发展各类农村专业合作经济组织，形成现代农业服务体系；有利于农业产品质量和安全的各项标准规范化生产，满足国内消费市场的需求，促进优势特色农产品及其加工产品的出口，带动西部特色农产品发展。在地方特色农业产业发展过程中，有利于拓展农业的多重功能，如生态环境保护与美化、观光旅游与文化传承等功能。最终为提升甘肃省现代农业发展水平，促进农民增收，提高农业综合实力，建设社会主义新农村，实现中国东中西部区域经济平衡和甘肃省城乡协调发展发挥重要作用。

（二）有利于强化建立区域现代农业发展协调联动机制

现代农业产业分区要按照"资源共享、功能互补、联动发展、互利互惠"的要求，建立甘肃省区域现代农业发展协调联动机制。根据区位特点、自然资源状况以及社会经济发展特点，在各县区发展现代农业优势和劣势的基础上，统筹规划定位，加强优势互补，强强联合，合理配置资源，避免产业结构的过多雷同。县区级的定位不能割裂各县区之间的联系，以城市消费市场为核心，若干专业化城镇形成外围和辐射区域，共同构成一种巢状分层结构，按照产业链配置区域资源。本着优势互补，资源合理配置，信息人才共享，整体功能大于个体之和等原则，准确定位各县区在整个地区现代农业中的应有地位。

（三）有利于突出现代农业产业发展特色

甘肃省现代农业产业的形成，是经过多年的选择、积累、经受市场的考验的结果。一方面，形成了一个相对集中的适宜生产区域，具有良好的生产可行性和现代化要素的不断置入。另一方面，也形成了良好的市场空间和消费群体，是广大消费者的生活过程中不可缺少的重要生活品。因此，在现代农业产业分区的过程中，要有利于现代农业产业发展特色的形成和凸显，真正体现现代农业产业化、产业发展特色化、特色发展规模化。

（四）有利于统筹城乡发展和生态环境保护

现代农业的发展离不开城乡统筹发展。要在机械化、信息化、规模化等技术和装备的保障下，将农业劳动力从传统的种养殖领域解放出来，投入到涉农的相关行业，延伸和拓宽农业产业链，参与更高层面的农产品市场竞争，步入现代农业的快速发展轨道。同时要以良好的生态环境为基础。甘肃省现代农业的发展不仅具有承担农业经济的责任，还要肩负起西部生态环境保护的义务。要十分重视面源污染的防治和水土流失的治理，发展生态农业，要有利于保护陆地和水域的农业生态环境发展。

二、分区的基本原则

甘肃省现代农业产业区划应当遵循如下基本原则。

（一） 自然条件、社会经济条件原则

自然条件是现代农业产业发展的基础，社会经济条件是现代农业产业发展的保障，二者相结合形成了省内独特的现代农业产业类型，因此，自然条件和社会经济发展的基础特征，是现代农业产业区划的基础因素。甘肃省不同自然地理单元，是不同现代农业产业的适宜生产区，区别其基本因素，对于推进现代农业产业化发展具有十分重要的意义。

（二） 产业特征、现代化水平原则

经过多年的发展，有效利用现代科学技术，发展具有生产优势和市场潜力的农业产业，形成了农业产业化发展的基本特征和区域特征。它是现代农业产业分区的重要参考指标。把具有相似自然条件与产业特征及现代化水平的生产空间划分为同一类型，可以更进一步地突出重点，发挥优势，扩大规模，提高产业经营集约化程度，增强产业竞争优势，提高经济、社会及生态效益。走出一条拓展农业产业发展空间，实现现代农业产业发展的路子。

（三） 可持续发展原则

农业发展的功能性不仅体现在其经济性、战略性方面，也体现在生态性、稳定性方面。现代农业产业的发展，不仅要重视农业产业发展的近期利益，更要重视长远利益；不仅要重视经济效益，而且要重视生态效益，能够实现稳定可持续地发展。在现代农业产业发展过程中，需要把不同类型的区域存在的制约着当地现代农业产业的不同问题区别开来，制定差异化的发展战略；而相同区域的现代农业往往面临相同的问题与相似的建设方案，它是推进现代农业产业发展的重要方面。

（四） 县级行政区界完整原则

尽管由于自然地理、经济发展水平的差异，在同一县域内部也存在着巨大的差异，在区划过程中，为了求同存异，必须重视区域内的农业产业发展的主要方面，需求兼顾行政区域的完整性，有利于区划方案的实施和应用。以县级行政区作为分区的基本原则，可以更好地揭示区域农业的基本特征，更好地制定区域农业产业发展政策。

第二节　分区方案

根据上述区划原则及第三章、第四章对甘肃省各县区现代农业发展水平和比较优势产品的测算结果，可以将甘肃省现代农业产业划分为六个一级区，即黄河沿岸粮食及特色农畜产品产业主导区、河西走廊粮食及特色农产品产业主导区、甘南高原及祁连山沿线特色畜牧产品产业主导区、陇东黄土高原粮食及农畜产品产业主导区、陇中黄土高原旱作农业粮食及农畜产品产业主导区、陇南特色农林产品产业主导区。

其分区命名原则按照"自然区域—农业产业"的方式命名。

在一级分区内部，按照区域主导产业的不同又划分了二级区，其命名原则同上。

初步分区方案如表5－1、表5－2和图5－1所示。

表5－1　甘肃省现代农业产业分区方案

县区名称	现代农业发展水平[①]	比较优势产品	一级分区
城关区	较高	蔬菜、玉米	沿黄区
七里河区	较低	蔬菜、玉米、桃	沿黄区
西固区	较高	蔬菜、玉米	沿黄区
安宁区	较高	蔬菜、牛奶、桃	沿黄区
红古区	较低	蔬菜、玉米、绵羊毛、桃	沿黄区
永登县	较低	马铃薯、甜菜、梨、葡萄	沿黄区
皋兰县	较高	蔬菜、马铃薯、绵羊毛、梨、桃	沿黄区
榆中县	较低	蔬菜、马铃薯、山羊毛、梨	沿黄区
金川区	较高	小麦、绵羊毛、山羊毛、葡萄	河西走廊区
永昌县	较高	小麦、蔬菜、绵羊毛、山羊毛、梨	河西走廊区
白银区	较高	蔬菜、牛奶、绵羊毛、山羊毛	沿黄区
平川区	较高	玉米、绵羊毛、山羊毛	沿黄区
靖远县	较高	小麦、马铃薯、羊肉、绵羊毛、山羊毛	沿黄区
会宁县	较低	马铃薯、绵羊毛、山羊毛	陇中区
景泰县	较低	小麦、绵羊毛、山羊毛、苹果	沿黄区
秦州区	较低	马铃薯、油料作物、苹果	陇中区
麦积区	较低	谷子、油料作物、苹果、葡萄	陇中区
清水县	较低	马铃薯、线麻、牛肉、苹果	陇中区
秦安县	较低	马铃薯、油料作物、苹果	陇中区
甘谷县	较低	马铃薯、苹果	陇中区
武山县	较低	马铃薯、蔬菜	陇中区

① 根据前文对现代农业发展水平的综合测算结果，此处将"现代农业综合因子得分"大于0的县区定义为现代农业发展水平"较高"；反之，认为"较低"。

县区名称	现代农业发展水平	比较优势产品	一级分区
张家川县	较低	小麦、马铃薯、线麻、绵羊毛、山羊毛	陇中区
凉州区	较高	玉米、甜菜、猪肉、牛肉、绵羊毛、山羊毛	河西走廊区
民勤县	较高	小麦、玉米、油料作物、牛肉、羊肉、绵羊毛、山羊毛、葡萄	河西走廊区
古浪县	较低	甜菜、羊肉、绵羊毛、山羊毛	河西走廊区
天祝县	较低	羊肉、绵羊毛、山羊毛、葡萄	甘南及祁连山区
甘州区	较低	玉米、甜菜、牛肉、羊肉、绵羊毛、山羊毛、梨	河西走廊区
肃南县	较低	牛奶、牛肉、羊肉、绵羊毛、山羊毛、葡萄	甘南及祁连山区
民乐县	较高	小麦、马铃薯、羊肉、绵羊毛、山羊毛、梨	河西走廊区
临泽县	较高	甜菜、猪肉、牛肉、羊肉、绵羊毛、葡萄	河西走廊区
高台县	较高	甜菜、猪肉、羊肉、梨	河西走廊区
山丹县	较高	小麦、马铃薯、羊肉、绵羊毛、山羊毛、梨	河西走廊区
崆峒区	较低	玉米、牛肉、苹果	陇东区
泾川县	较低	油料作物、蔬菜、牛肉	陇东区
灵台县	较低	小麦、玉米、油料作物、牛肉	陇东区
崇信县	较低	玉米、牛肉、绵羊毛、山羊毛、苹果	陇东区
华亭县	较低	玉米、牛肉、中药材	陇东区
庄浪县	较低	小麦、油料作物	陇中区
静宁县	较高	马铃薯、油料作物	陇中区
肃州区	较高	玉米、甜菜、山羊毛、梨	河西走廊区
金塔县	较高	小麦、玉米、羊肉、绵羊毛、山羊毛	河西走廊区
瓜州县	较低	小麦、羊肉、绵羊毛、山羊毛、梨、中药材	河西走廊区
肃北县	较高	牛肉、羊肉、绵羊毛、山羊毛	甘南及祁连山区
阿克塞县	较高	牛肉、牛奶、绵羊毛、山羊毛	甘南及祁连山区
玉门市	较高	小麦、羊肉、绵羊毛、山羊毛、梨、葡萄	河西走廊区
敦煌市	较高	羊肉、绵羊毛、山羊毛、葡萄	河西走廊区
西峰区	较低	谷子、大豆、绵羊毛、山羊毛、蔬菜、苹果	陇东区
庆城县	较低	蔬菜、牛肉、山羊毛、苹果	陇东区
环县	较低	玉米、油料作物、羊肉、山羊毛、苹果	陇东区
华池县	较低	玉米、牛肉、羊肉、山羊毛、苹果	陇东区
合水县	较高	玉米、油料作物、牛肉、苹果	陇东区
正宁县	较低	烟叶、山羊毛、苹果	陇东区

县区名称	现代农业发展水平	比较优势产品	一级分区
宁县	较低	大豆、油料作物、牛肉、山羊毛	陇东区
镇原县	较低	小麦、玉米、油料作物、牛肉、苹果	陇东区
安定区	较低	马铃薯、油料作物、羊肉、绵羊毛、梨	陇中区
通渭县	较低	玉米、苹果、梨	陇中区
陇西县	较低	玉米、马铃薯、梨、中药材	陇中区
渭源县	较低	马铃薯、梨、中药材	陇中区
临洮县	较低	马铃薯、羊肉、梨	陇中区
漳县	较低	马铃薯、山羊毛、中药材	陇中区
岷县	较低	马铃薯、梨、中药材	陇中区
武都区	较低	蔬菜、马铃薯、山羊毛、桃、中药材	陇南及天水南部区
宕昌县	较低	马铃薯、苹果、中药材	陇南及天水南部区
成县	较低	烟叶、山羊毛	陇南及天水南部区
康县	较低	蔬菜、大豆、山羊毛、中药材	陇南及天水南部区
文县	较高	蔬菜、小麦、马铃薯、山羊毛、桃、中药材	陇南及天水南部区
西和县	较高	蔬菜、油料作物、苹果、中药材	陇南及天水南部区
礼县	较低	小麦、马铃薯、油料作物、线麻、中药材	陇南及天水南部区
两当县	较低	小麦、山羊毛、苹果、桃、中药材	陇南及天水南部区
徽县	较低	蔬菜、马铃薯、线麻	陇南及天水南部区
临夏市	较高	玉米、牛肉	陇中区
临夏县	较低	小麦、玉米、马铃薯、甜菜、牛肉、羊肉、牛奶、山羊毛、绵羊毛、梨	陇中区
康乐县	较低	小麦、马铃薯、牛肉、绵羊毛、梨、中药材	陇中区
永靖县	较低	玉米、马铃薯、油料作物、绵羊毛、山羊毛	沿黄区
广河县	较低	玉米、马铃薯、油料作物、牛肉、羊肉、绵羊毛、梨	陇中区
和政县	较低	小麦、马铃薯、油料作物、牛肉、羊肉、绵羊毛、梨	陇中区
东乡县	较低	马铃薯、油料作物、绵羊毛、梨	陇中区
积石山县	较低	马铃薯、油料作物、牛肉、绵羊毛、梨	陇中区
合作市	较高	牛肉、羊肉、牛奶、绵羊毛、山羊毛	甘南及祁连山区
临潭县	较低	牛肉、羊肉、牛奶、绵羊毛、山羊毛	甘南及祁连山区
卓尼县	较高	牛肉、羊肉、牛奶、绵羊毛、山羊毛	甘南及祁连山区
舟曲县	较高	山羊毛	甘南及祁连山区

续表

县区名称	现代农业发展水平	比较优势产品	一级分区
迭部县	较高	牛肉、羊肉、牛奶、绵羊毛、山羊毛	甘南及祁连山区
玛曲县	较高	牛肉、羊肉、牛奶、绵羊毛	甘南及祁连山区
碌曲县	较高	牛肉、羊肉、牛奶、绵羊毛	甘南及祁连山区
夏河县	较高	牛肉、羊肉、牛奶、绵羊毛、山羊毛	甘南及祁连山区

表5-2　甘肃省农业产业现代化区划方案

一级分区	二级分区	县域
黄河沿岸粮食及特色农畜产品产业主导区	黄河沿岸蔬菜主导区	城关区、七里河区、西固区、红固区、安宁区
	黄河沿岸蔬菜畜产主导区	永靖县、永登县、榆中县、皋兰县、白银区、靖远县、平川区、景泰县
河西走廊粮食及特色农产品产业主导区	河西走廊西部制种畜产林果主导区	敦煌市、玉门市、瓜州市、肃州市、金塔县、嘉峪关市①
	河西走廊中部畜产粮食林果主导区	甘州区、民乐县、山丹县、高台县、临泽县
	河西走廊东部酿酒畜产粮食主导区	金川区、民勤县、永昌县、凉州区、古浪县
甘南高原及祁连山沿线特色畜牧产品产业主导区	祁连山地畜产主导区	天祝县、肃南县、肃北县、阿克塞县
	甘南高原畜产菌业主导区	合作市、临潭县、卓尼县、迭部县、玛曲县、碌曲县、夏河县、舟曲县
陇东黄土高原粮食及农畜产品产业主导区	陇东北部羊畜林果粮主导区	西峰区、庆城县、环县、华池县、宁县、合水县、正宁县、镇原县
	陇东南部畜产林果粮食主导区	崆峒区、泾川县、灵台县、崇信县、华亭县
陇中黄土高原旱作农业粮食及农畜产品产业主导区	陇中林果马铃薯畜产主导区	静宁县、庄浪县、秦州区、麦积区、通渭县、秦安县、甘谷县、清水县、武山县、张家川县
	陇中中药材马铃薯主导区	陇西县、渭源县、漳县、岷县、康乐县、临洮县、安定区、会宁县
	陇中油料畜产马铃薯主导区	广河县、和政县、东乡县、积石山县、临夏县、临夏市
陇南特色农林产品产业主导区	陇南中药材主导区	武都区、宕昌县、文县、西和县、礼县
	陇南蔬菜畜产主导区	成县、康县、徽县、两当县

---

　　① 嘉峪关市未做具体数据分析，按照区域原则，将其列入河西走廊西部制种畜产林果主导区。

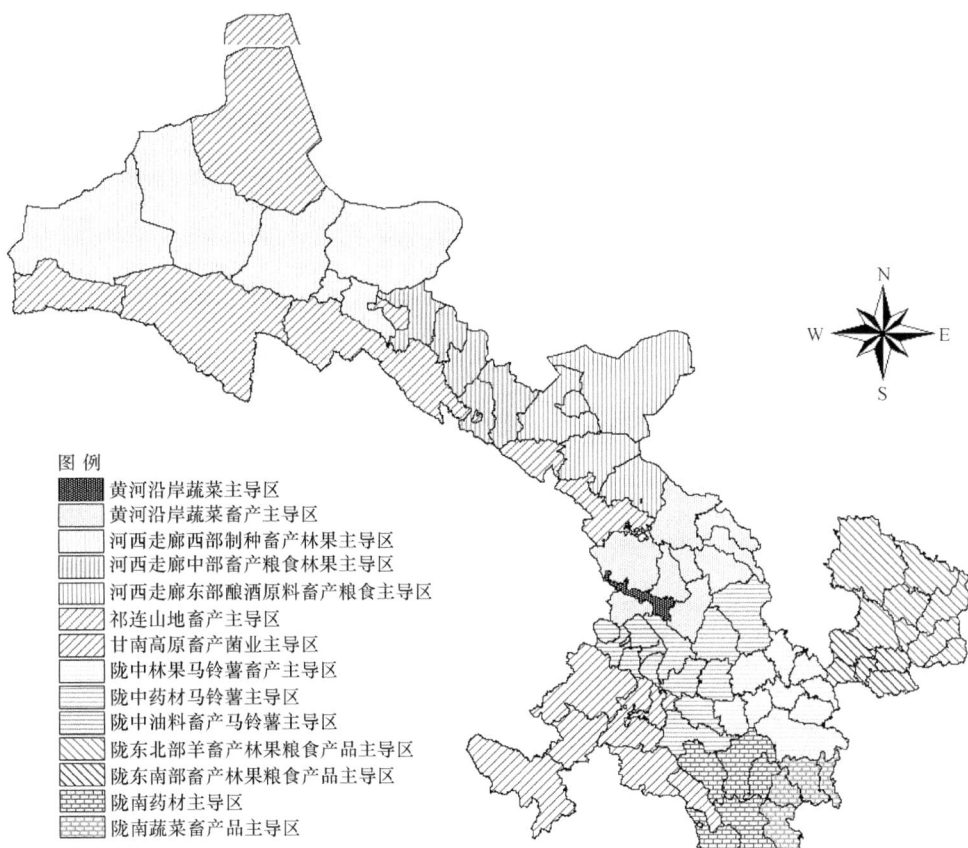

图例
- 黄河沿岸蔬菜主导区
- 黄河沿岸蔬菜畜产主导区
- 河西走廊西部制种畜产林果主导区
- 河西走廊中部畜产粮食林果主导区
- 河西走廊东部酿酒原料畜产粮食主导区
- 祁连山地畜产主导区
- 甘南高原畜产菌业主导区
- 陇中林果马铃薯畜产主导区
- 陇中药材马铃薯主导区
- 陇中油料畜产马铃薯主导区
- 陇东北部羊畜产林果粮食产品主导区
- 陇东南部畜产林果粮食产品主导区
- 陇南药材主导区
- 陇南蔬菜畜产品主导区

图 5 - 1　甘肃省现代农业产业区划

一、黄河沿岸蔬菜及特色农畜产品产业主导区

该产业主导区主要包括城关区、七里河区、西固区、安宁区、永靖县、永登县、皋兰县、榆中县、白银区、平川区、靖远县、景泰县、红古区共 13 个县级行政区。

按照现代农业发展水平分类：第一类包括城关区、西固区、靖远县、皋兰县、白银区、平川区、安宁区共 7 个县区，其现代农业发展水平较高；第二类包括七里河区、永登县、永靖县、红古区、榆中县、景泰县、红古区共 7 个县区，其现代农业发展水平较低（见表 5 - 3）。

按照比较优势产品分析情况，玉米集中分布于：城关区、七里河区、西固区、红古区、平川区、永靖县共 6 个县；马铃薯集中分布于：永登县、皋兰县、榆中县、靖远县、永靖县共 5 个县区；蔬菜集中分布于：城关区、七里河区、西固区、白银区、红古区、皋兰县、榆中县、安宁区共8个县区；桃集中分布于：七里河区、皋兰县、红古区、安宁区共4个县区；绵羊毛集中分布于：红古区、皋兰县、白银区、平川区、靖远县、景泰县、永靖县共7个县区；山羊毛集中分布于：榆中县、白银区、平川区、靖远县、景泰县、永靖县共6个县区（见表5-3）。

表5-3 沿黄主导区现代农业发展水平与比较优势产品分析状况

项目名称		县区名称
现代农业发展水平	较高	城关区、西固区、靖远县、皋兰县、白银区、平川区、安宁区
	较低	七里河、永登县、永靖县、红古区、榆中县、景泰县、红古区
比较优势产品	玉米	城关区、七里河区、西固区、红古区、平川区、永靖县
	马铃薯	永登县、皋兰县、榆中县、靖远县、永靖县
	蔬菜	城关区、七里河区、西固区、白银区、红古区、皋兰县、榆中县、安宁区
	桃	七里河区、皋兰县、红古区、安宁区
	绵羊毛	红古区、皋兰县、白银区、平川区、靖远县、景泰县、永靖县
	山羊毛	榆中县、白银区、平川区、靖远县、景泰县、永靖县

（一）黄河沿岸蔬菜主导区

黄河沿岸蔬菜主导区包括城关区、七里河区、西固区、红古区、安宁区共5个行政区。

这一地区海拔在1500～3300米之间，年无霜期180天左右，年平均气温5～9℃，日照达1627～2769小时、≥10℃的有效积温2700～3300℃，年平均降雨量300毫米左右，蒸发量是降水量5倍以上。光照充足，昼夜温差大，瓜果和蔬菜的有机物含量很高，尤其是蛋白质和维生素C含量高于其他地区蔬菜31%和28%，造就了优异的先天品质；二阴产区夏季气温较低，使冷凉型蔬菜营养丰富、口感极佳；干燥少雨，病虫害少，农药使用量次极低，又成为质量安全的先天保障。营养丰富，色泽鲜亮，菜香浓郁，口味纯正，口感甜脆，高原夏菜色、形、味俱佳。

相对来说，城关区、西固区、安宁区现代农业产业发展水平较高，其余地区亟待提高。

从产业比较优势及该区所处的地理区位分析，该地区在高原夏菜种植、保鲜、物流，玉米种植和制种产业、林果产业方面有一定优势，可以依靠区域内科技优势及市场优势，发展具有高附加值的鲜活农业产品。

（二）黄河沿岸蔬菜畜产主导区

黄河沿岸蔬菜畜产主导区包括皋兰县、平川区、靖远县、景泰县、永靖县、榆中县、永登县、白银区共 8 个县区。

这一地区除在高原夏菜种植方面具备优良的自然条件外，在肉羊、山羊毛、绵羊毛等畜产品方面也具备一定的比较优势。如"靖远羊羔肉"因羊种独特、生长环境独特，肉羊品系适应性强，耐粗饲，易管理，繁殖率较高，羔羊肥育性能、产肉性能、屠宰性能良好的特点，2002 年获国家 A 级绿色认证，是我国首例以哺乳类动物为地理标准保护注册的商标。

靖远县、皋兰县、白银区、平川区现代农业产业发展水平较高，其余地区亟待提高。

该地区现代农业产业拓展方向为：高原夏菜种植与保鲜物流产业，充分利用自然地理优势及城市区位优势，大力发展现代蔬菜生产、发展特色肉羊养殖与精深加工，在区域小杂粮等方面，形成一定特色。

二、河西走廊粮食及特色农畜产品产业主导区

该产业主导区主要包括金川区、永昌县、凉州区、民勤县、古浪县、甘州区、民乐县、临泽县、高台县、山丹县、肃州区、金塔县、瓜州县、敦煌市、玉门市及嘉峪关市[①]共 16 个县级行政区。

按照现代农业发展水平分类：第一类包括金川区、永昌县、凉州区、民勤县、民乐县、临泽县、高台县、山丹县、肃州区、金塔县、敦煌市、玉门市共 12 个县区，其现代农业发展水平较高；第二类包括古浪县、甘州区、瓜州县共 3 个县区，其现代农业发展水平较低（见表 5-4）。

按照比较优势产品分析情况，小麦集中分布于：金川区、永昌县、民勤县、民乐县、山丹县、金塔县、瓜州县、玉门市共 8 个县区；玉米集中分布于：民勤县、肃州区、金塔县共 3 个县区；甜菜集中分布于：凉州区、甘州、临泽县、高台县、肃州区共 5 个县区；羊肉集中分布于：民勤县、古浪县、民乐县、临泽县、高台县、山丹县、金塔县、敦煌市、玉门市、瓜州县共 10 个县区；牛肉集中分布于：临泽县、民勤县、凉州区共 3 个县区；绵羊毛集中分布于：金川区、永昌县、凉州区、民勤县、民乐县、临泽县、金塔县、敦煌市、玉门市、瓜州县共 10 个县区；山羊毛集中分布于：金川区、永昌县、凉州区、民勤县、古浪县、甘州区、民乐县、山丹县、肃州区、金塔县、瓜州县、玉门市、敦煌市共 13 个县区；葡萄集中分布于：金川区、民勤县、临泽县、玉门市、敦煌市共 5 个县区；梨集中分布于：永昌县、民乐县、高台县、山丹县、肃州区、瓜州县、玉门市共 7 个县区（见表 5-4）。

---

① 嘉峪关市未做具体数据分析，按照区域原则，将其列入河西走廊西部制种畜产林果主导区。

表5-4 河西走廊主导区现代农业发展水平与比较优势产品分析状况

项目名称		县区名称
现代农业发展水平	较高	金川区、永昌县、凉州区、民勤县、民乐县、临泽县、高台县、山丹县、肃州区、金塔县、敦煌市、玉门市
	较低	古浪县、甘州区、瓜州县
比较优势产品	小麦	金川区、永昌县、民勤县、民乐县、山丹县、金塔县、瓜州县、玉门市
	玉米	民勤县、肃州区、金塔县
	葡萄	金川区、民勤县、临泽县、玉门市、敦煌市
	梨	永昌县、民乐县、高台县、山丹县、肃州区、瓜州县、玉门市
	羊肉	民勤县、古浪县、民乐县、临泽县、高台县、山丹县、金塔县、敦煌市、玉门市、瓜州县
	牛肉	临泽县、民勤县、凉州区
	绵羊毛	金川区、永昌县、凉州区、民勤县、民乐县、临泽县、金塔县、敦煌市、玉门市、瓜州县
	山羊毛	金川区、永昌县、凉州区、民勤县、古浪县、甘州区、民乐县、山丹县、肃州区、金塔县、瓜州县、玉门市、敦煌市

（一）河西走廊西部制种畜产林果主导区

河西走廊西部制种畜产林果主导区包括肃州区、瓜州县、金塔县、敦煌市、玉门市及嘉峪关6个县市区。

该地区位于海拔1100～1700米的内陆河流域，绿洲与戈壁、沙丘相间，地势平坦开阔，气候干燥、降雨量少，光照充足，由于昼夜温差大，降雨量小，病虫危害较轻，这更适合于制种产业的发展。这里生产的种子质量高，不易受各种疾病感染。据国际农业气象专家研究，该地区是全球制种产业最具有优势的地区。

除瓜州县现代农业产业发展水平亟待提高外，其余县区现代农业产业发展水平都较高。

从区域产业比较优势分析，该地区未来产业拓展方向主要有：玉米种植和制种业，酿酒原料，特色林果，肉羊、肉牛产品精深加工。酒泉以西是我国气候相对干旱的地区，是玉米制种及其他作物制种的重要地区。特殊的自然条件，使得这里是种子质量、发芽率最高的地区。同时，酿酒原料具有品质好、富含营养素高等特点。围绕特色产业，这一地区成为国内相关企业的原料生产基地。

（二）河西走廊中部畜产粮食林果主导区

河西走廊中部畜产粮食林果主导区包括临泽县、民乐县、山丹县、高台县、甘州区共 5 个县区。

该地区在畜产品（主要为羊肉、羊毛、牛肉）上有比较优势。此外，在粮食（主要为小麦）、林果（主要为葡萄、梨）方面也具有一定的优势。

除甘州区外，其余县区现代农业产业发展水平普遍都较高。

该地区现代农业产业拓展方向为：牛羊等畜产品生产及精深加工，粮食种植和特色林果业。第一，牛、羊等畜产品是张掖为中心的中部地区的传统优势产业，充分利用丰富的农作物秸秆发展农区畜产品，形成了较强的优势和现代化程度；第二，粮食生产则是全省单产最高的地区；是甘肃省粮食的集中产区；第三，林果业及蔬菜业是近年来发展起来的优势产业，具有较大的市场潜力。

（三）河西走廊东部酿酒原料畜产粮食主导区

河西走廊东部酿酒原料畜产粮食主导区包括金川区、民勤县、永昌县、凉州区、古浪县共 5 个县区。

这一地区光照充足、太阳辐射强、热量充沛、昼夜温差大、不易发生病虫害，具有发展酿酒原料生产得天独厚的自然条件，是啤酒麦、啤酒花和优质酿酒葡萄最佳优质生产区，是国内公认的优质生产基地。

除古浪县外，其余县区现代农业产业发展水平都较高。

该地区现代农业产业拓展方向为：酿酒原料产业—畜产品产业—粮食种植—制种产业。以武威、金昌为主体的石羊河流域，其水资源条件较为紧缺，多年来，以节水农业为主体，走出了一条适应区域发展的路子。形成了省内重要的酿酒葡萄、啤酒花种植基地；扩大了粮食的规模化系列化生产；充分利用农作物秸秆及北部荒漠草场发展畜产品，拓展发展空间。

三、甘南高原及祁连山沿线特色畜牧产品产业主导区

该产业主导区主要包括天祝县、肃南县、肃北县、阿克塞县、合作市、临潭县、卓尼县、舟曲县、迭部县、玛曲县、碌曲县、夏河县共 12 个县级行政区。

按照现代农业发展水平分类：第一类包括肃北县、阿克塞县、合作市、卓尼县、舟曲县、迭部县、玛曲县、碌曲县、夏河县共 9 个县区，其现代农业发展水平较高；第二类包括天祝县、临潭县、肃南县共 3 个县区，其现代农业发展水平较低（见表 5 - 5）。

按照比较优势产品分析情况，羊肉集中分布于：天祝县、肃南县、肃北县、合作市、临潭县、卓尼县、迭部县、玛曲县、碌曲县、夏河县共 10 个县区；牛奶集中分布于：肃南县、阿克塞县、合作市、临潭县、卓尼县、迭部县、玛曲县、碌曲县、夏河县共 9 个县区；牛肉集中分布于：肃南县、肃北县、阿克塞县、合作市、临潭县、卓尼县、迭部县、玛曲县、碌曲县、夏河县共 10 个县区；

绵羊毛集中分布于：天祝县、肃南县、肃北县、阿克塞县、合作市、临潭县、卓尼县、迭部县、玛曲县、碌曲县、夏河县共 11 个县区；山羊毛集中分布于：天祝县、肃南县、肃北县、阿克塞县、合作市、临潭县、卓尼县、舟曲县、迭部县、夏河县共 10 个县区（见表 5 - 5）。

表 5 - 5　甘南及祁连山主导区现代农业发展水平与比较优势产品分析状况

项目名称		县区名称
现代农业发展水平	较高	肃北县、阿克塞县、合作市、卓尼县、舟曲县、迭部县、玛曲县、碌曲县、夏河县
	较低	天祝县、临潭县、肃南县
比较优势产品	羊肉	天祝县、肃南县、肃北县、合作市、临潭、卓尼县、迭部县、玛曲县、碌曲县、夏河县
	牛奶	肃南县、阿克塞县、合作市、临潭县、卓尼县、迭部县、玛曲县、碌曲县、夏河县
	牛肉	肃南县、肃北县、阿克塞县、合作市、临潭县、卓尼县、迭部县、玛曲县、碌曲县、夏河县
	绵羊毛	天祝县、肃南县、肃北县、阿克塞县、合作市、临潭县、卓尼县、迭部县、玛曲县、碌曲县、夏河县
	山羊毛	天祝县、肃南县、肃北县、阿克塞县、合作市、临潭县、卓尼县、舟曲县、迭部县、夏河县

（一）祁连山地畜产主导区

祁连山地畜产主导区主要包括天祝县、肃南县、肃北县、阿克塞县 4 个县。

这一地区属青藏高原北部，地形复杂、气候高寒，降水丰富，林地面积大，是河西走廊重要的水源涵养林区，草场面积大，是生产畜牧产品的重要区域。

肃北县和阿克塞县现代农业产业发展水平较高，天祝县、肃南县现代农业产业发展水平亟待提高。

祁连山北麓及浅山地区带，是河西走廊水资源的调蓄区，要在保护良好生态环境的条件下，充分利用草场资源及传统优势产业，大力发展畜产品产业，特别是肃南高山细毛羊、鹿系列、天祝白牦牛等品种。

（二）甘南高原畜产菌业主导区

甘南高原畜产菌业主导区主要包括合作市、临潭县、卓尼县、迭部县、玛曲县、碌曲县、夏河县、舟曲县 8 个县区。

该地区属青藏高原东北部，海拔相对较高，牧草资源丰富，是全省主要的牧区和重要的畜牧产品的生产基地。此外，该地区森林资源丰富，是涵养水源的重要的地表覆盖植被，是甘肃省黄河重要水源补给区，具备发展多种菌类种植产业的优良条件。

除临潭县外，其余县区现代农业产业发展水平都较高。

该区域是青藏高原的一部分，生态条件极其脆弱，产业结构单一。农业发展必须在保障生态环境的条件下，依照其自然条件及现在已经形成的生产方式来安排，其现代农业的主体是畜产品及林下、草地菌类等系列产业。

四、陇东黄土高原粮食及农畜产品产业主导区

该产业主导区主要包括泾川县、灵台县、崆峒区、崇信县、华亭县、华池县、合水县、正宁县、宁县、庆城县、镇原县、环县、西峰区13个县级行政区。

按照现代农业发展水平分类：第一类包括合水县1个县区，其现代农业发展水平较高；第二类包括崆峒区、泾川县、灵台县、崇信县、华亭县、西峰区、庆城县、镇原县、华池县、正宁县、宁县、环县12个县级行政区，其现代农业发展水平较低（见表5-6）。

按照比较优势产品分析情况，玉米集中分布于：灵台县、崇信县、华亭县、合水县、华池县、环县共6个县区；牛肉集中分布于：崆峒区、泾川县、灵台县、崇信县、华亭县、庆城县、华池县、合水县、镇原县、宁县共10个县区；苹果集中分布于：崆峒区、崇信县、西峰区、庆城县、环县、华池县、合水县、正宁县、镇原县共9个县区；山羊毛产品集中分布于：崇信县、西峰区、庆城县、环县、华池县、宁县共6个县区（见表5-6）。

表5-6 陇东主导区现代农业发展水平与比较优势产品分析状况

项目名称		县区名称
现代农业发展水平	较高	合水县
	较低	崆峒区、泾川县、灵台县、崇信县、华亭县、西峰区、庆城县、镇原县、华池县、正宁县、宁县、环县
比较优势产品	玉米	灵台县、崇信县、华亭县、合水县、华池县、环县
	牛肉	崆峒区、泾川县、灵台县、崇信县、华亭县、庆城县、华池县、合水县、镇原县、宁县
	苹果	崆峒区、崇信县、西峰区、庆城县、环县、华池县、合水县、正宁县、镇原县
	山羊毛	崇信县、西峰区、庆城县、环县、华池县、宁县

（一）陇东北部羊畜产林果粮食产品主导区

陇东北部羊畜产林果粮食产品主导区：西峰区、庆城县、环县、华池县、宁县、合水县、正宁县、镇原县共 8 个县区。

该地区属温带气候，川塬面积大，地势相对平坦，土层深厚、肥沃，便于机械作业；林地面积大，林业资源丰富；干旱草场面积大，发展畜牧业具备一定优势。在生产上，本区以肉羊、肉牛、山羊毛及苹果、玉米等产品为主。该区的 51 座出入境水果果园全是苹果果园，是全国知名的优质红富士苹果生产基地。

除合水县较高外，其余县区现代农业产业发展水平都亟待提高。

该区域是甘肃省传统过雨养农业区，利用农业生产的秸秆料及天然草场，形成了养羊的传统，也成为该区域的特色优势；近年来，该区域围绕苹果种植，大力发展苹果产业，已经成为区域的品牌优势产业。同时，区域内的黄花、烤烟、荞麦、糜子等作物，也具有一定市场潜力。

（二）陇东南部畜产林果粮食产品主导区

陇东南部畜产林果粮食产品主导区包括崆峒区、泾川县、灵台县、崇信县、华亭县共 5 个县区。

该地区是黄土高原区除汾渭平原外，自然资源和社会经济条件较好，农业综合开发潜力较大的地区。其主要优势为：塬地面积广，约占土地总面积的 1/3，坡度一般小于 5°；气候属暖温带半湿润地区，光热条件适宜，年降水量 500 ~ 700 毫米，是黄土高原区降水最多的地区。山地丘陵区广布天然次生林，森林覆盖率达 19%，是黄土高原区森林分布最集中、面积最大、生长最好的地区。约有 2/3 的土地适宜于农耕和人工种草。在生产上，本区以肉牛、苹果及玉米等产品为主。"平凉金果"先后取得了原产地证明商标、地理标志产品保护、绿色食品、绿色食品原料标准化基地、中国良好农业规范认证 5 项国家级认证，被认定为甘肃省著名商标。该区率先探索苹果良好农业规范（GAP）基地创建与认证、果品质量安全可追溯制度建立工作，已认证苹果 GAP（品牌）示范基地 5034 亩，建成标准化基地 32 万亩，注册出口基地 6 万亩，建成绿色苹果原料基地 60.4 万亩。

各县区现代农业产业发展水平亟待提高。

该区域以平凉为中心，已经形成现代菜牛、奶牛养殖基地，是甘肃省重要的畜产品生产基地。应通过科技应用与推广，发展肉牛等畜产品规模养殖，提升其现代化程度。现已经形成的"红富士"苹果生产基地，要在科技支撑下，走规模化、生态化发展的路子。同时，要突出区域性小杂粮等特色产品的生产。

五、陇中黄土高原旱作农业粮食及农畜产品产业主导区

该产业主导区主要包括会宁县、秦州区、麦积区、清水县、秦安县、甘谷县、武山县、张家川县、庄浪县、静宁县、安定区、通渭县、陇西县、渭源县、临洮县、漳县、岷县、临夏县、临夏市、康乐县、广河县、和政县、东乡县、积石山县24个县级行政区。

按照现代农业发展水平分类：第一类包括静宁县、临夏市2个县区，其现代农业发展水平较高；第二类包括会宁县、秦州区、麦积区、清水县、秦安县、甘谷县、武山县、张川县、庄浪县、安定区、通渭县、陇西县、渭源县、临洮县、漳县、岷县、临夏县、康乐县、广河县、积石山县、东乡县、和政县22个县区，其现代农业发展水平较低（见表5-7）。

表5-7 陇中主导区现代农业发展水平与比较优势产品分析状况

项目名称		县区名称
现代农业发展水平	较高	静宁县、临夏市
	较低	会宁县、秦州区、麦积区、清水县、秦安县、甘谷县、武山县、张家川县、庄浪县、安定区、通渭县、陇西县、渭源县、临洮县、漳县、岷县、临夏县、康乐县、广河县、积石山县、东乡县、和政县
比较优势产品	马铃薯	会宁县、秦州区、清水县、秦安县、甘谷县、武山县、张家川县、静宁县、安定区、陇西县、渭源县、临洮县、漳县、岷县、临夏县、康乐县、广河县、和政县、东乡县、积石山县
	玉米	通渭县、陇西县、临夏市、临夏县、广河县
	油料作物	秦州区、麦积区、秦安县、庄浪县、静宁县、广河县、和政县、东乡县、积石山县
	苹果	静宁县、庄浪县、秦州区、麦积区、通渭县、秦安县、甘谷县、清水县
	梨	安定区、通渭县、陇西县、渭源县、临洮县、岷县、临夏县、康乐县、广河县、和政县、东乡县、积石山县
	绵羊毛	会宁县、张家川县、安定区、临夏县、康乐县、广河县、积石山县、东乡县、和政县
	山羊毛	会宁县、张家川县、漳县、临夏县
	中药材	陇西县、渭源县、漳县、岷县、康乐县

按照比较优势产品分析情况，马铃薯集中分布于：会宁县、秦州区、清水县、秦安县、甘谷县、武山县、张家川县、静宁县、安定区、陇西县、渭源县、临洮县、漳县、岷县、临夏县、康乐县、广河县、和政县、东乡县、积石山县共20个县区；玉米集中分布于：通渭县、陇西县、临夏市、临夏县、广河县共5个县区；油料作物集中分布于：秦州区、麦积区、秦安县、庄浪县、静宁县、广

河县、和政县、东乡县、积石山县共9个县区；苹果集中分布于：静宁县、庄浪县、秦州区、麦积区、通渭县、秦安县、甘谷县、清水县共8个县区；梨集中分布于：安定区、通渭县、陇西县、渭源县、临洮县、岷县、临夏县、康乐县、广河县、和政县、东乡县、积石山县共12个县区；绵羊毛集中分布于：会宁县、张家川县、安定区、临夏县、康乐县、广河县、积石山县、东乡县、和政县共9个县区；山羊毛集中分布于：会宁县、张家川县、漳县、临夏县共4个县区；中药材集中分布于：陇西县、渭源县、漳县、岷县、康乐县共5个县区（见表5-7）。

（一）陇中林果马铃薯畜产主导区

陇中林果马铃薯畜产主导区包括静宁县、庄浪县、秦州区、麦积区、通渭县、秦安县、甘谷县、清水县、武山县、张家川县共10个县区。

该区域光热资源丰富、海拔较高、昼夜温差大、自然隔离条件好、病虫危害轻、土层深厚、土壤疏松，适宜苹果栽培，具备最适宜苹果种植的7项指标。天水已成为全国最大的元帅系苹果生产基地。同时，这一区域在甘肃省实施"国家苹果产业重心由东向西转移，黄土高原产区由南向北发展"的战略中具有举足轻重的区位优势。

除静宁县外，其余县区现代农业产业发展水平都较低。

该区域主要为六盘山南麓温凉区域，现在已经形成了静宁、庄浪、秦安、麦积、秦州等林果大县，形成了"红富士"、"花牛"等品牌，应围绕果品基地建设，强化规模，着手林果的加工增值，提高产品的附加值。同时，该区域也是马铃薯种植的重要区域，马铃薯淀粉的加工已经成为该区域的产业化龙头。应在基地建设和产品深加工的集团化作业上下功夫。畜产品生产也是该区域的特色之一。要充分利用农产品的秸秆及草地资源，发展农区养殖业，突出羊、猪等品种，突出养殖—肉品储备—加工的产业链条。同时，围绕特色中药材种植，发展中药种植加工的路子。

（二）陇中药材马铃薯主导区

陇中药材马铃薯主导区包括陇西县、渭源县、漳县、岷县、康乐县、临洮县、安定区、会宁县共8个县区。

该地区是全国道地药材的重要产区之一，中药材种植历史悠久，品质优良。党参、黄膘红膘芪、柴胡等道地中药材面积占中药材种植面积的90%左右，是全国重要的中药材集散地，文峰、首阳两大药材市场已成为全国重要的中药材种植基地和中药材集散地。目前，定西马铃薯已经形成了"产品质量品牌化，营销促销组织化，信息服务网络化，储存上市均衡化，产业发展加工化，稳定市场利农化"的特有产业化发展模式。

该地区现代农业产业发展水平亟待提高。

该区域以陇西文峰、首阳为中心，是我国西部重要的中药材种植、储藏、加工集散中心。它辐射影响着省内多个中药材生产县域。中药材的种植、储藏、加工等对全国具有十分重要的意义。该区域是全省粮食增产的核心区域，需要进一步推广和应用双垄沟播技术，实施玉米等粮食增产战略，扩大粮食播种面积及科技推广和应用的范围，提高增产效果。该区域是全省重要的马铃薯种植、加工基地，其菜用型和淀粉型生产总量在全省具有重要地位。同时，其区域内小杂粮生产，在一定范围内具有一定市场需求。

（三）陇中油料畜产马铃薯主导区

陇中油料畜产马铃薯主导区包括广河县、和政县、东乡县、积石山县、临夏县、临夏市共6个县区。

该地区植被类型由中部的半干旱草原带再到北部的半干旱、干旱荒漠草原带，植被覆盖率低，局部地区分布着天然次生林，有较好的植被覆盖。

该地区现代农业产业发展亟待提高。

该区域是甘肃省重要的二阴地区，多年的选择性生产已经形成了油料作物生产的区域优势，具有品质好，产量高、规模大的特点。由于伊斯兰教的盛行，牛羊养殖、加工等成为必然的优势。其产量、消费量大、特色鲜明。同时，适宜的马铃薯条件，菜用型马铃薯具有一定的市场前景。

六、陇南特色农林产品产业主导区

该产业主导区主要包括武都区、宕昌县、成县、康县、徽县、西和县、礼县、两当县、文县共9个县级行政区。

按照现代农业发展水平分类：第一类包括文县、西和县2个县区，其现代农业发展水平较高；第二类包括武都区、宕昌县、成县、康县、礼县、两当县、徽县共7个县区，其现代农业发展水平较低（见表5-8）。

表5-8 陇南主导区现代农业发展水平与比较优势产品分析状况

项目名称		县区名称
现代农业 发展水平	较高	文县、西和县
	较低	武都区、宕昌县、成县、康县、礼县、两当县、徽县
比较优势产品	马铃薯	武都区、宕昌县、文县、礼县、徽县
	小麦	文县、礼县、两当县
	桃	武都区、文县、两当县
	苹果	宕昌县、西和县、两当县
	中药材	武都区、宕昌县、文县、西和县、礼县、两当县
	山羊毛	武都区、成县、康县、文县、两当县
	蔬菜	武都区、成县、文县、西和县、徽县

按照比较优势产品分析情况,马铃薯集中分布于:武都区、宕昌县、文县、礼县、徽县5个县区;小麦集中分布于:文县、礼县、两当县3个县区;桃集中分布于:武都区、文县、两当县3个县区;苹果集中分布于:宕昌县、西和县、两当县3个县区;中药材集中分布于:武都区、宕昌县、文县、西和县、礼县、两当县6个县区;山羊毛集中分布于:武都区、成县、康县、文县、两当县5个县区(见表5-8)。

(一)陇南药材主导区

陇南药材主导区包括武都区、宕昌县、文县、西和县、礼县共5个县区。

陇南具有"一山有四季、十里不同天"的立体气候特征,气候暖温、湿润,雨量充沛,是发展中药材的天然场所,全区共有药用动植物资源2492种,常年收购的主要药材品种有150种。该地区内西和县被称为"中国半夏之乡";礼县铨水村素有"大黄之乡"之称。精心培育的礼县大黄、文县纹党、西和半夏、武都红芪、宕昌党参及宕昌哈达铺当归6味中草药已取得国家地理标志产品保护认证。为提高中药材产品的附加值,拉长产业链条,降低市场风险,该市建成了独一味、佛仁、明月、代元等一批中药材精深加工企业。

文县、西和县现代农业产业发展水平较高,其余县区亟待提高。

该区是甘肃省重要的中药材产区,是区域发展的品牌产品。其中大黄、纹党、半夏、红(黄)芪、党参等中药材是传统的集中产区。现在围绕中药材资源,建设了一批中药制剂、饮片加工生产厂家,走出了产加销一条龙产业化发展的新路子。由于陇南独特的局地气候条件,特色林果业具有一定市场潜力。油橄榄、核桃、银杏、柿子、茶叶等,受规模影响具有区域发展优势。

(二)陇南蔬菜畜产品主导区

陇南蔬菜畜产品主导区包括成县、康县、徽县、两当县共4个县区。

该地区为著名的"徽成盆地"。属北亚热带湿润气候区,年均气温12℃,年降水量746毫米,植被茂密。徽成盆地境内地域开阔,土地肥沃,水草丰美。北部属暖温带湿润气候,南部白龙江河谷是甘肃省唯一的北亚热带气候,有较大面积的林地,植被覆盖率较高,水资源和生物资源丰富,生态系统的自我恢复能力较强,是长江上游重要的水土保持区。

该地区现代农业产业发展水平亟待提高。

由于该地区的气候条件,形成了蔬菜生产季节优势,在时间分布上处于南方与北方的过渡季节。是甘肃省重要的蔬菜生产基地。同时,区域内山羊等畜产品发展形成了一定的比较优势,具有发展前景。

第 六 章

甘肃省藏区特色农牧业发展

　　甘肃省藏区是安多藏区的重要组成部分，包括甘南藏族自治州（以下简称甘南州）的1市7县及武威市的天祝藏族自治县（以下简称天祝县）两块区域。2012年甘肃省藏区常住人口86.6万人，是以藏族为主的多民族地区。多年来，由于历史、自然地理、文化等多方面的原因，社会经济发展相对滞后。为了落实中央第五次藏区工作会议精神及加快全国扶贫规划纲要中十二个连片特困地区扶贫攻坚主战场中"四省藏区"的扶持开发，有必要对藏区特色农牧业进行必要的梳理，以期能发挥区域特色产业优势，实现区域可持续发展。

第一节　研究意义

　　甘肃省藏区经过多年的发展在农牧业方面已经形成了鲜明的特色：在畜牧业方面，以青藏高原东北缘甘南草原及祁连山余脉乌鞘岭草场带为基础，形成了草食畜牧业产业链条，主要产品链条有银色肉品系列、乳品系列、生物制品系列及珍稀药品系列等。其中甘南州培育出享誉全国的河曲马，素称"高原之舟"的牦牛，草地型藏羊类的甘加羊、欧拉羊、乔科羊，肉质香嫩的蕨麻猪，以及犏牛、藏山羊及黑紫羔羊等；天祝县有珍稀品种白牦牛、犏牛、黄牛、黑白花奶牛、甘肃省高山细毛羊、绒山羊、岔口驿马等多种畜产品。在农业方面，以温凉为特色的农作物生产区域，形成了青稞、杂粮系列产品；经济作物中的油料、药材、甜菜及适宜的多种蔬菜类产品。目前，甘肃省藏区已经建立起了以当地农畜产品为基础的食品加工企业，以龙头企业的发展带动当地特色农畜产业的发展，如华羚、草原兴发、首曲等龙头企业及其产业化发展。

　　甘肃省藏区特色农牧业发展仍然面临诸多困难和问题。第一，特色农牧业发展规模受到生态环境的巨大制约，草原生态环境的脆弱性及较低的生态承载力，使特色农牧业发展规模受到约束。第二，特色农牧业产业链条延伸仍受到市场空间、产品营销、技术条件及人力资本的制约。第三，农牧民生产过程中，生产方式及科技水平相对不高，与现代农牧业生产要求不相适应。劳动生产强度较大，应用科技知识的能力不足，尚存在着人力、畜力共用的动力特点。第四，劳动力质量及剩余劳动力的转移、城镇化发展仍然不能适应产业发展的要求。

甘肃省藏区特色农牧业发展研究的意义在于：

第一，甘肃省藏区既是甘肃省特殊贫困地区之一，也是全国十二个集中连片特殊类型贫困地区之一，实现具有当地特色的产业扶贫，是摆脱贫困，实现可持续发展的根本途径。因自然条件严酷，生态环境脆弱，灾害频繁，加之信息闭塞，交通不便，扶贫成本高，脱贫难度大等因素使其成为甘肃省扶贫攻坚主战场。随着党和国家扶持藏区政策的出台，立足当地优势，发展特色产品，形成特色产业，增强经济发展能力，提高经济收入水平，对于实现甘肃省藏区的可持续发展具有特别重要的现实意义。

第二，甘肃省藏区是甘肃省全面实现小康社会的重要体现。按照人民生活总体达到小康水平的包括经济水平、物质生活、人口素质、精神生活和生活环境5大方面的16项指标，全国2000年已实现总体小康目标。"十二五"时期，甘肃省将继续朝着在2020年全面建成小康社会的目标迈进。然而，甘肃省藏区总体小康的实现程度与全国相比还存在很大差距。由于受自然环境、发展水平、基础设施、产业结构、区位条件等方面不利因素的制约，如果在相关方面没有根本性的突破，全面建成小康社会的任务就会面临巨大的压力。

第三，甘肃省藏区经济社会的快速发展是民族地区政治稳定、民族团结的重要保障。加快甘肃省藏区经济发展和社会进步，对于增强民族团结，促进全国的社会主义现代化建设，具有极为重要的现实意义。民族地区存在的矛盾和问题，归根结底要在发展经济的基础上来解决。所以，处理民族地区的各种问题，都必须牢牢掌握经济建设这个中心。通过政策调节，加强对民族地区的扶持和帮助，通过共同努力使发展差距逐步缩小，最终达到共同富裕。

第四，甘肃省藏区特色农牧业发展是发挥区域优势，实现自我发展的重要目标。甘肃省藏区通过充分发挥其区位资源优势，大力发展特色农牧业，从而取得经济效益、社会效益和生态效益，探索出了一条高原地区发展特色农牧业的路子，为破解"三农"问题，促进该地经济快速发展发挥了积极的推动作用，成为农牧民增收的重要渠道。

第五，甘肃省藏区是我国重要的生态屏障，其稳定发展不仅对于当地，更重要地对于甘肃省乃至国家具有重要意义。这一区域是黄河上游重要的水源补给区和长江上游重要的生态防护区域。区域生态环境的改善和特色农牧业的可持续发展将对国家及西北地区无可替代。

党的十八大以来，国家高度重视藏区工作，提出"治国必治边、治边先稳藏"，进一步强调了藏区工作的特殊重要性。甘肃省藏区社会经济发展不仅关系到甘肃省改革发展稳定，也关系到全国改革发展稳定全局；不仅关系到甘肃省经济、政治、文化、社会和生态"五位一体"建设，而且关系到全国战略布局；不仅关系到甘肃省与全国一道全面建成小康社会，而且还关系到全国能不能全面建成小康社会。对藏区工作给予特殊重视和支持，是全局的需要、大局的需要、战略的需要①。

农牧业始终是甘肃省藏区经济发展的重中之重。经过几十年的发展，农牧业仍是其主导产业，农牧业人口仍然占全区人口的大部分，农牧业发展在全区国民经济中的重要地位依然不可动摇。但由于所处地理位置、生态环境的特殊性以及信息闭塞、历史基础等原因，再加上自身技术储备、技术人才以及资会严重匮乏，造成过去农牧业生产一直处于低水平、低层次、低效益状态。要改变这种状态，挖掘高原农牧业发展的潜力，就必须走一条适合甘肃省藏区农牧业特点的发展道路。合理利用农畜产品资源，大力发展特色农牧业，将其特色资源优势转化为经济优势是其农牧业发展的突破口。因此，如何调整甘肃省藏区特色农牧业发展的方向，明确今后的发展思路；如何改善并提高甘肃省农牧民生产生活条件和提高农牧业整体素质，是一项十分紧迫的任务和课题。

第二节　特色农牧业发展情况

甘肃省藏区特色农牧业的发展将成为地区经济发展的突破口，在当地国民经济中扮演着越来越重要的角色。在资源的过度开发，资源的退化、破坏的背景下，立足于自然、经济和社会资源优化利用将是藏区社会经济可持续发展的重要手段。农牧业作为国民经济的基础产业，具有显著的地域性、周期性、生态性等特点，最大限度地利用自然资源，仍然存在着优化资源配置等问题。在这一进程中，要把经济发展的大环境、区域发展的小环境，生产技术的有效利用和推进，农村劳动力资源的优化配置等环节有效结合起来，提高综合效益，实现特色农牧业的高效发展。

---

①　王三运. 甘肃省省委藏区工作会议上的讲话，2013 年 7 月 31 日.

一、区域特征

甘肃省藏区范围包括甘南州和天祝县两个不连续的区域。甘南州辖 1 市 7 县（合作市、临潭县、卓尼县、舟曲县、迭部县、玛曲县、碌曲县、夏河县）。在部分人的意识中，藏族属于游牧民族，其经济模式系以单纯的畜牧业生产为主体的生产方式。实际上，除玛曲县、碌曲县是纯畜牧业县以外，其他各县均有不同比例的种植业和畜牧业。

（一）甘南州农牧业区域特征

甘南藏族自治州位于甘肃省西南部，属青藏高原东部边缘地带，向东连接秦巴山地和黄土高原。境内地势西北部高，东南部低。海拔 1100～4900 米，大部分地区在 3000 米以上。全州分三个自然类型区，南部为岷迭山区，群峦叠嶂，山大沟深，气候比较温和，大部属长江流域，是甘肃省森林面积相对集中的区域，是全国九大林区之一；东部为丘陵山地，高寒阴湿，基本属于黄河重要支流的洮河流域，其间农林牧兼营；西北部为广阔的草甸草原，是黄河干流的重要集水区域，也是全省主要牧区。全州总面积约 4.5 万平方千米。2012 年总人口 73.07 万，其中藏族占 54.2%。

甘南州主要气候特点为高原大陆性季风气候，高寒湿润，气温年温差小，日温差大，平均气温在 1～13℃，年均降水量 400～800mm，平均日照时数 1800～2600 小时。

甘南州由于海拔、气候等方面的原因，其土地利用类型主要以各垂直自然带地所占空间地域的不同，存在着很大差异。宜农自然带占全州总面积的 13.05%，其中最适宜种植业与发展经济林木的地域仅占 4.23%；适宜放牧的高寒区却占了 67.09%；而占 19.86% 的寒温带湿润区亦属于宜林与宜牧的地域。甘南土地的利用现状反映了这种自然地域的空间结构：全州土地总面积的 70.28% 为草场，22.82% 为林地，耕地（含园地）仅占 3.13%。

甘南州是甘肃省主要的畜牧业基地，拥有亚高山草甸草场 4084 万亩，占全州总面积的 70.28%，草地可利用面积 3848 万亩，占草场面积的 94.22%，是青藏高原和甘肃省天然草地中载畜能力较高、耐牧性较强的草场，理论载畜量 621 万个羊单位。各类牲畜年存栏 289.02 万头（只），年出栏 74.32 万头（只）（其中蕨麻猪 6 万多口）。肉类总产量 33763 吨；鲜奶 60560 吨；牛羊皮 100 多万张；羊毛 1568 吨。

甘南州地处青藏高原北半坡，是甘肃省主要的药材区之一。境内蕴藏的纯天然野生中藏药材 850 余种，中藏药材蕴藏量为 5243 万公斤。大多生长在海拔 3000 米以上地区。经过多年改良，现已有部分中藏药材进行人工栽培种植。甘肃省著名的藏药企业——奇正藏药已经在该地建立藏药生产基地。

甘南州水资源十分丰富，地表水自产量加入境水量合计为254.1亿立方米，水质良好，但因水低地高，灌溉设施量少质差，水浇地不到耕地面积的3.79%，特别是热量条件较好的暖温带、中温带坡台地因灌溉条件太差，致使一些本可以高产的耕地亩产量较低，灌溉条件亦显著地影响土地的利用。由于高山峡谷，水力资源十分丰富，境内有以黄河、洮河、大夏河、白龙江为代表的120多条干支河流。水电资源理论蕴藏量为361万kW，占全省1724.15kW的20.94%；可开发量为215万kW，占省1062.54万kW的22.42%。

甘南州地下矿藏贮量丰富，现已探明有金、铜、铁、锑、硅石、铅、锌等各种矿产地270处，探明矿种24种，其中14个矿种贮量居全省前五位，黄金产量居全省第一位，矿产潜在经济价值100多亿元。

2012年，全州各族人民大力实施"生态立州、旅游兴州、文化撑州、产业富州、稳定安州"五大战略，推进"生态甘南、旅游甘南、文化甘南、多元甘南、幸福甘南"五大建设，努力克服国内外经济环境对全州经济社会发展带来的不利影响，攻坚克难，狠抓落实，使全州国民经济保持平稳较快增长，运行质量和效益得到明显提升，各项社会事业取得新进步。

（二）天祝县农牧业区域特征

天祝县地处甘肃省中部、武威市南部；位于祁连山东端，是一个以藏民族集中分布的自治县。境内地势西北高，东南低，处于青藏高原、黄土高原和内蒙古高原的交会地带。地貌以山地为主，山脉纵横，沟谷交错，多崇山峻岭。境内海拔在2040～4874米之间。全县总面积为7149平方千米。位于县境中部的毛毛山及乌鞘岭横亘东西，把县域分为两个流域，一是北部的石羊河内陆河流域，二是南部的黄河流域。乌鞘岭是古丝绸之路的咽喉要道，河西走廊的门户。

天祝县境内属寒冷高原性气候。日照时数年均2500～2700小时之间，年均气温-8～4℃之间，相对无霜期90～145天，年均降雨量265～632毫米之间。以乌鞘岭为界，岭南属大陆性高原季风气候，岭北属温带大陆性半干旱气候，气候带的垂直分布特征十分明显，小区域气候复杂多变，常有干旱、冰雹、洪涝、霜冻、风雪等自然灾害发生。全县地表水年径流量10.24亿立方米，地下水补给量4.2亿立方米。

由于自然地理及气候等条件的作用，县域土地利用主要形式是天然草场，总面积为587万亩，天然林地面积约为286.9万亩，耕地总面积为31.8万亩。该地区是甘肃省重要的农牧交错生产区域。物产资源富饶，农畜土特产品丰富，有农作物品种400多种，林木品种100多种，家禽家畜品种20多种，还有世界珍稀畜种"天祝白牦牛"，驰名中外的"岔口驿马"和毛、皮、肉兼优而享有盛誉的甘肃省高山细毛羊,有国家保护的一、二类野生动物40多种,名贵中药材100多种,山珍名贵野菜20多种。主要农作物有小麦、油菜、豌豆、青稞、马铃薯、大麦、蔬菜等。主要畜种有白牦牛、岔口驿马、高山细毛羊、绒山羊、黄牛、犏牛、驴、骡等。

天祝地域辽阔,矿藏丰富,矿种和矿化点多,已发现的矿床、矿点、矿化点134处,查明的矿种22种。其中煤炭储量2.5亿吨,石膏2亿吨、石英石和石灰石达到4亿吨以上,还有金、银、铜、铁、锰、稀土、白云岩等金属、非金属资源,布点较多,储量可观。

境内文化古迹和景点较多,有始建于唐宪宗年间闻名遐迩的古刹天堂寺,风景险峻秀丽的"天祝三峡",宏伟壮观的"引大入秦"工程。天祝县自1996年开始启动旅游产业以来,现已开辟以"天祝三峡"、石门沟、马牙雪山、抓喜秀龙草原、祁连布尔智为代表的多处旅游专线,开发景点20多处。

二、经济特征

(一)甘南州农牧业经济概况

2012年全州实现地区生产总值96.74亿元,按不变价格计算,比2011年增长13.0%。其中:第一产业增加值21.49亿元,增长7.2%,拉动GDP增长1.6个百分点;第二产业增加值26.03亿元,增长16.3%,拉动GDP增长4个百分点;第三产业增加值49.22亿元,增长14.1%,拉动GDP增长7.4个百分点。全州完成大口径财政收入117712万元,比2011年增长25.4%。完成固定资产投资174.50亿元,比2011年增加50.76亿元,增长41.0%。全州城镇居民人均可支配收入13970元,比2011年增长15.8%。农牧民人均纯收入3610元,增长16.2%。

2012年全州完成农林牧渔业增加值21.49亿元。其中,农业增加值4.62亿元,占21.48%、林业增加值2.06亿元,占9.6%、牧业增加值14.72亿元,占68.5%。

1. 种植业。2012年全州完成农作物总播种面积105.06万亩,比2011年减少0.55万亩。粮食播种面积53.91万亩,减少1.24万亩。经济作物播种面积34.10万亩,增加1.62万亩,其中:油料作物17.84万亩,减少2.74万亩;药材14.72万亩,增加4.35万亩;蔬菜1.26万亩,与2011年持平。青饲料播种面积17.05万亩,减少0.93万亩。粮、经、饲比由2011年的52.2:30.8:17.0调整为51.3:32.5:16.2,经济作物比重上调1.7个百分点,粮食和青饲料比重分别下调0.9个和0.8个百分点。

2012年全州粮食总产量86446吨,增长2.8%;油料作物总产量18962吨,下降 10.0%；药材产量 28155 吨，增长 36.0%；蔬菜产量 15994 吨，增长 4.4%（见表 6 - 1）。

表 6 - 1　2012 年甘南州主要农产品产量情况

产品名称	单位	数量	比 2011 年增长 （±%）
粮食	吨	86446	2.8
油料作物	吨	18962	- 10.0
药材	吨	28155	36.0
水果	吨	8930	3.0
蔬菜	吨	15994	4.4

2. 畜牧业。2012 年全州各类牲畜产仔 150.08 万头（只），产仔成活 139.89 万头（只），成活率 93.2%，比 2011 年提高 0.7 个百分点；成畜保活 378.52 万头（只），保活率 96.8%，下降 0.6 个百分点；各类牲畜总增数 126.53 万头（只），增加 3.18 万头（只），总增率 32.4%，提高 1.2 个百分点；出栏各类牲畜 159.70 万头（只），增加 5.31 万头（只），出栏率 40.9%，提高 1.8 个百分点；商品畜 136.36 万头（只），增加 4.07 万头（只），商品率 34.9%，提高 1.4 个百分点。年末各类牲畜存栏 383.81 万头（只），比 2011 年减少 7.06 万头（只）。其中：大牲畜存栏 131.28 万头，减少 2.18 万头；绵山羊存栏 229.66 万只，减少 5.56 万只；猪存栏 22.87 万头，增加 0.68 万头（见表 6 - 2）。

2012 年全州肉类总产量 63031 吨，比 2011 年增加 3042 吨，增长 5.1%。其中：牛肉 31538 吨，增加 1722 吨，增长 5.8%；羊肉 18135 吨，增加 637 吨，增长 3.6%；猪肉 12932 吨，增加 617 吨，增长 5.0%。牛奶产量 86254 吨，增加 2764 吨，增长 3.3%；绵羊毛产量 2209 吨，减少 13 吨，下降 0.6%（见表 6 - 2）。

表 6 - 2　2012 年甘南州各类牲畜发展和主要畜产品产量情况

指标	单位	数量	比 2011 年增长 （±%）
各类牲畜年末存栏	万头（只）	383.81	- 1.8
其中：大牲畜	万头	131.28	- 1.6
绵（山）羊	万只	229.66	- 2.4
猪	万头	22.87	3.1
各类牲畜仔畜成活	万头（只）	139.89	3.9
各类牲畜成畜保活	万头（只）	378.52	- 1.7
各类牲畜总增	万头（只）	126.53	2.6

指标	单位	数量	比2011年增长（±%）
各类牲畜出栏	万头（只）	159.70	3.4
各类牲畜商品数	万头（只）	136.36	3.1
肉类总产量	吨	63031.00	5.1
其中：牛肉	吨	31538.00	5.8
羊肉	吨	18135.00	3.6
猪肉	吨	12932.00	5.0
牛奶产量	吨	86254.00	3.3
绵羊毛产量	吨	2209.00	-0.6

3. 农业设施。2012年全州农业机械总动力37.86万千瓦，比2011年增加2.8万千瓦，增长8.0%。拖拉机5256台，增加399台，增长8.2%。农用化肥施用实物量8184吨，增长3.2%。全州农田有效灌溉面积20.93万亩，林地灌溉面积0.20万亩，园地灌溉面积0.05万亩，牧草地灌溉面积13.23万亩。

4. 特色农牧业。甘南特色农牧业大致可以划分为三个区域。一是以合作、夏河、碌曲、玛曲等牧区为主的草食畜牧业带。该区农牧业基本以纯牧业为主体，构建了草场、畜牧业、草畜产品及其加工制品为主的生产综合体系。二是以临潭、卓尼等地为主的农牧交错经济带。其中牛羊育肥、猪饲养、小杂粮种植，农牧互补，生态循环产业的形成为其特色。三是以舟曲、迭部为主的小杂粮、药材种植、林果及山野珍品产业带。该区域是全省森林覆盖率最高的区域，由于长江流域天然林保护工程，原来的森工已经退出了生产体系，形成了小杂粮、药材种植及林果业、山野珍品的生产及一定范围内的畜牧业的发展。依据其农畜产品的特征，形成了小企业加工等。种植业重点主抓青稞、油料作物、豆类、藏药材和反季节蔬菜五个农业特色产业基地的建设，大力发展"两高一优"农业示范园区，扩大良种推广面积，积极开发培育植物药材、山野珍品及食用菌等特色资源，逐步扩大规模，形成产品优势。坚持产、加、销成龙配套的原则，大力发展设施农牧业、订单农牧业和环保节能型农牧业，支持发展以农畜产品加工为主的乡镇企业、集体经济和民营经济，提高农牧业经济中二、三产业的比重，努力增加农牧民收入。

到2012年，全州培育建成一批年收入过千万元的农畜产品加工龙头企业，新建成一批万亩药材、饲草料、经济林、蔬菜等基地和万头（只）奶牛、肉牛、肉羊、蕨麻猪、良种畜繁育基地；特色农畜产品商品率达80%以上。业已形成以华羚乳品集团公司、科瑞公司、燎原乳业公司为主的乳制品加工企业；以玛曲天玛公司、玛曲雪源冷冻厂、宏达实业有限公司、玛曲首曲肉类加工有限公司、夏河锦凤翔食品有限公司、临潭顺达商贸有限公司、甘南州畜牧综合实验场、甘南雪羚集团晟羚肉类加工有限责任公司为主的牛羊肉加工企业；以夏河机械化饲草料生产服务总站、迭部县草产品经营公司、临潭县草产品加工公司为主的草产品加工企业；以玛曲甘青川活畜交易综合大市场为主的畜产品交易市场。畜产品加工业产值占农牧业总产值的比重大大提高。

（二）天祝县农牧业经济概况

2012 年天祝县实现地区生产总值 39.73 亿元（现价），一、二、三产业结构形成 13.06∶58.67∶28.27 的格局，地方财政收入完成 23233 万元，同比增长38.22%；大口径财政收入完成 50018 万元，同比增长 21.94%。城镇居民家庭人均总收入为 16638.73 元，人均可支配收入为 15024.43 元，比 2011 年同期增长19.5%；农牧民人均纯收入 3842 元；按照 2300 元的国家扶贫新标准，全县约有贫困人口 7.53 万人，占全县总人口的 43.56%。

2012 年，全县实现农林牧渔业增加值 51919.42 万元，同比增长（可比价）8.26%。其中，农业增加值 14545.09 万元，占 28.01%；林业增加值 272.03 万元，占 0.5%；牧业增加值 36250.23 万元，占 69.82%。

1. 种植业。2012 年全县农作物总播种面积 33.22 万亩，增加 1.73 万亩，同比增长 5.49%。其中粮食播种面积 15.98 万亩，增加 4.83 万亩，同比下降23.21%，占总播种面积的 48.10%，夏粮播种面积 7.28 万亩，同比下降42.95%，秋粮作物播种面积 8.7 万亩，同比增长 8.32%；油料作物播种面积2.43 万亩，其中，油菜籽 2.36 万亩；其他作物播种面积为 6.2 万亩；瓜类面积0.08 万亩。全县蔬菜种植面积达 8.52 万亩，同比增加 3.97 万亩，增长80.61%；其中日光温室种植 1.72 万亩，同比增加 0.08 万亩，增长 4.88%。

2. 畜牧业。2012 年全县大小畜期末存栏 80.41 万头（只），比 2011 年增长0.99%，其中，大畜 12.47 万头，同比增长 0.4%，小畜 67.94 万只，同比增长1.10%。期末大畜出栏 4.72 万头，同比增长 8.01%，小畜出栏 30.65 万只，同比增长 3.51%。

3. 特色农牧业。近年来，天祝县充分发挥区位资源优势，全力推行"设施农牧业＋特色林果业"主体生产模式，每年筹措近 1 亿元资金用于扶持特色产业发展。同时，积极整合农业、林业、畜牧业等技术部门的各类先进适用技术，采取一项产业由一个部门包抓、一项产业聘请一所科研院所为技术依托单位、一项产业由一名专家教授指导、一项产业整合一批项目资金扶持的措施，突出发展以白牦牛、高山细毛羊和舍饲养殖为主的草畜产业和以高原无公害蔬菜、人参果、晚熟红提葡萄等为重点的特色种植业，特色产业实现了从无到有、从零星种植到规模发展的转型。

2012 年，该县特色种植面积达到 36.28 万亩，建成高原夏菜生产基地 8.67 万亩，种植马铃薯 8.6 万亩，饲草料种植基地达到 35 万亩，全县粮、经、饲比例调整到 41.6∶19.6∶38.8。同时，大力发展现代设施农业，全县果蔬菌日光温室累计达到 1.82 万亩、养畜暖棚达到 3.55 万亩，建成规模养殖场（小区）245 个。天祝县特色种植业产值达 4.92 亿元，畜牧业产值达 5.02 亿元。特色农牧业收入占到农牧民人均纯收入的 60% 以上，已成为该县农牧民群众增收的重要渠道。

（三）甘肃省藏区农牧业经济特征分析

半农半牧业经济之所以能在甘肃省藏区存在，一方面是同时具备天然草场和耕地，另一方面为半农半牧提供了必要的生产条件，更重要的是二者互补所带来的实际利益。甘肃省藏区特色农牧业发展的经济特征体现为以下四个方面：

1. 由区位特征，形成了三种生产模式。由甘肃省藏区各县区在区位上的差异，业已形成三种农牧业生产模式。第一种为农林牧业交错地带，主要包括天祝县、舟曲县、迭部县；该区域既具有牧区畜牧业及林缘经济的特征，又具有农区种植业的生产特征。第二种为农牧业交错地区，主要包括临潭县、卓尼县；该区域生产方式受到农区生产方式的影响，使畜牧业及农业有效地结合在一起，使农业资源的有效利用成为重要特征。第三种为纯牧业县区，主要包括玛曲县、碌曲县、夏河县和合作市。其畜牧业成为重要的生产方式，绿色、天然、无污染是其产品的重要特征。

2. 形成了农牧业互助型的生产方式。从农业方面看，农业生产活动中的多个工序皆需借助畜牧业的支持。受地理环境的影响，甘肃省藏区的耕地大都是小块的山地和坡地，大型农用机械在此无用武之地。畜力在提高农业生产效率上就具有显著作用。所以，牲畜在农业生产劳动中占有重要地位。农业生产少不了肥料，在藏区农村，牲畜粪是农家肥的重要组成部分。此外，牛粪还是经济实惠且无污染的重要燃料，羊粪则是填烧热炕的理想燃料。反过来，畜牧业生产活动亦需借助农业的支撑。对于多灾害天气的甘肃省藏区来说，畜牧业抵御自然灾害的能力极差，遇有天灾、草情不好及青黄不接的季节，农业的反哺（主要是牧草、青稞及农作物秸秆）对于牲畜渡过难关，起着至关重要的作用。可以说，农牧业生产方式的互助支撑着甘肃省藏区半农半牧业经济的双向发展。

3. 形成了农牧产品互补的消费特点。从物资消费生活方式看，农业生产的终极产品是农作物（包括粮食作物、经济作物等），因此，农作物是农业生产者的主要消费品；畜牧业生产的终极产品主要是牲畜肉、奶制品及牲畜的皮毛，因此，肉、奶制品及牲畜的皮毛是牧业生产者的主要消费品。半农半牧业经济使同一家庭、同一区域的人们不用通过市场行为便可获得"二元"的物资消费生活方式，在市场经济不发达时期和偏僻地域，这种物资消费生活方式克服了纯农或纯牧区单调的饮食结构上的缺陷。但也在无形中阻碍了商品经济的发展。

4. 生产组织模式单一，抵御灾害的能力差。一家一户的自然农牧业生产抵御自然灾害能力有限。如 2012 年甘南州各类自然灾害累计导致 26.83 万人受灾，因灾死亡 7 人，紧急转移灾民 1524 人，农作物受灾面积 10.78 万亩，绝收面积 1.59 万亩，倒塌房屋 880 间，严重损坏房屋 173 间，一般损坏房屋 1391 间，造成直接经济损失 3.36 亿元。共落实各类救灾资金 1035 万元，调运救灾面粉 887.5 吨，累计救助受灾困难群众 121053 人次[1]。虽然半农半牧业经济具有经济效益的互补性，但是当遭遇较大、较重自然灾害时，农牧业自顾不暇，经济效益的互补性也荡然无存。

三、政策导向

在 21 世纪第二个十年扶贫规划纲要中，藏区是我国十二个重要扶贫地区之一，甘肃省藏区是其重要组成部分。由于严酷的自然环境、相对滞后的经济发展基础、社会事业发育不足及发展历史的局限，藏区长期以来是我国相对发展不足的重要地区之一。要促进这一区域经济社会的快速有效发展，国家采取了多种相应的政策措施：首先，是中央政府对该区域出台相应的扶持政策，从宏观上协调藏区在国家经济社会发展中的地位和作用。2001 年以来中央三次召开西藏工作座谈会，研究制定促进藏区快速发展和长治久安的对策。其次，在党和国家的领导下，各省区直辖市及国有大型企业制订了援藏计划，对西藏进行了对口援助。针对藏区的自然人文条件和对口扶贫单位的特点，通过相应的项目建设，以达到推进和扶持藏区发展的目标。再次，藏区各级政府，依据各自的实际，充分发挥优势，尊重市场规律，制定区域发展规划，在国家各种政策的扶持下，通过项目建设和各种扶持政策，实现了经济社会的快速发展。最后，区域内各族人民，在党和政府的领导下，发挥各自的生产优势，积极改善发展条件，合理利用各种资源，初步形成具有藏区特点的产业体系。各族人民充分就业，分享了改革开放的成果。

甘肃省委每年召开有关藏区发展工作会议，专题研究和部署加快甘肃省藏区发展的事宜。甘肃省藏区与西藏、青海、四川等省藏区有着紧密的地理、经济和社会联系，是内地联系边疆的桥梁纽带和战略通道，是重要的资源和特色农产品生产与加工基地，也是黄河、长江的重要水源涵养区和重要的生态安全屏障，战

---

① 2012 年甘南藏族自治州国民经济和社会发展统计公报。

略地位十分重要。

在国家的有力支持下，在省委省政府的领导下，积极推进藏区生态环境保护、资源开发利用、产业发展、基础设施建设、社会事业发展、民生改善等，使甘肃省藏区取得了前所未有的进步和发展。特别在农牧业产业发展方面，积极促进甘肃省藏区生态环境的保护和建设，坚持走经济生态化和生态产业化的道路；建立了以草原畜牧业为主体的特色产业体系，使得纯天然、无污染的绿色农牧产品走出牧区进入千家万户；同时，针对牧区群众文化程度低，信息化、市场化程度低的特点，进一步加快教育发展，加快了劳动技术的培训，为藏区发展提供强有力的智力支撑；加快农牧区交通基础设施建设，活跃了城乡贸易，促进了经济交流。进一步加强藏区金融扶持的力度，增加信贷投放，鼓励银行业金融机构把在当地吸收的存款主要用于支持当地发展。动员社会各方面力量，积极开展经济援藏、技术援藏、人才援藏、项目援藏工作，形成全社会支援藏区发展的良好局面。

目前，甘肃省藏区已经在投资渠道上，形成了中央"藏区专项"资金，省内民族地区"专项资金"等投资渠道，财政安排了财政转移支付资金等。同时，取消了建设项目当中的部分地方配套资金的要求。

甘肃省藏区的甘南州及天祝县，为了保障区域社会经济的快速发展，从当地的实际出发，发挥区域优势，有效利用国家、省及各部分的扶持政策，从生态、旅游、畜牧产业、民族文化及社会发展等方面，来加速推进区域发展。按照经济生态化、生态产业化的思路，在保障生态环境良性循环的前提下，抓住畜牧产业及旅游业这个核心，增强区域发展能力，有效利用市场经济条件，初步形成了具有甘肃省藏区特色的产业体系。近年来，社会经济取得了快速发展，民众得到了较大的实惠。

第三节 特色农业、农业产业化及产业链理论

从20世纪90年代末以来，我国各区域产业结构趋同现象越来越严重，受到了越来越大的关注，经济结构调整的呼声也越来越高，于是对特色农业和产业链的研究自然成为需要系统地深入研究的一个全新课题。

一、特色农业理论

关于什么是特色农业，不同的学者有不同的定义。但他们不外乎从特色农业

与其他农业形式的比较，区域和资源，产品和市场、效益以及从可持续发展等角度进行研究①②。

（一）与其他农业形式的比较

从与其他农业形式比较的角度来看，特色农业是常规农业发展到一定阶段的产物，就是超越传统农业，具有区域优势、产出名优产品的农业，具有市场前景和较高效益的农业，同时也是可以引进并有一定规模的农业。特色农业与"三高"农业、创汇农业、绿色农业的共同点都是追求优质、高效、适应市场需求，不同点在于特色农业具有区域特色，而"三高"农业具有普遍性内外两个市场的需求；绿色农业是特色农业的一部分，同时又是持续农业的一种形式。特色农业是与传统农业相对而言的，是具有区域地缘、工艺特色和高新技术特色的农业产业的总称，其最大的特点是高投入、高风险、高效益。

以传统农业为基础形成特色农业的方式有三种：一是传统优质名牌农产品的开发与发展；二是引进新品种、新技术、新工艺，形成自己的特色产品；三是在原有传统农产品的基础上，通过技术开发改造、包装和加工，形成更具特色的新产品。在我国20世纪90年代初期提出的以"高产、优质、高效"为特点的"三高"农业，比较全面地概括了我国在相当长一段时期农业发展的主要方向。然而，由于农产品供求关系发生变化，"高产"已不能作为农业发展的首要目标，而是以追求产品的品质为基础的专业化生产。由于区域差异的存在，各地发展高效农业的方式也不同。因此，特色农业是"三高"农业的具体化和深化。同时，特色农业又继承了传统农业的某些优点，体现在吸收了传统农业的精耕细作、注重使用有机投入物、保持传统技术和产品的品质特色等方面。相对于传统农业而言，特色农业具有一定规模优势、品牌优势和市场竞争优势，是主导一定区域农村经济发展的高效农业。它既包含产业规模，也包含体制和组织的创新和广泛性。

（二）从区域和资源角度分析

从区域和资源的角度来看，特色农业是具有区域地缘、工艺特色和高新技术特色的农业产业的总称。是以市场为导向、以效益为中心，在一定区域内有鲜明的特点，能形成一定规模，对当地经济起巨大牵动作用和重大影响力的产业链。特色农业的发展也是优化区域经济结构、加快农村经济产业化和农业现代化、实行对传统农业的一场革命，是对传统农业生产经营方式的一种改革和提升。特色农业是采用特殊生产方式，开发特色产品并将其推向市场的农业生产经营活动，

①　周灿芳，傅晨. 我国特色农业研究进展［J］. 广东农业科学，2008（9）：159－163.
②　李文庆，张东祥. 西北民族地区特色农业与生态可持续发展探析［J］. 宁夏社会科学，2009（11）：74－76.

是独特生产技术与特有自然资源相结合而形成的特殊产业。特色农业是指人们充分利用特定区域内的农业资源，开发出经济价值高、相对收益高、品质上具有绝对竞争优势的特色农产品；其基础是特色资源，过程是提供特色的产品或服务，目的是形成优势竞争力、取得比普通农业更高的经济效益。

（三）从农产品和市场角度分析

从农产品和市场的角度来看，特色农业是指农产品及其初加工制品，包括特种种植业、特种饲养业、特种林果业、特种水产业和特种加工业等，具有独特的区位优势和产品优势，有很强的市场竞争力和显著的经济效益，有一定规模和农业产业化程度；按照市场经济的客观要求，依托当地独特的地理、气候、资源、产业基础和条件形成的，具有一定规模优势、品牌优势和市场竞争优势，主导一定区域农村经济发展的高效农业；其核心目标是特色农产品，生产的途径包括开发特色资源，依靠先进技术和密集的资金投入等。

（四）从效益角度分析

从效益的角度来看，特色农业是以市场为向导、以效益为中心，突出资源优势，优化组合生产要素，实行区域化布局、专业化生产、企业化管理、社会化服务，通过市场带企业、企业带基地、基地连农户的形式，实现种养加一条龙、农科教相结合、贸工农一体化的生产经营机制和经济发展格局。它是具有独特区域优势和产品优势，有很强的市场竞争力和显著的经济效益，有一定生产规模和产业化程度的农业。是一个系统的产业工程，是以产业化经营为表征的市场农业，以质量和效益为标准的高效农业，突出品牌效应的精品农业；包含产业规模、体制和组织的创新；必须有产业载体，形成规模经济。在其内涵和表述上应抓住几个关键：一是必须符合市场需要和社会需求，这是衡量其是否有特色的首要标准；二是必须立足于一定区域内的某类优势；三是必须具有一定规模和高效。

（五）从可持续发展角度分析

从可持续发展的角度来看，特色农业强调区域资源的合理和充分利用，适宜于当地生态环境，有利于保护生态环境；其以特色占有市场，保证了经济的持续稳定增长。特色农业借助科技创新和资源异质化，在推动主导产业标新立异和品牌产品系列化的过程中，实现高效持续发展。所以说，特色农业是可持续农业的一个重要的组成部分；而且是可持续农业的一个更具体、技术体系较完善、更具可操作性、具有使用和推广意义的部分。现代农业的发展并不局限于某一种农业模式或提法，但所有的农业生产模式都必须是可持续的，特色农业也不例外，是实现结构调整和可持续发展的需要，也是农民奔小康的需要。

二、农业产业化理论

从世界农业发展历史看，农业产业化是"二战"后发达国家兴起的一种农业纵向组织经营形式，它主要依靠经济和法律关系将农业与其相关的工商服务等行业联合而成。在国外，产业化又称为一体化，主要有三种形式：一是完全一体化，主要由大的企业或公司直接介入农场，从事大规模的农业生产，并将农业同产品加工、贮运、销售以及生产资料的生产与供应结合在一起，形成完整的经济体系。二是合同制一体化，这是农工商一体化最主要的形式，广泛存在于现代化农业国家中。农场或农户与有关工商企业通过合同联系起来，农场向工商企业提供农产品，企业向农场供给生产资料、技术和贷款，同时企业向市场提供该农产品的加工、贮运、分销及服务等。三是以农业协会等合作组织牵头，组织农业生产资料生产、供应和农产品收购、加工、贮运、销售等①②③。

（一）农业产业化的内涵

学术界对"农业产业化"内涵和外延还没有一个规范统一的认识。归纳起来农业产业化是以市场为导向，实行生产、加工、销售一体化经营；龙头企业按照市场需求，与农民签订产销合同，建立生产基地和社会服务体系；产、供、销结成风险共担、利益均沾的经济共同体；这种经营方式，突破了所有制界限，将企业、集体、个体经营联结起来；突破了行政区域界限，将地区、省以及国内外企业衔接起来；突破了行业隶属关系的界限，将农、工、贸诸行业结合起来，从而促进了生产要素的优化组合和产业结构的合理调整，促进了城乡之间的优势互补和利益互补。各种观点都认为，农业产业化应是以生态学原理、经济学原理、市场机制功能和系统工程为指导的多功能、多目标、多层次的农业产业经营系统；其目的是达到农业经济总体效益最高，实现持续稳定发展，满足社会生产、生活的多种需要和最大限度地实现环境效益、经济效益和社会效益。

（二）农业产业化的特征

相对于传统农业而言，农业产业化的特征是：广泛运用现代科技，由顺应自然变为自觉地利用自然和改造自然，成为科学化的农业；把工业部门生产的大量物资和能量以及资金用到农业生产中，以换取规模化的农产品，成为工业化的农业；农业生产经营走上区域化、专业化、产业化的道路，由自然经济变为高度发达的商品经济，成为商品化、社会化的农业。农业产业化广泛使用机械技术、采用现代生物技术，不断地调整生产关系，科学地组织生产力，以最佳配置资源，取得最大经济效果，在管理工作中采用科学管理方法。

按照现代化大生产的要求，在纵向上实行产加销一体化，横向上实行资金、

---

①　郭建宇. 农业产业化研究的国际比较：一个文献综述 [J]. 生产力研究，2007 (8)：150 – 152.

②　谭静. 农业产业化研究进展综述 [J]. 中国农村经济，1996 (10)：34 – 40.

③　戴孝悌. 新世纪以来我国农业产业发展理论研究述评 [J]. 黑龙江农业科学，2011 (12)：134 – 138.

技术、人才的集约经营，形成生产专业化、产品商品化、服务社会化的经营格局。将企业、集体、个体经营连接起来，形成多成分、多层次的经营体制；生产组织突破行政区划的界限，形成跨乡、跨县，甚至跨省、跨国的联合企业；管理技术突破行业隶属关系的界限，将农、工、商、贸、技诸行业结合起来，实现生产要素的优化组合；突破城乡分割的旧体制，把城市与农村紧密结合起来，实现城乡之间的优势互补和利益互补。

农业产业化经营是农村双层经营体制的高级形式，它具有相当的规模，不排斥社区性又不受社区性局限，坚持开放性；它是科研开发、技术培训、生产基地、产品加工和商贸五位一体的综合生产经营实体，各个环节环环相扣，紧密相连；由于它客观上要求必须坚持开放性，所以在组织和管理体制上把农业和相关联的非农产业部门融为一体；它把科研开发和教育培训作为其自身基础环节；它本身就是一个综合性产业集团，它的综合性、经营规模和经济实力，都超出了传统的家庭经济或一般典型意义上的农业合作经济。

农业产业化外延覆盖面很宽广，其中每一行业，又有无穷无尽的服务系列，是一个农业产业群；科技教育、市场信息、资金信贷服务是发展农业产业群的先导；农业产业群主体由提供机械、肥料、种子、饲料、农药、农膜、电力及其他农用资料等产前服务部门，技术示范与推广、植保、卫生防疫、种苗与繁殖等产中服务部门，以及收购、运输、加工、销售等产后服务部门组成。

（三）农业产业化的经验

农业产业化的产生和运行为农村经济注入了新的生机与活力，推动了生产力进一步发展，促使农村经济进入了一个新的发展时期。农业产业化的共同经验是：

龙头企业是农业产业化经营实体的核心。产业化进程的快慢、规模的大小和经济效益的高低，直接取决于龙头企业经营市场化的程度。实践表明，龙头企业具有开拓市场、引导生产、深化加工、配套服务的综合功能，其经济实力和牵动能力，决定着产业化经营的规模和成效。因此，各地都应把加强龙头企业建设作为农业产业化经营的关键点和突破点。通过完善企业承包制，实行股份制，强化经营管理，加强技术改造等措施，逐步把龙头企业建设成管理水平先进、技术力量雄厚的现代化企业，使其充分发挥加工的龙头、市场的中介、服务的中心等重要作用。

全方位的系列化、综合化服务体系是农业产业化的重要保证。目前较流行的"龙头型经济"可以有效地把农民同市场连接起来，为农民提供全方位服务，从而实现农业布局区域化、生产规模化和商品化。目前我国农业产业化、系列化的综合服务主要体现在两个方面：一是农业生产的产前、产中、产后的系列服务。

包括在信用、运销、科技和培训推广、加工、储藏等方面提供全面而有效的服务。农民则通过合作组织的力量，避免了交易风险，也切实保障自身利益。二是生产和生活的综合化服务。农民可以通过"公司 + 农户 + 居民"的合作经济组织购买生产资料和日用品，农民一旦资金短缺，还可以通过信用部门的贷放业务，取得生产资金。

不论哪种服务体系模式，都必须突出农民作为服务主体的地位。农业产业化之所以能够发育，重要一点就是注重了培育市场主体，农户和公司的社会服务体系的关系就是主体和载体的关系，公司和农户共兴衰、共命运、共风险。

生产基地是农业产业化的基础。没有基地，农业产业化就是无源之水，无本之木。基地建设的经验是：区域化布局，专业化生产、集约化经营、企业化管理、合同化产销。

流通在产业化经营诸环节中处于十分重要的地位。稳定的销售渠道，健全的销售网络，中长期的销售合同，是保证货物和资金正常运转的命脉。

运行机制是农业产业化经营发展的动力。运行机制的建立必须抓住关键点：第一，基地与龙头，生产与销售，农户与服务组织之间的经济活动必须要有合同保障。第二，利益共同体内部各经营主体，所得利润要平均化，即达到利润动态平衡。当加工流通企业利润较高时，要通过提高收购价，发放贴息贷款，实行无偿服务等倾斜手段，扶持农户生产，实现互惠互利，因此要有调节各方利益的机制。第三，不论何种服务必须按价值规律办事，实行有偿提供，使农户负有一种责任意识，最大限度地调动农民的积极性。

科技为先导。外引内联，积极兴办关联企业，一业为主，多种经营。

三、农业产业链理论

越来越多的研究表明，现代经济竞争已不是单个生产环节和单独产品的竞争，而更多地体现在整个产业链之间的竞争。中国农业的发展必须从产业关联或产业链角度来提升其竞争力，也就是对农业产业链进行优化升级。虽然关于产业结构的调整和优化已有较多的研究，但到目前为止，关于产业链特别是农业产业链的优化方面探索较少。产业链的优化并不是简单等同于产业结构调整，它具有特定的科学内涵和活动内容①②。

（一）农业产业链的内涵与优化

产业链是现实经济活动中的若干相关产业部门基于经济活动内在的技术经济

---

① 余文权等．农业产业链理论与实践研究进展［J］．亚热带农业研究，2011（11）：63－69.
② 赵绪福．农业产业链优化的内涵、途径和原则［J］．中南民族大学学报（社会科学版），2006（11）：121－123.

联系，客观形成的环环相扣、首尾相接的链条式产业关联关系。从宏观上看，国民经济即是由众多的产业链条所构成，农业产业链是这个庞大链条群中的特殊一类，这一类产业链将农业（或农产品）作为其中的构成环节和要素。农业产业链是指与农业初级产品生产密切相关的具有关联关系的产业群所组成的网络结构，包括为农业生产做准备的科研、农资等前期产业部门，农作物种植、畜禽饲养等中间产业部门，以农产品为原料的加工业、储存、运输、销售等后期产业部门。根据产业链中物质主体的不同，农业产业链可以表现为不同的农产品链，如粮食产业链、棉花产业链和农业中药产业链等。各种产业链是伴随着经济技术进步而逐渐演变形成的，它处于不断的运动和变化之中，这种运动和变化会导致产业链由低级形态向高级形态转变，由不协调到协调转变，由低效率到高效率转变，这就表现为产业链的优化。由于产业链是基于产业关联而形成的特殊经济系统，因此可以认为，产业链优化是使产业链的结构更加合理有效、产业环节之间联系更加紧密协调，进而使得产业链的运行效率和价值实现不断提高的转变过程。特别值得指出的是，农业产业链的优化使农业资源得到更加充分有效的利用，农业产前、产中部门与相关的后续产业的衔接更加紧密，链中物流和信息流更加通畅，农产品得以最大限度增值并使得农业部门分享产业链最终收益。

现代经济是快速发展中的经济。在经济全球化、贸易自由化和国民收入增加、消费结构不断变化的条件下，市场对各类农业产品（加工制成品）的需求也呈现多维性、复杂性和可变性，由此决定了作为市场主体的农业产业链群体内的各个产业部门不断调整自身经济行为，表现为产业链的适应性调整。这些调整包括产业链环节的增删（主要是农产品加工环节的增加）、产业链主体运行路线的变更，以及产业链的空间分布的变化等。这些调整是农业产业链所固有的动态性使然，其过程虽然并非盲目随机，但也不能自发地导致产业链优化。农业产业链优化即是以这种动态调整为基础，整个产业链向协调、有序和高效转化。产业链和产业结构都是关于产业间质的组合与量的规定，都反映了产业间经济资源的分布结构，因而产业链优化与产业结构优化存在着必然联系，并且以产业结构的调整优化为前提。但两者之间又有所区别，主要区别在于前者限定在一个产业链的系统内，往往以某一种或某一类农产品的物质流为基础，并突出产业链环中微观主体之间的有机联系。而后者较为宽泛，既有空间地域层次上的表述，如全国整体产业结构调整优化和地方产业结构调整优化，也有产业层次上的表述，如农业结构调整优化和工业结构调整优化。

（二）农业产业链优化的内容与途径

根据农业产业链优化的内涵与目的，其优化内容主要体现在三个方面，即产业链延伸、产业链提升和产业链整合，这也是实现农业产业链优化的主要途径。

农业产业链的延伸是指产业迂回程度的提高，它是产业结构调整的高度化中所要求的高加工度化的体现。包括三种情形：向前延伸、向后延伸和增加中间环节，但通常所说的延伸是产业链的后续产业环节（农产品加工）得以增加，或是得以增生扩张以获取追加收益的过程。加工环节的增加，由于追加了劳动、资本和技术，往往可以获得更多的附加价值。

农业产业链的提升是指产业链整体素质的提高，即产业链的各环节向高技术化、高知识化、高资本密集化和高附加价值化的演进。它也是产业结构高度化在产业链中的体现。这是产业链优化中的一个重要方面，对于提高产业链的竞争力至为关键，但在产业链优化中较少提及。实际上，这一优化内容既不同于产业链的延伸（环节多少或路线长短），也不同于产业链整合（环节之间的连接合作、协调合理），而是各个链环的知识含量、技术层次、资本密集程度和附加价值水平不断提高，其中尤以技术素质至为重要。

农业产业链的整合是产业链环之间的连接、合作与协调，它根据社会资源状况和市场需求状况的变化，在产业链环之间合理配置生产要素，协调各产业链环之间的比例关系，产生出协同效应和聚合质量。产业链的整合有许多内容：从产业链形态要素来看，有物流的整合、信息流整合和价值流整合，以及经营主体的整合等。从产业链的时空分布来看，有宏观视域内的产业链整合、区域内的产业链整合和跨区域的产业链整合等。

第四节　产业链梳理

2012年甘肃省藏区现代农牧业产业链的基本格局已经形成，基本实现畜产品均衡供给的目标，农牧民从农牧业产业化经营中获取的收入占总收入的70%以上。结合甘肃省藏区"十二五"发展规划，本书在如下几个方面对甘肃省藏区特色农牧业产业链进行梳理。

一、特色农牧业产业链

根据甘肃省藏区农牧业产业发展，现在已经形成了如下特色农牧业产业链条：

（一）草场（人工牧草）—牛羊—肉奶制品—生物制品及皮革类产业链

该产业链条以甘肃省藏区丰富的草场资源为基础，形成农牧业领域的主要产业，在甘肃省藏区均有分布，是该区域具有显著特色的产业链条。但在主体品种上略有差异。如玛曲、碌曲、夏河等地主要有牦牛、藏羊（欧拉羊），而在天祝主要分布为牦牛（白牦牛）、高山细毛羊等。作为肉产品，该区域具有天然、绿色、无污染等优势，在国内市场具有较大的市场潜力。作为奶制品，目前甘南奶粉具有良好的信誉，在甘肃省乃至西北市场具有一定潜力；同时，作为奶制品次生产品的干酪素，已经成为甘肃省华羚酪蛋白股份有限公司享誉世界的国际品牌。该企业是目前国内最大的酪蛋白产品研发、生产和销售的龙头企业。产品远销欧美、中东、中非及东南亚等国家和地区。作为牛羊肉的副产品的脑、血、脏器等资源，采用高新技术，研制开发胶原蛋白、牛血清、SOD 等生化制品和牛脑碱性成纤维细胞生长因子，动物性蛋白饲料等产品，在医药领域有广泛的用途，是兰州等地生物制品研究所的重要原料供应地。当然牛羊毛、皮革等产品，是毛纺和皮革加工业的重要原料，具有广泛的用途，该区域初步形成了该产品的初级加工企业。

近年来，甘肃省把该区域建成具有较高科技含量、较大经营规模和集中连片的牛羊育肥（含良种肉牛羊养殖）、奶牛养殖、草产业开发三大产业基地；加强以本地优良品种的选育、提纯复壮为主的畜种改良和动物疫病防控工作，加快特色农畜产品基地建设和良种繁育体系建设，建成"三大良种繁育基地"；围绕农牧业标准化生产和基地建设，加快农畜产品质量安全体系和设施建设，培育壮大农畜产品加工、流通的龙头企业，积极培育各类市场中介服务组织，发挥其在技术服务、产品销售方面的作用，积极支持发展各种农牧民科技协会、经纪人队伍、涉农中介组织等体系建设，推进农牧业产业化经营。

（二）猪禽（饲料系列）—肉蛋制品—生态类产业链

在半农半牧区，由于丰富的农产品及秸秆资源，形成了发展猪禽养殖业的基础。迭部县冷藏业有限公司和卓尼县雪域熏肉有限公司已经是该领域的龙头企业，开发了蕨麻猪肉、系列熏腊肉系列产品。带动了蕨麻猪及禽类养殖业的发展，同时，畜粪还田形成了良性生态循环。

（三）粮食（油料）作物的生产—加工—销售产业链条

由于特殊的自然地理条件，该区域青稞、油料作物生产具有一定优势。目前已经形成了青稞、油料作物及小杂粮种植，加工及销售的产业链条。在区域范围内，青稞是广大藏族群众生活的主要食物，具有与牛羊肉食品相配套的特点，而广大牧区其热量条件不能满足该类产品的生产。青稞及油料作物是临潭县、卓尼县、迭部县、舟曲县和天祝县五县的重要农产品，现在已经形成了优质杂交油菜生产基地和制种基地。丰富的农作物秸秆也同时为农区畜牧业的发展提供了良好条件。

（四）高原藏药种植—加工—销售产业链条

临潭县、卓尼县、舟曲县、迭部县半山以上地区及碌曲县、玛曲县、合作市、夏河县是藏药材（GAP）生产基地。甘肃省奇正藏药集团在区域建立了藏药生产企业，并建立了原料生产基地。该区域已经开展野生种质资源人工驯化种植秦艽、藏木香、唐古特大黄、狭叶红景天、桃儿七、独一味、黄芪和赤芍等名贵珍稀藏药材，种植当归、党参等大宗药材。建立野生藏药材种质资源人工改良栽培研究基地，建立药材交易市场和认定无公害生产基地。

（五）高原特色经济林果栽培—加工（包装）—销售产业链条

由于独特的山间局地气候，迭部县、舟曲县、卓尼县是区域内花椒、核桃、油橄榄基地，石榴、葡萄、大果樱桃等鲜果也已经形成了一定规模；卓尼县、临潭县、夏河县形成了啤特果、早酥梨生产基地；舟曲县、迭部县、卓尼县、临潭县、夏河县已经形成了刺五加、红毛五加、葱木、香椿等木本蔬菜种苗基地。在迭部县、合作市设立林副产品加工厂，其产业在周边地区有一定影响。在天祝县建立人参果、红提葡萄等高原特色农作物基地。

（六）藏区蔬菜生产—加工—销售产业链条

利用山间独特的局地气候，卓尼县、临潭县、迭部县、舟曲县、合作市、夏河城郊及白龙河、洮河、大夏河沿岸及天祝河谷地带建设日光温室、塑料大棚区，生产当地适宜品种，满足当地需求，并形成了一定优势。

以上产业链条是从其生产属性来划分的，而在区域发展过程中，各个产业链条并不是独立运行的，而是与其他产业有着千丝万缕的联系。它们通过市场把甘肃省藏区特色的农牧业结合在一起，在区域发展过程中发挥着十分重要的作用，加快物流体系和内外部交易市场建设（见图6-1）。

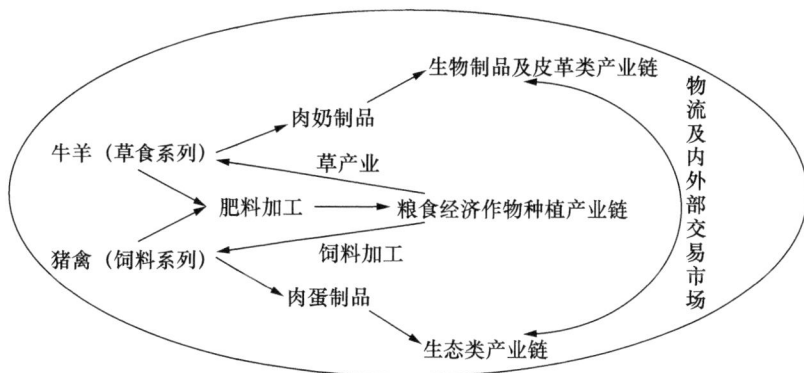

图6-1　甘肃省藏区特色农牧业产业链

二、核心产业布局

甘肃省藏区特色农牧业其核心大体围绕牛、羊、牛奶、牧草、粮油、藏药、特色林果及蔬菜业生产而展开。在不同的区域其重点各异。

牦牛养殖产业带：合作市、玛曲县、碌曲县、夏河县、卓尼县、迭部县建立牦牛繁育带，在卓尼县、迭部县、临潭县和舟曲县建立牦牛短期育肥带，在天祝县建立环毛毛山白牦牛特色产业带。

藏羊产业带：合作市、临潭县、卓尼县、玛曲县、碌曲县、夏河县、天祝县建立藏羊繁育带，发展联户牧场、育肥小区，大力发展繁育带就地出栏屠宰和转移育肥带短期肥出栏羊。

奶产业带：碌曲县、夏河县、合作县、卓尼县建立雌犏牛产业带；在临潭县建立荷斯坦奶牛产业带。

草产业带：海拔3000米以下适宜种植紫花苜蓿等优质饲草料的乡村，实施退粮还草，整村推进，连片种草，逐步形成商品饲草生产基地。重点推广牧草机械、畜牧机械等，提高草原机械化程度。

粮油产业带：主要集中分布临潭县、卓尼县、迭部县、舟曲县和天祝县5县，并形成一定加工能力，其市场定位为甘肃省藏区及其周边地域。

藏药产业带：以夏河县为中心，在临潭县、卓尼县、舟曲县、迭部县半山以上地区及碌曲县、玛曲县、合作市等地生产不同品种的藏药，其加工及其产业化受到了生产企业及藏医医院使用的影响。

经济林果及蔬菜带：以气候适宜的河谷地带、人文发展条件相对较好的地区为主体，形成了与市场紧密接轨的农牧业生产类型。

三、特色农牧业基础建设

近年来，甘肃省藏区把特色农牧业作为中心工作来抓，强化和改善农牧业发展基础，主要突出以下内容：

基本农田建设：整修农田面积，新修梯田，修建农田配套渠系，增加有效灌溉面积。

中低产田改造：改良土壤、配套水利设施，改造中低产田面积。

人工饲草料基地建设：实施牧区干旱草场节水灌溉工程，建设人工饲草料基地，优质牧草种子繁育基地，建设草场灌溉设施。

天然草场和草地补播改良工程：补播改良退化天然草原面积，推广生畜围栏。

草地施肥：对重度退化、沙化的草地进行测土配方、免耕施肥，选择使用叶面肥、腐植酸肥料进行推广。

有机肥加工：建立有机肥加工场，推广采用牛羊粪、微生物发酵技术，年产优质、高效，有机叶面肥。

牲畜棚圈及贮草设施建设：建设牲畜暖棚，圈舍，配套修建附属设施。

畜禽良种改良工程：建立黄牛冻配改良点，牦牛选育提纯复壮点，藏羊选育点，公畜基地和商品猪基地。

四、特色农牧业体系建设

大力拓展草产业、牦牛藏羊养殖、畜产品加工流通和畜牧业服务体系四大类项目，综合配套建设完整的产业体系。

草产业体系建设：在玛曲县、碌曲县、夏河县、合作市、天祝县建立优质牧草种子繁育基地，配套建设牧草种子和饲草加工生产线。实施退粮还草，建立半人工刈割草场，暖棚、圈滩地、黑土滩种植饲草料，配套发放、铡草、打捆等机械设备；建立有机肥加工厂。在夏河县、迭部县、临潭县、天祝县建立年产万吨草产业加工基地及配套设施。

养殖业项目建设：建立牦牛繁育联户牧场，建设暖棚、贮草棚等设施；牦牛育肥专业户新建暖棚、圈舍、贮草棚、青贮氨化池等设施，配套建设饲草料基地及机械设备；牦牛育肥小区新建暖棚、贮草棚及配套等基础设施；发展雌犏牛繁育小区和规模养殖户；建立牦牛公畜基地，新建暖棚、配套建设运动场、贮草棚、饲草料基地、选购种公牛；发展藏羊繁育专业户和联户牧场，新建暖棚、圈舍、贮草棚、青贮氨化池等设施，配套建设饲草料基地及机械设备，配套人工授精设施；发展河曲马保种选育基地专业户和河曲马核心群，建立河曲马研发中心及实验室。

加工流通业项目建设：以合作市为重点，新建牦牛血红蛋白、酪水解蛋白、胸腺肽、骨肽、羊胎素等生产加工企业，研发高端生化制品；以玛曲县、合作市为重点，新建皮革、毛绒等生产加工企业，开发加工工艺藏毯、牛绒制品等；各县市建立活畜交易市场，畜产品交易市场，生产资料市场，建立健全畜产品价格信息中心；在碌曲县、夏河县、合作市、临潭县、卓尼县、舟曲县、天祝县建立鲜奶收购站。

畜牧业服务体系建设：建立牦牛藏羊产业发展研究中心，启动实施农牧民实用技术和职业技能培训项目，积极争取实施有机畜牧业环境保护、动物疫病预防控制体系、农畜产品质量安全检验检测体系、动物检疫监督体系、突发动物疫病快速处置建设等项目，增强对畜牧业发展的服务支撑能力。

第五节 适宜性分析

在粮食短缺时期，国家要求各省力争提高粮食的自给水平。但这一要求与发挥优势、发展市场经济的要求相背，必然形成产业结构的趋同。随着社会主义市场经济的推进，甘肃省藏区农牧产品的生产，处于各地优势产品的供给与当地市场需求平衡条件下的生产方式。也就是在技术上可行、经济上合理的范围内开展专业化、规模化生产。根据市场需求变化，充分利用各地独特的农牧业和农牧产品资源发展特色农牧业。随着启动第二轮西部大开发战略，为甘肃省藏区发展特色农牧经济提供了前所未有的良机。

一、基础条件

近年来，在支持藏区政策的惠及下，交通基础设施建设稳步推进。临夏至合作高速公路、合作至冶力关二级公路开工建设，岷合二级公路、尕秀至玛曲公路、冶木峡隧道及接线工程完成大部分工程量。能源基础设施不断完善，5 项110 千伏送变电工程竣工，农网升级改造 35 千伏工程和 8 项 10 千伏及以下工程建设顺利。同时，城镇基础设施建设力度加大，碌曲、迭部县城道路及排水工程、合作市西六路改造等项目竣工，六县市集中供热工程，合作市格河生态环境综合治理工程，临潭县城区道路改扩建工程，卓尼、玛曲等城区洮河防洪工程，城区民族特色化改造等项目加快实施。甘南天然气覆盖工程主管道工程完成，城区管网建设进展顺利，引洮（河）入（临）潭工程开工建设。通信网络和邮政等设施改造升级，信息通信基本覆盖全州。兰合铁路、引洮入合等一大批重大建设项目纳入了国家规划。

随着以交通、水利、电网、通信、流通设施等为主的基础建设全面推进，过去农产品运不出或运价高、不保鲜、加工难、信息不灵等问题会得以改善。完善的基础设施又是吸引资金、技术、人才的硬件条件。

总的来看，甘肃省藏区农畜产品的价格持续上涨，消费量在不断地上升。随着我国宏观经济形势的逐渐好转和中西部地区城乡居民收入的增长，农畜产品的消费市场会越来越大。特别是近年来食品安全问题的出现，使得市场对于绿色食品、环保食品的需求进一步扩大。位于甘肃省藏区的农畜产品，具有绿色、纯天然的特点，食品安全有保障，因此，市场需求旺盛。

当然，农产品供给结构和消费结构的差异，有利于依收入层次而划分的、具有不同特色和要求的细分市场的形成。农畜产品市场的增长和变化有利于甘肃省藏区充分利用复杂多变的农业资源，发展肉类、天然纤维等特色农牧业。甘肃省藏区地域广阔，既有光照强、热量丰富的干旱半干旱区、高寒的肃南高原，还有暖湿的白龙江流域川谷，复杂多样的自然条件，使农牧业及农畜产品资源优势突出，垄断性强。国家退耕还林还草也可使农民得到一定的粮食补贴，为其扩大其他农作物生产提供了空间。甘肃省藏区发展特色农业的条件得到改善、时机已经成熟。

二、优势度测算

优势产业的形成是比较优势原理在农业领域的具体运用。发展区域特色优势产业就是充分发挥地区比较优势，将潜在优势转化为现实优势，将资源优势转化为经济优势。比较优势就是特色，比较优势就是竞争力，没有比较优势就没有特色可言。种植业、畜牧业、林果业和水产业等，作为现代农业"产中领域"的重要内容，其产业优势的比较研究对甘肃省藏区农牧业产业发展具有重要意义。

利用比较优势指数法，对甘肃省藏区粮食作物，经济作物，蔬菜、瓜果、青饲料和牧业产品的比较优势进行测算，结果如表6－3至表6－10所示。

表6－3　甘肃省藏区粮食作物规模比较优势指数

品名 县区	小麦	稻谷	玉米	高粱	谷子	糜子	大豆	洋芋
天祝县	1.29	0.00	0.01	0.00	0.00	0.00	0.00	2.40
合作市	1.30	0.00	0.00	0.00	0.00	0.00	0.00	2.34
临潭县	1.75	0.00	0.00	0.00	0.00	0.00	0.00	1.61
卓尼县	1.91	0.00	0.00	0.00	0.00	0.00	0.00	1.33
舟曲县	1.23	0.00	0.84	0.25	0.17	0.04	0.07	1.03
迭部县	2.08	0.00	0.05	0.00	0.00	0.00	0.00	0.94
玛曲县	0.00	0.00	0.00	0.00	0.00	0.00	0.00	0.00
碌曲县	0.00	0.00	0.00	0.00	0.00	0.00	0.00	4.63
夏河县	2.29	0.00	0.00	0.00	0.00	0.00	0.00	0.67

表6－4　甘肃省藏区粮食作物单产比较优势指数

品名 县区	小麦	稻谷	玉米	高粱	谷子	糜子	大豆	洋芋
天祝县	1.09	0.00	0.73	0.00	0.00	0.00	0.00	1.39
合作市	1.14	0.00	0.00	0.00	0.00	0.00	0.00	1.34

品名 县区	小麦	稻谷	玉米	高粱	谷子	糜子	大豆	洋芋
临潭县	1.23	0.00	0.00	0.00	0.00	0.00	0.00	1.30
卓尼县	1.19	0.00	0.00	0.00	0.00	0.00	0.00	1.44
舟曲县	1.12	0.00	0.92	0.58	0.46	0.35	1.29	1.09
迭部县	1.17	0.00	0.75	0.00	0.00	0.00	0.00	1.59
玛曲县	0.00	0.00	0.00	0.00	0.00	0.00	0.00	0.00
碌曲县	0.00	0.00	0.00	0.00	0.00	0.00	0.00	1.22
夏河县	1.28	0.00	0.00	0.00	0.00	0.00	0.00	1.19

表 6 – 5   甘肃省藏区粮食作物综合比较优势指数

品名 县区	小麦	稻谷	玉米	高粱	谷子	糜子	大豆	洋芋
天祝县	1.19	0.00	0.09	0.00	0.00	0.00	0.00	1.83
合作市	1.22	0.00	0.00	0.00	0.00	0.00	0.00	1.77
临潭县	1.47	0.00	0.00	0.00	0.00	0.00	0.00	1.45
卓尼县	1.51	0.00	0.00	0.00	0.00	0.00	0.00	1.38
舟曲县	1.17	0.00	0.88	0.58	0.38	0.12	0.30	1.06
迭部县	1.56	0.00	0.19	0.00	0.00	0.00	0.00	1.22
玛曲县	0.00	0.00	0.00	0.00	0.00	0.00	0.00	0.00
碌曲县	0.00	0.00	0.00	0.00	0.00	0.00	0.00	2.38
夏河县	1.71	0.00	0.00	0.00	0.00	0.00	0.00	0.89

表 6 – 6   甘肃省藏区经济作物规模比较优势指数

品名 县区	棉花	油料	胡麻籽	油菜籽	葵花籽	线麻	甜菜	烟叶	药材
天祝县	0.00	1.53	0.21	2.62	0.00	0.00	0.00	0.00	0.00
合作市	0.00	1.53	0.00	2.73	0.00	0.00	0.00	0.00	0.00
临潭县	0.00	1.03	0.03	1.83	0.00	0.00	0.00	0.00	1.10
卓尼县	0.00	1.07	0.13	1.85	0.00	0.00	0.00	0.00	0.83
舟曲县	0.00	0.84	0.00	1.51	0.00	0.79	5.68	0.00	1.62
迭部县	0.00	0.73	0.00	1.32	0.00	0.00	0.00	62.70	1.12
玛曲县	0.00	0.00	0.00	0.00	0.00	0.00	0.00	0.00	0.00
碌曲县	0.00	1.45	0.00	2.59	0.00	0.00	0.00	0.00	0.23
夏河县	0.00	1.53	0.14	2.65	0.00	0.00	0.00	0.00	0.00

表 6 - 7 甘肃省藏区经济作物单产比较优势指数

品名\县区	棉花	油料作物	胡麻籽	油菜籽	葵花籽	线麻	甜菜	烟叶	药材
天祝县	0.00	1.30	1.50	1.31	0.00	0.00	0.00	0.00	0.00
合作市	0.00	1.30	0.00	1.30	0.00	0.00	0.00	0.00	0.00
临潭县	0.00	0.95	1.16	0.95	0.00	0.00	0.00	0.00	1.17
卓尼县	0.00	0.94	1.23	0.95	0.00	0.00	0.00	0.00	1.29
舟曲县	0.00	1.40	0.00	1.40	0.00	0.46	0.11	0.00	0.62
迭部县	0.00	0.68	0.00	0.68	0.00	0.00	0.00	0.46	1.30
玛曲县	0.00	0.00	0.00	0.00	0.00	0.00	0.00	0.00	0.00
碌曲县	0.00	1.33	0.00	1.33	0.00	0.00	0.00	0.00	0.43
夏河县	0.00	1.30	2.30	1.29	0.00	0.00	0.00	0.00	0.00

表 6 - 8 甘肃省藏区经济作物综合比较优势指数

品名\县区	棉花	油料作物	胡麻籽	油菜籽	葵花籽	线麻	甜菜	烟叶	药材
天祝县	0.00	1.41	0.56	1.85	0.00	0.00	0.00	0.00	0.00
合作市	0.00	1.41	0.00	1.88	0.00	0.00	0.00	0.00	0.00
临潭县	0.00	0.99	0.19	1.32	0.00	0.00	0.00	0.00	1.13
卓尼县	0.00	1.00	0.40	1.33	0.00	0.00	0.00	0.00	1.03
舟曲县	0.00	1.08	0.00	1.45	0.00	0.60	0.79	0.00	1.00
迭部县	0.00	0.70	0.00	0.95	0.00	0.00	0.00	5.37	1.21
玛曲县	0.00	0.00	0.00	0.00	0.00	0.00	0.00	0.00	0.00
碌曲县	0.00	1.39	0.00	1.86	0.00	0.00	0.00	0.00	0.31
夏河县	0.00	1.41	0.57	1.85	0.00	0.00	0.00	0.00	0.00

表 6 - 9 甘肃省藏区蔬菜、瓜果、青饲料规模比较优势指数

品名\县区	蔬菜	瓜	青饲料	苹果	梨	葡萄	桃	杏
天祝县	1.25	0.22	3.34	0.00	0.00	1.38	0.00	0.00
合作市	0.11	0.00	8.26	0.00	0.00	0.00	0.00	0.00
临潭县	0.10	0.00	7.98	0.02	0.74	0.00	0.00	0.00
卓尼县	0.18	0.00	7.87	0.02	0.20	0.00	0.00	0.00
舟曲县	0.75	0.00	2.82	1.01	0.22	0.17	1.16	0.09

品名 县区	蔬菜	瓜	青饲料	苹果	梨	葡萄	桃	杏
迭部县	0.03	0.00	7.55	0.39	0.24	0.00	0.00	0.00
玛曲县	0.00	0.00	0.00	0.00	0.00	0.00	0.00	0.00
碌曲县	0.00	0.00	8.69	0.00	0.00	0.00	0.00	0.00
夏河县	0.00	0.00	8.67	0.00	0.05	0.00	0.00	0.00

表 6 – 10　甘肃省藏区牧业产品规模比较优势指数

品名 县区	猪	羊	牛	禽肉	牛奶	山羊毛	绵羊毛	鲜蛋	蜂蜜	水产品
天祝县	0.65	1.99	1.74	0.02	0.35	2.70	2.25	0.29	0.00	0.03
合作市	0.24	2.08	3.21	0.00	4.53	1.50	1.57	0.02	0.00	0.00
临潭县	1.15	1.18	1.47	0.01	3.14	3.59	0.62	0.07	3.16	0.16
卓尼县	0.68	1.17	2.63	0.02	1.42	2.17	0.74	0.30	1.84	0.00
舟曲县	1.49	0.37	0.69	0.10	0.05	1.43	0.04	0.60	9.06	0.00
迭部县	0.63	0.79	3.13	0.03	3.91	0.00	0.21	0.37	5.93	0.00
玛曲县	0.00	1.41	4.61	0.00	6.74	0.00	1.26	0.00	0.00	0.07
碌曲县	0.02	3.06	2.82	0.00	6.19	0.05	2.57	0.00	0.00	0.00
夏河县	0.05	3.36	2.50	0.00	2.67	0.07	2.27	0.01	0.00	0.00

三、适宜性选择

根据比较优势指数法的测算结果，甘肃省藏区特色农牧业产品的主要优势产区如表6–11所示。这是多年生产过程选择的结果，应该说不仅适宜于区域自然环境条件，而且符合市场经济条件下经济效益的选择。从目前所得结果来看，与前述甘肃省藏区特色农牧业的发展特征相吻合。

表 6 – 11　甘肃省藏区特色农牧业产品的主要优势产区

产品分类	产品名称	分布县区
粮食作物	小麦	天祝县、合作市、临潭县、卓尼县、舟曲县、迭部县、夏河县
	洋芋	天祝县、合作市、临潭县、卓尼县、舟曲县、迭部县、碌曲县
经济作物	油料	天祝县、合作市、卓尼县、舟曲县、碌曲县、夏河县
	油菜籽	天祝县、合作市、临潭县、卓尼县、舟曲县
	烟叶	迭部县
	药材	临潭县、卓尼县、舟曲县、迭部县

产品分类	产品名称	分布县区
蔬菜、瓜果和青饲料	蔬菜	天祝县
	青饲料	天祝县、合作市、临潭县、卓尼县、舟曲县、迭部县、碌曲县、夏河县
牧业产品	猪	临潭县、舟曲县
	羊	天祝县、合作市、临潭县、卓尼县、玛曲县、碌曲县、夏河县
	牛	天祝县、合作市、临潭县、卓尼县、迭部县、玛曲县、碌曲县、夏河县
	牛奶	天祝县、合作市、临潭县、卓尼县、迭部县、玛曲县、碌曲县、夏河县
	山羊毛	天祝县、合作市、临潭县、卓尼县、舟曲县
	绵羊毛	天祝县、合作市、玛曲县、碌曲县、夏河县
	蜂蜜	临潭县、卓尼县、舟曲县、迭部县

第六节 产业发展对策

做好甘肃省农牧业发展工作，应当从如下方面着手：

一、走产业化、专业化、规模化道路

要着眼于大农业、大市场，以农牧业产业化为主攻方向。特色产业要向规模化发展，要由分散的、小而全的专业乡村，向一县一主业，一县一特色发展，形成特色农牧业体系。改变特色不特，优势不优的小而全、大而全的格局，培育以绿色产品为重点的特色农牧业，发展各具特色的主导产业。

培植特色农牧业主导产业，是实施农牧业产业化战略的基础。甘肃省藏区特色农牧业经济的主攻方向是，建设成为我省重要的农畜产品和绿色产业开发区，大力发展以绿色品牌为主的农畜产品加工业。实施农业综合开发工程、优质农畜产品生产基地建设工程、牧区示范开发工程、农牧业种子工程。对羊毛、牛奶、牛羊肉、皮革、小麦、马铃薯、大豆、玉米等产业进一步开发，力争在羊毛、牛奶、羊肉三大主导产品生产和加工上取得区域比较优势。

区内种植业在国内外市场竞争中基本处于劣势，要加大农业种植结构调整，适当调减粮食种植面积，重点发展专用小麦、专用玉米、专用大豆以及优质杂粮和薯类生产。增加经济作物种植比重，向专业化、规模化、集约化方向发展，加快实施绿色食品开发战略。重点培育以绿色产品为重点的特色农牧业。围绕区内绿色畜产品，推动肉牛、肉羊、奶业产业化经营，拉动畜牧业向更高生产水平发展。

（一）抓好特色农牧业基地建设

要围绕特色农牧业主导产业，根据市场需求，集中有限的人力、财力、物力和科技力量，建设一批地方特色突出、专业化程度较高的特色基地，并形成相对集中、统一规划的区域化布局，将基地建设与生态建设并重，使农牧业可持续发展。

特色基地布局要根据各地区位条件差异，实行区域分工，优化区域布局，在全区逐步培育成大种植区。走开发一个特色产品、建设一个基地、兴办一个企业、培育一个市场、振兴一个区域经济的路子。形成特色农业基地、特色畜牧业基地、特色水产品生产基地、绿色食品基地、良种繁育基地、牧草种子基地等。

（二）积极培植壮大特色农牧业龙头企业

特色农牧业龙头企业一头连着国内外市场，另一头连着千家万户，具有引导生产、开拓市场、深化加工、提供服务的综合功能，特色农牧业龙头企业对农牧业产业化经营具有强大的辐射带动功能。运用龙头企业的力量把农牧业和农牧民推向市场，使农牧业小规模的家庭分散经营与大市场相连接。特色农牧业龙头企业要实现规模效益，不断增强实力和牵动作用，加强引导特色农牧业生产、经营，分散市场风险、开拓市场、深化加工、提供服务、增加农牧民收入的综合功能。为此，龙头企业要建立现代企业制度，不断进行技术创新、技术改造，用高新技术改造传统产业。与农牧民建立长期稳定的有法律保障的契约关系，解决好企业与农牧民的利益关系。龙头企业要向专业化、产业化、规模化方向发展，建立一批具有强大的辐射带动功能的龙头企业，推动区域特色农牧业的发展。

（三）完善特色农牧业市场体系的建设

要合理规划和布局，通过市场创新，打破传统的、条块分割的、封闭的现状和小市场格局，把农牧业生产要素推向市场，实行跨产业、跨地区、跨所有制的全方位流动，建立适应经济一体化的开放型市场，采取多种形式开拓市场。

建立合理的价格体系和以市场形成价格的机制，提高农畜产品收益；改革商品流通体系，建立以资源配置为主体的商品市场网络；尽快形成和完善农村牧区生产资料市场、农村牧区资金市场、农村牧区人力资源市场、农村牧区技术市场、农村牧区产权交易市场，以及土地使用权租赁拍卖市场等。

加强农村牧区市场管理科学化，健全法规、政策、制度，规范市场行为，建立市场网络体系，发展电子商务，进行网络营销，采用现代化的交易方式，提高专业销售组织化程度，加速市场配套的仓储、运输、加工、配送等系统建设，组建贸科工农牧一体化、产供销一条龙，建立利益共享、风险共担的经济联合体，增强特色农牧业抵御市场风险的能力。重点培育发展大型区域性批发市场，加强产区批发市场的建设，培育一批各类特色农牧业专业批发市场和农畜产品集贸市场，构建以批发市场为中心、以集贸市场为补充，布局合理、城乡开通、统一开发、同市场紧密对接的区域性特色农牧业产品市场体系。

（四）发展以农畜产品为原料的工业体系

提高农畜产品加工比重和加工增值效益，围绕特色农牧业主导产业，加大投入，集中力量发展一批农畜产品加工企业，对面粉加工集团、酒业集团、地毯加工企业、饲料加工业、肉类加工业、乳品加工业等进行技术创新、技术改造和高新技术产业化，使产品深度加工，促使产业升级，为农牧业产业化和现代化，构筑必需的工业龙头框架，逐步改变资源转换原料化、初级化的状况。

（五）加强特色农牧业的技术创新

技术是特色农牧业发展的支撑。要树立高新技术为先导的战略思想，围绕特色农牧业主导产业，进行技术结构调整、科研方向的确定和科技资源的配置，加强特色技术攻关，将特色技术引进与自主研究开发相结合。将特色技术革新、发明，产品开发、体制和机制创新、管理创新、市场创新等，全部纳入特色农牧业开发计划，形成特色农牧业的技术创新体系。

加大"种子工程"实施力度，把加强特色农牧业优良品种的进程作为主攻目标，推进以现代育种技术为主要手段的高新技术产业化，提高优良品种普及率，重点加强新品种的引进和培养工作，逐步形成生产推广一批、试验示范一批、研制引进一批的种源建设格局。创建最佳种子企业，树立典型样板，把种子企业经营管理提高到一个新水平。初步实现畜群标准化，除有计划的经济杂交外，使牲畜个体生产性能有较大幅度的提高。发展具有藏区特色的农牧业高新技术产业，选择农业生物技术、农业信息技术、农业机电一体化技术、农畜产品加工技术、农业生态环境保护技术等，作为重点发展领域。集中力量支持一批能够形成较强市场竞争能力、经济效益高的高新技术项目和产品，加快形成产业化、规模化，注重用高新技术改造传统产业。把技术创新作为农牧业结构调整的突破口，开发一批具有自主知识产权、高技术含量、高附加值的特色产品，形成一批在市场有较强竞争实力，能够带动全行业振兴的农牧业科技型企业，提高特色农牧业的内在发展素质。

（六）促进特色技术推广服务工作

建立健全适应市场经济的特色技术推广服务体系，形成特色农牧业技术推广服务网络系统，完善机构，理顺体制，优化人员结构，建立激励、竞争机制，调动科技人员的积极性，鼓励科技人员深入生产第一线。加强培训，解决当前藏区农牧业生产者素质不高的问题。抓好特色技术的试验示范工作，加强特色技术试验示范区建设，开展特色农牧业技术示范工程，集中力量对市场前景看好，经济效益高的项目加大推广力度，开展技术承包，积极兴办各种经济实体，推进特色农牧业产业化经营。加强社会化服务体系建设。改变特色农牧业产前、产中、产后技术服务滞后、市场信息不灵、利益机制不健全、利益分配不合理的状况。建立适应市场经济和特色农牧业要求的科技体制，抓好服务组织建设，由单一的科技服务，扩大到信息服务、人员培训服务、金融服务、流通服务等领域。建立不同类型、多种形式的产业化经营服务组织，如协会＋农牧户、农牧民自办或联办多种形式的产业化经营服务组织，特别是以农牧民为主的营销服务组织。

二、大力拓展现代农业产业

（一）发展生态农业

抓好生态工程建设，进行植树造林和封山育林，实施退耕种树种草、荒山荒坡治理、流域治理种树种草，建设人工草场，改善生态环境。大力发展节水农业，实施节水灌溉工程。广泛营造农田防护林，开展流域治理，建立农牧业生产环境保障体系。加强生态农业建设，增强农业可持续发展能力。要实行集约经营，提高土地资源利用率和产出率；要开发与保护相结合，实现农牧业生产和生态环境的良性循环；要根据当地气候资源条件，陡坡地发展经济林果，实现经济效益和生态效益的统一；要结合山区实际，充分利用资源，大力发展畜牧业。

（二）发展绿色农业

要充分利用藏区拥有的纯天然、无污染的草原优势，发展绿色畜牧业。要努力开发绿色产品，培植绿色产业，以绿色产品占领市场，使生态建设最大限度地体现经济效益。

加强天然绿色草原建设，开发绿色优质饲料，提高绿色畜牧产业技术含量，不断开发出更多的绿色畜牧产业产品，发展绿色种植产业，开发绿色粮食食品、绿色蔬菜食品、绿色瓜果食品。

实施绿色食品工程开发战略，加强绿色食品技术的研究开发。进行无公害农药、农肥、农用塑料等无害化农用物资研究开发，无害化耕作栽培技术以及绿色食品原料生产过程研究开发，绿色食品加工、包装、贮运、保鲜、检测技术研究开发，这是一项涉及多学科、跨部门、多行业、技术知识密集的系统工程，因此要进行相关多学科专业技术、多行业技术协同运作，促进农业产前、产中、产后无害化技术协调发展，推动农业科技跨越传统农业技术、现代农业技术阶段，向以持续、优质、高效的"绿色科技"为特征，社会、生态、经济三大效益合一的持续集约农业技术阶段发展。

建立绿色农牧业基地和无害化生态环境保护区。绿色食品生产基地要与生态农业建设和商品粮食基地、畜牧业生产基地建设结合起来。加快发展绿色产业，使其尽快成为支柱产业，把甘肃省藏区建设成为全国乃至世界知名的绿色产品生产基地。

按照绿色食品标准提高生产经营管理水平，不断开拓"绿色消费"市场。发展"绿色科技"、"绿色生产"、"绿色营销"、"绿色消费"，促进绿色食品产业快速健康发展。

（三）发展旅游观光农业

甘肃省藏区草原辽阔，民俗文化内容丰富，广阔的沙漠、森林旅游风景区和自然保护区，以及各种果园、菜园、花圃、农场，旅游资源极为丰富，要积极培育特色旅游农业。发展草原旅游、沙漠旅游、森林旅游、民族风情、民族文化旅游、观光农园、休闲农场和赛马业等。利用农牧区自然和人文景观、农牧业生产经营活动，吸引游客前来观赏、习作、休闲、健身、科考、度假，从而带动相关产业的发展，而且有利于提高甘肃省藏区的知名度、吸引海外游客、挖掘旅游潜力。要加大对旅游农业的扶持力度，开发一批旅游精品项目，优先扶持重点旅游景区的基础设施建设，改善旅游的外部条件，采取优惠政策，吸引国内外投资者来甘肃省藏区开发旅游资源和产品。

三、进行管理创新，促进特色农牧业发展

（一）进行组织形式创新，实施特色农牧业产业化经营

坚持以市场为导向、以创新为先导、以标准化生产为准绳，形成科研、生产、加工、营销一体化，将特色农牧业生产者同其产前、产后部门中的相关单位，在经济和组织上结合为一体，通过股份合作实现联合与协作。通过纵向一体化和横向一体化，将单个分散的家庭经济向有组织的网络体系转变。实现产业化经营，进行统筹管理，统一市场，规范各自行为，与当地农牧户建立起风险共担、利益共享的联合体，提高特色产业整体竞争实力。坚持走标准化、现代化农牧业之路，依靠科技提高特色农畜产品的附加值和竞争力，合理布局生产基地，形成规模化集约化生产，加大科技和资金的投入，提高生产的现代化水平。加强特色农畜产品的市场营销工作，采用现代营销手段和营销组合策略，积极开拓市场，增加农牧民收入。加强特色农牧业龙头企业建设和结构调整，采取公司加农牧户加基地的运作方式，带动广大农牧民进入市场，促进产业化经营。

（二）增强品牌和名牌意识，培育特色农牧业名牌产品

增强品牌和名牌意识，提高品牌效应竞争力，塑造产品文化。特色农畜产品是企业形象的内核，是产品形象的基础，好的形象是优质产品的象征，是时尚的凝聚，是身价的标志，是企业的无形财富，是潜在的销售额。积极调整特色农畜

产品结构，有重点地培育和发展一批名牌产品，各地也要培育一批区域性名牌产品，带动特色农畜产品走进国内外市场。

（三）提高特色农畜产品质量

质量是企业的生命。要全力抓好全面质量管理，积极贯彻国际系列标准，进行质量计划管理，开展质量标准设计活动，加强质量监控和抽查工作，加强质量投资、维护质量信誉，进行质量成本控制，实行质量认证制度，建立 TQC 体系，使质量管理科学化、制度化、标准化，努力提高特色畜产品质量。

（四）加大特色农牧业投入

要改变国家和地方财政对农牧业投资逐年下降的状况，解决特色农牧业资金不足的问题。突出国家和地方财政对特色农牧业投入的主导地位，建立多元投入机制，开拓多元投资渠道，制定投资优惠政策和优惠的税收政策，创造良好的投资环境。抓住西部大开发的时机，利用东部地区和国外的资金、技术、人才寻找和扩大市场空间的机会，广开渠道，吸引更多的国内外资金、技术和人才，走联合开发的路子。

四、加强农牧业基础设施和生态环境建设

（一）抓好水资源开发利用和节水灌溉工程

要抓好水资源开发利用和节水灌溉工程，以节水为中心抓好水利枢纽建设、大江大河治理、牧区水源建设、灌区改造和人畜饮水五大工程。加快黄河干流重要支流防洪工程及城市防洪工程，对沿黄灌区流域的大型灌区进行节水改造。在旱作农牧区推广集雨节水灌溉技术。大幅度提高水资源供给能力、防洪能力和有效利用率，全面解决干旱缺水地区人畜饮水问题和高砷、高氟地区的饮用水问题。

（二）加强生态环境建设，增强农牧业可持续发展能力

要抓好生态建设工程，按照可持续发展的要求，全面规划、综合治理。启动建设农区退耕还林还草、牧区种草休牧、国家生态重点县建设、防沙治沙、天然林保护和生态移民等重点工程，使甘肃省藏区生态环境恶化的趋势得到有效遏制。

第 七 章

甘肃省农业生态功能区承载力

农业生态功能区是农业主体功能区划中的重要区域。本章针对甘肃省 36 个生态功能县区，以县级行政区为基本研究单元，利用改进生态足迹算法，估算各区县的生态承载力状况，分析生态承载力的变化趋势与成因。利用动态聚类算法，进行生态敏感度分类。研究认为，在以后的产业政策中应当制定区域生态环境发展规划及目标，制定与区域环境目标相一致的产业发展政策，加强区域农业生态环境的综合治理。在此基础上，提出了甘肃省生态功能各县区的拓展方向与途径。

第一节 引 言

农业生态功能区是农业主体功能区划中的重要区域[①]。这一区域不仅承担着传统意义上的农业生产功能，而且还必须承担区域内生态调节功能。作为具有自然再生产特征的产业部门，农业具有显著的土壤保持、水源涵养、气候调节、生物多样性维护等生态调节作用。与人类其他土地利用方式不同，农业生产利用的土地必须保持一定时间的植被覆盖，水田则还需保持一定时期的淹水状态。因此这些农田及相关的农业生产活动具有相应的生态调节功能。而不恰当的农业发展方式，会导致土壤退化、病虫害加剧和农业生产力下降，影响农业生态调节功能的正常发挥，对区域生态环境产生负面影响。

甘肃省地处我国三大自然区过渡地带，分属东部季风区、西部干旱区及青藏高原区，自然条件变化复杂多样，形成了众多独特的自然资源及动植物生长区，使甘

---

① 张仲威. 农业区划空间发展战略研究［J］. 中国农业资源与区划，2008（12）：50 - 52.

肃省农业发展形成了明显的地域分工条件和特色①。甘肃省所处的地理位置及自然特征，决定了甘肃省生态环境的基本格局。农业生产在依据其基本生态条件的基础上，发挥区域优势，追求专业化、规模化生产，增强了发展的适宜性。这就要求甘肃省农业生产的发展不能影响其生态功能的实现，从而形成和谐共荣的局面。

本章是在前期完成的甘肃省主体功能区划的基础上②，针对甘肃省首开 36 个生态功能县区，以县级行政区为基本研究单元，进一步测算各县区的生态承载力状况。据此，提出促进生态功能区和谐发展的基本思路。

第二节　生态承载力的估算方法

一、估算方法选择

对于生态承载力的量化，国内外提出了许多直观的、较易操作的定量测评方法及模式。典型方法有：生态足迹法③、自然植被净第一性生产力法④、供需平衡法⑤、状态空间法⑥以及模型预测方法等。本章选择了生态足迹法对甘肃省生态功能区进行了测算。选择这一方法主要出于如下考虑：

第一，计算简便，应用广泛。生态足迹算法相对简单，目前已在国内外相关研究中得到较广泛的应用。根据文献的检索情况，全国主要省市都有利用该算法进行生态承载力测算的相关文献。

第二，反映信息全面。生态足迹算法综合考虑了生物消耗需求、能源消耗需求和不同地类的承载能力，较之其他仅测算单一因素（如水、热、植被、土地面积等）供需平衡的方法，更能够全面反映资源消耗和生态承载情况。

第三，统计指标较多，并能够直接或间接获取。生态足迹算法涉及数十项指

① 康绍忠，许迪，李万红，等. 关于西北旱区农业与生态节水基本理论和关键技术研究领域若干问题的思考［J］. 中国科学基金，2002（5）：20 - 24.

② 祁永安，张平. 甘肃省农业功能区划研究报告［R］. 西北民族大学，2009.

③ Mathis Wackernagel, William E Rees. Our Ecological Footprint: Reducing Human Impact on the Earth. Gabriola Island［M］. Canada: New Society Publishers，1996.

④ 王宗明，梁银丽. 植被净第一性生产力模型研究进展［J］. 干旱地区农业研究，2002（2）：104 - 107.

⑤ Mathis Wackernagel, Lewan L, Hansson C. B. Evaluating the Use of Natural Capital with the Ecological Footprint: Applications in Sweden and Subregions［J］. Ambio，1999（7）：604 - 612.

⑥ 袁晓兰，刘富刚，孙振峰. 德城区区域承载力的状态空间法研究［J］. 德州学院学报，2005（4）：50 - 54.

标，对生态承载力的反映较为全面。同时，数十项指标均能够利用目前的主要统计和详查资料获取，在实际研究中具有较好的可行性。

第四，直接利用截面数据，对年份的连续性要求不高。生态足迹算法直接利用截面数据测算，不需要进行不同年份的数据间换算比较和趋势分析，可以在仅掌握少数年份数据的情况下完成测算。

二、测算方法改进

虽然生态足迹算法已在实践中得到广泛应用，但是在研究中发现相关文献对该方法的使用有待商榷。本章对生态足迹算法进行了如下改进：

第一，测算参数利用了最新资料。近年的相关研究成果中，全球平均产量大多采用 2000 年世界环境与发展委员会（WCED）公布数据，产量因子使用 Rees 和 Wackernagel 于 1996 年的建议数据。这种参数选择没有考虑到世界生产效率的进步和地区间生产水平的差异，测算的误差应该较大。本章中的全球平均产量和产量因子数据分别采用了 2008 年[①]和 2010 年[②]的最新测算结果，同时考虑到了省区特征，以便更准确地反映甘肃省各县区生态功能的实际情况。

第二，对各类型土地面积进行了折算处理。甘肃省一部分主要承担生态功能的地区，虽然地广人稀，人均土地面积较大，但是生态十分脆弱，水资源缺乏，旱地和天然草地、改良草地的产出极低。本章对这些地类进行了折算处理，具体方法如下：

（1）耕地面积 = 灌溉水田面积 + 望天田面积 + 水浇地面积 + 旱地面积 × 1/10 + 菜地面积；

（2）林地面积 = 有林地面积 + 灌木林地面积 × 1/3 + 疏林地面积 × 1/5 + 未造成林造林面积 × 1/8 + 迹地面积 + 苗圃面积；

（3）草地面积 = 天然草地面积 × 1/100 + 改良草地面积 × 1/10 + 人工草地面积；

（4）建筑用地面积 = 建设用地总计面积 - 独立工矿面积 × 1.2[③]；

（5）水域面积 = 河流面积 + 湖泊面积 + 苇地面积 × 1/5 + 滩涂面积 × 1/10 + 冰川及永久积雪面积 × 1/100。

第三，提高了生物多样性保护面积。考虑到本章中地区生态极为脆弱，同时

---

① 谢宏宇，叶慧珊. 中国主要农产品全球平均产量的更新计算［J］. 广州大学学报（自然科学版），2008（1）：80 - 84.

② 刘某承，李文华，谢高地. 基于净初级生产力的中国生态足迹产量因子测算［J］. 生态学杂志，2010（3）：182 - 187.

③ 主要考虑到独立工矿面积主要是化石燃料用地，不仅不能减缓对环境的破坏，反而会加剧破坏。在此以增加 20%（即生物多样性保护面积）从建筑用地面积中减去。

主要承担生态功能,将生物多样性保护面积增加为20%①。

三、主要参数说明

本章用于生态足迹测算的主要参数见表7-1。各县区土地产量因子结合表中相似地区产量因子进行了折算。

表7-1 主要参数表

生物资源全球平均产量			
名称	全球平均产量	名称	全球平均产量
稻谷	3916.9	蔬菜	18000.00
小麦	2720.2	水果	3500.00
玉米	4342.8	木材	126.54
高粱	2744.0	猪	74.00
大豆	1859.0	羊	33.00
马铃薯	1260.7	牛	33.00
棉花	1000.0	牛奶	502.00
油菜籽	1856.0	水产	29.00

能源资源全球平均产量					
名称	全球平均产量	折算因子	名称	全球平均产量	折算因子
煤炭	55	20.934	柴油	93	42.705
焦炭	55	28.470	燃料油	71	50.200
原油	93	41.868	液化石油气	71	50.200
汽油	93	43.124	天然气	93	38.978
煤油	93	43.124	电力	1000	3.360

各地区土地的产量因子及均衡因子对照						
土地类型	世界产量因子	中国产量因子	甘肃省产量因子	宁夏产量因子	青海产量因子	新疆产量因子	均衡因子
耕地	1.49	1.74	0.36	0.46	0.55	0.74	2.8
林地	0.80	0.86	0.67	0.50	0.77	0.97	1.1
草地	2.19	0.51	1.26	1.13	0.76	0.54	0.5
水域	1.0	0.74	1.26	1.13	0.76	0.54	0.2
建筑用地	1.49	1.74	1.74	1.49	1.74	1.74	2.8
化石燃料用地	0.0	0.00	0.00	0.00	0.00	0.00	1.1

① 按照世界环境与发展委员会(WCED)的建议,生物多样性保护面积为12%。考虑到本书中地区生态极为脆弱,同时主要承担生态功能,将生物多样性保护面积增加为20%。

第三节　生态承载力趋势分析

原始数据来源于 2006～2010 年《甘肃省土地利用变更调查》（甘肃省国土资源厅）和《甘肃省农村年鉴》。利用改进后的生态足迹法估算甘肃省生态功能区 2006～2009 年的承载力情况（见表 7-2）。根据各县区生态赤字的大小、趋势、突变等特征，将甘肃省生态功能区承载力变化趋势分为以下六种。

表 7-2　各县区生态承载力估算结果

县区名称	生态赤字			
	2006 年	2007 年	2008 年	2009 年
麦积县	0.15314087	0.23218610	0.32657177	0.27024006
清水县	0.71345029	0.80238693	0.76806714	0.81359005
武山县	0.51701824	0.65139711	0.63591700	0.74791178
临洮县	1.22455203	0.94909470	0.86678916	0.86546956
漳县	0.53947098	1.08952374	0.38945699	0.42881740
岷县	0.54104188	0.50811945	0.46442470	0.46703582
临夏县	0.53104738	0.65518208	1.81681119	0.65906075
康乐县	0.65424847	0.61161789	0.42233680	0.49064789
永靖县	0.99924221	2.02910864	0.91964391	0.97562245
广河县	0.69816061	0.75018281	0.45967268	0.45519339
和政县	0.82254303	0.86581246	0.75134143	0.77407507
东乡县	0.87271450	0.92886098	0.89006616	0.97555288
积石山县	0.69635231	0.75075858	0.54127663	0.61426164
武都县	0.33637283	0.37214938	0.35948050	0.94875950
康县	0.16134735	0.32779779	0.25128654	0.28380885
文县	-0.22843519	0.12351485	-0.17605185	1.35464956
西和县	0.51162627	0.60077056	0.64765066	0.67699385
礼县	0.44561363	0.38291381	0.40561828	0.44378550
两当县	-0.38461657	0.08017402	-0.40098627	-0.31963163
徽县	0.81102047	0.90339608	0.80759432	1.40036058
成县	0.66796091	0.80510428	0.64296778	1.01727966

县区名称	生态赤字			
	2006 年	2007 年	2008 年	2009 年
宕昌县	0.32757933	0.25245676	0.47251018	0.37419214
民勤县	1.14712518	0.95598473	0.91692752	1.08811493
天祝县	0.71650321	0.62367985	0.65017025	0.76525171
肃南县	0.18518155	0.30869318	1.20215016	1.11029546
瓜州县	2.36754501	3.12558491	3.17631159	3.00052951
肃北县	1.22543831	0.99022694	1.44771784	1.58957979
阿克塞县	1.33776102	1.72423125	1.40837898	1.62146482
敦煌市	0.97783298	1.26379042	1.41977889	1.61940121
合作市	0.42296308	0.37390724	0.49713361	0.55289107
临潭县	0.34582798	0.31131548	0.49989937	0.55308976
卓尼县	− 0.04908491	− 0.11538369	0.06643484	0.12479208
舟曲县	− 0.18261144	− 0.20881026	− 0.17488699	− 0.14212250
迭部县	− 1.63808084	− 1.82594397	− 1.70193614	− 1.57703720
玛曲县	0.00000266	3.74543410	3.92629991	4.42872125
碌曲县	0.00000370	1.74279844	2.19818228	2.46142362
夏河县	0.00000151	1.21900216	1.44431371	1.61241290

一、生态赤字较大，且改善不明显

该类地区各年生态赤字数值大于 0.5，且不存在明显的变化趋势。主要包括东乡、积石山、瓜州、民勤和阿克塞。东乡、积石山地区内土地垦殖率高，人口密度较大，部分丘陵山地，人口密度超过 350 人/km²。农业生产以旱作为主，多山坡地，生产结构单一，耕作粗放，广种薄收，生产水平低，产量低而不稳，贫困面较大。在现有的生产力发展水平上，人口已经超载。本区生态脆弱，水土流失严重，农业发展水平低，同时也为自然灾害多发地区。瓜州、阿克塞地区为河西疏勒河及黑河上游地区，集中于祁连山地、阿尔金山及北山山地等地理单元，降水稀少、昼夜温差大、蒸发强烈、风沙天气较多、植被十分稀疏。民勤地区位于石羊河下游，属温带大陆性干旱气候区，东、西、北三面被腾格里和巴丹吉林两大沙漠包围，大陆性沙漠气候特征十分明显、冬冷夏热、降水稀少、昼夜温差大。由于石羊河上中游大量用水，民勤地下水位急剧下降，植被严重退化，土地荒漠化加剧，民勤绿洲岌岌可危。

二、生态赤字较大，且逐步恶化

该类地区各年生态赤字均值大于 0.5，且存在明显的增加趋势。主要包括西和、徽县、成县、天祝、肃南、肃北、敦煌、玛曲、碌曲、夏河。西和、徽县、成县地区多为坡耕地，流水侵蚀强烈，劳动作业的强度大。同时由于人多地少，对坡地的开垦和对林木的乱砍滥伐，造成了植被破坏和严重的水土流失。天祝地区横跨石羊河流域及黄河流域。植被以草原草甸为主，山麓地带有一些草原和灌木。自然条件较差，生态环境脆弱。肃南、肃北、敦煌地区降水稀少、昼夜温差大、蒸发强烈、风沙天气较多，植被十分稀疏的戈壁、沙漠和裸岩石山，寸草不生。夏河、碌曲地区虽然人口稀疏，受全球气候变暖、草场超载过牧、鼠害及人为采药等因素的影响，草地出现明显退化，草地畜牧业的可持续发展受到威胁。玛曲县为阿尼玛卿山的延伸部分，属高原大陆性高寒湿润气候，年平均气温1.1℃。近 20 多年来，由于气候变暖，冻土层下降，蒸发增加，旱象加重。这里虽然人口密度小，但土地承载能力低下，山地草场超载过牧，沙化、退化十分明显。

三、生态赤字较大，但有所改善

该类地区各年生态赤字均值大于 0.5，且存在明显的下降趋势。主要包括临洮、康乐、广河、和政。该区域位于陇中黄土丘陵地带，属半干旱温凉气候，年降水量 300～650mm，海拔 1100～3200m。地形以黄土丘陵为主，还有一些土石山地和河谷川道，地面破碎，水土流失严重。植被类型由南部的森林草原带到中部的半干旱草原带再到北部的半干旱、干旱荒漠草原带，植被覆盖程度低，局部地区分布着天然次生林，有较好的植被覆盖。由于该区属黄土高原丘陵区，气候温凉，无霜期短，各种气象灾害多发。

四、生态赤字不大，但较敏感

该类地区各年生态赤字均值小于 0.5，且存在明显的极大值点。主要包括漳县、临夏、武都、文县。该区内各县本身生态良好，但在个别年份有较大的生态赤字。如漳县农业资源、林草资源、中药材资源、水利水力资源均十分丰富，但在 2007 年的人均生物生态足迹达到 1.31，比 2006 年的 0.69 增加了 0.62，导致 2007 年人均生态赤字显著增加。临夏县地貌为青藏、黄土高原参半，多山沟，兼有塬、川，以水资源较为丰富，而 2008 年人均生态足迹达到 1.88，比 2007 年的 0.88 增加了 1.0，2008 年人均生态赤字显著。武都、文县境内山高谷深坡陡，地形变化剧烈，河流湍急，多为石质山地，地表土层薄，气候暖温、湿润，雨量充沛。也是长江上游滑坡、泥石流频发的地区，暴雨引发的滑坡、泥石流不仅冲毁当地的农田、房屋，也给中下游造成洪涝灾害。同时陇南铅锌矿产的开发对地表植被及周边环境也产生一定影响。

五、生态赤字不大，且较稳定

该类地区各年生态赤字均值小于0.5，且不存在明显变化趋势。主要包括麦积、岷县、康县、礼县、宕昌、合作、临潭、卓尼。麦积、岷县、康县地区位于陇中黄土丘陵地带，属半干旱温凉气候，地形以黄土丘陵为主，局部地区分布着天然次生林，有较好的植被覆盖。礼县、宕昌地区属北亚热带气候，有较大面积的林地，植被覆盖率较高，水资源和生物资源丰富，生态系统的自我恢复能力较强，是长江上游重要的水土保持区。合作、卓尼、临潭地区气候温寒，山地面积大，山高谷深，地表高差变化剧烈。区内植被茂密，为甘肃省重要的林区，其生态功能十分重要，是洮河上游的重要水源涵养地。

六、生态盈余，且较稳定

该类地区各年（除两当2007年外）均有生态盈余。主要包括两当、舟曲、迭部。两当地处陕甘川交界的秦岭山区，属长江上游嘉陵江水系。北靠天水，西邻徽县，东、南二面与陕西宝鸡、汉中相连。有一江七河八大水系，全长209.93千米，年径流量3377.2万立方米。县内生态良好，植被覆盖率达73.3%，森林覆盖率达49.3%。舟曲和迭部地区西南与四川九寨沟接壤，全境天然植被良好，生态环境优美。

第四节　生态敏感度划分

根据估算出的甘肃省生态功能区2006～2009年的承载力，利用动态聚类分析方法[1]，进行敏感度划分。甘肃省生态功能区各县区敏感度和地理分布分类如下（见图7-1）。

从各县区生态敏感度的地域分布来看，可归纳为三种类型：

（1）第一类敏感地区。生态赤字较大，生态承载力较差地区。主要由河西干旱地区和牧区、甘南牧区（靠近青藏高原部分）、陇中个别农区构成。

---

[1] 首先选取一批凝聚点，然后让样本向最近的凝聚点凝聚得到初始分类。然后按照最近距离原则修改不合理的分类。本书中对各类重心坐标进行了四次调整。

甘肃省生态功能区敏感度　　N　　　甘肃省生态功能区地理分布

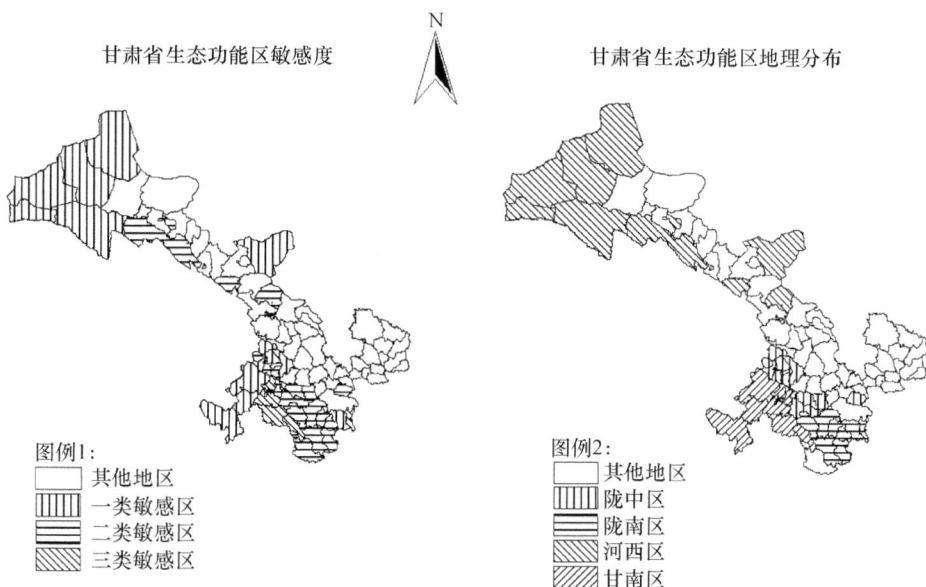

图例1：
□ 其他地区
▥ 一类敏感区
▤ 二类敏感区
▨ 三类敏感区

图例2：
□ 其他地区
▥ 陇中区
▤ 陇南区
▨ 河西区
▧ 甘南区

图7-1　甘肃省生态功能区的敏感度及其地理分布

（2）第二类敏感地区。生态承载力与足迹相当，生态承载力尚可。主要包括陇中大部分农区、陇南大部地区、甘南部分地区。

（3）第三类敏感地区。有生态盈余，生态承载力较好。主要为陇南、甘南与四川接壤的部分地区。

第五节　生态功能区的拓展方向与途径

在甘肃省生态功能区，要以生态环境建设为目标，合理安排区域农业生产，减轻土地承载压力，协调人口、资源和环境的关系，提高区域的可持续发展能力。在以后的产业政策中应当重点做好以下几个方面：第一，制定区域生态环境发展规划及目标。要以重要生态环境建设项目为核心，提高生态环境的功能效应；突出生态保护区建设，增强环境保护能力。第二，制定与区域环境目标相一致的产业发展政策。要求在对区域农业自然资源和社会经济条件正确分析与评价的基础上，确定农业资源开发与利用方向、规模、强度。合理调整产业结构，农业资源的开发利用必须服从于生态环境建设。如在农业生态较为脆弱的地区，鼓励林草产业的发展；在缺水的地区，通过限制耗水量大的农业产业发展，鼓励耗水少的农业产业发展，以维持农业生态环境基础。落实生产力的合理布局政策。从区域农业生态承载力和环境容量来衡量和布局产业发展。通过合理确定或调整有关农业产业的布局，在发挥区域比较优势的同时，减轻或避免环境污染和生态退化。第三，加强区域农业生态环境的综合治理。要对包括水土流失、土地沙漠化、土壤盐渍化及工业污染在内的环境问题的有效治理，促进区域生态环境的良好循环，增强环境发展能力。

具体来看，甘肃省各生态功能县区的拓展方向和途径如下：

（1）陇中生态功能区。重点是水土保持，有效阻止降水和土壤养分流失；以小流域治理为单元，以陡坡地退耕还林为突破口，稳定基本农田建设规模，"山、水、田、林、路"综合治理，分片开发；加强现有植被的保护，营造不同结构的乔、灌、草植被系统，确保城镇的生态安全。该区应立足于自然条件，适度发展生态旅游、休闲农业。

（2）陇南生态功能区。应注意保护自然资源，搞好生产和环境的和谐关系，要利用生物资源丰富多样的特点，适度发展药材种植；利用山高林密的优越条件，合理保护野生动植物资源，逐步建立起环境优美、生态平衡的"甘肃省江南"，逐步拓展生态旅游、休闲农业功能。

（3）河西生态功能区。应以防沙治沙为核心，继续坚持"南护水源、中兴绿洲、北治风沙"的战略方针，祁连山地强化水源涵养林的建设，逐步培育和扩大森林资源，不断提高森林的涵养水源能力。绿洲地区完善农田林网建设，在沙漠边缘地区采取综合治理措施，遏制荒漠化，保护绿洲，从而为河西地区的农产品供给功能与生态调节功能创造良好的环境条件。在注重水土保持、充分考虑自然环境承载力基础上，合理安排发展农产品供给功能，向生态调节、农产品供给双功能方向发展。

（4）甘南生态功能区。以牧业生产为主，但生态环境脆弱。不应盲目力图通过发展畜牧业生产增加农牧民收入，应在特别重视水土保持、充分考虑自然环境承载力基础上，发展生态旅游和生态农业。重点是保护现有草场资源不再退化，限制超载过牧，积极防治鼠害，通过围栏、封育、轮牧和人工种草加快草地生态系统的恢复和建设。建立黄河首曲生态保护区，做好江河源头生态保护。结合生态移民引导牧民向小城镇定居，转变生产结构和生活方式，保护草原生态环境。

第 八 章

甘南牧区草场生态价值估算

我国草场面积约 1.6 亿公顷，占国土面积的 16%，具有较强的生态功能，对于地球环境、植物和动物成长，人类经济、文化的发展以及可持续发展具有十分重要的生态价值。目前，由于盲目追求经济快速发展，采取"先发展后治理"理念，严重破坏了草场生态系统，导致草场面积逐年减少，沙漠化严重。因此，通过对牧区草场生态价值的估算，加强管理和建设草场生态环境，提高人们对草场生态功能保护的认识具有重要意义①②。

甘肃省牧区在地缘上可分为四部分：甘南高原牧区、祁连山牧区、中部牧区和北部干旱牧区。甘南高原牧区主要包括：碌曲、玛曲、夏河、合作、卓尼和迭部 6 个县区；其中，碌曲、玛曲为高原高寒区的纯牧区，夏河、合作为温带半干旱区的纯牧区；卓尼、迭部 2 个县区为温带半干旱区的半农半牧业县。本章通过对上述牧区草地有机物质生产价值、固碳吐氧价值、水土保持价值、涵养水源价值、维护生物多样化、生态旅游价值 6 项指标估算出甘南牧区草地生态总价值，据此提出相关政策建议。

第一节　估算的原则与方法

生态价值补偿过程实际是政府来付费的一种实现形式，而制约生态价值补偿实现的重要制约因素则是生态价值会计估算的方法的选择。我国目前采用的补偿方法基本上是先根据草场的等级再根据面积来确定补偿金额，没有充分考虑草场提供生态服务潜在价值的高低。因此，需对现有草场生态价值会计估算的原则与

---

① 张长江，温作民．森林生态会计研究述评与展望［J］．财会通讯，2009（30）：8–10.
② 乔玉洋．森林生态价值会计核算与新会计准则的衔接［J］．世界林业研究，2009（5）：9–12.

研究方法进行更正，拿出一套符合甘南牧区草场实际情况的估算原则和方法，为按生态价值进行补偿提供数据支持①②。

一、估算的原则

权责发生制原则。在会计确认时，当已经确认了生态资源，并为人类提供生态服务，即为牧草生态价值的会计估算的对象，必须确定其会计期间。从草场生态价值会计估算的内容来看，在一定的会计期间内某草场已经提供生态服务时就应该确认为当期收益，并与该期间草场提供生态服务时所发生的费用相配比，再估算当期的净损益；在资产负债表日时，将那些未提供生态服务或正在提供生态服务的草场生态价值确认该时点的存量，即传统会计上的存货。

草场生态会计要素不管是对提供生态服务的存量进行估算还是对流量进行估算，到资产负债表日都要确定其归属期，由于生态价值的大部分不是由其市场价格决定，而是按照其提供生态服务多少确定其价值，这决定了其确定会计要素的归属期时要按照权责发生制原则③。

配比原则。一个会计期间的各项收益及其相配比的成本费用，必须在同一期间登记入账，一一对应，这就是配比原则。配比原则侧重于规范与收益相对应的成本费用及其归属期的确认并计算净收益。

由于草场生态建设活动是区别于传统经营活动的，在草场提供生态服务产生正常的生态价值的同时，也会自然而然地产生像牧草类的实物价值，可以看出一项建设活动同时产生两项产出，并且任何一项都给牧区带来收益。根据配比原则，产生收益的同时也会随之产生生态建设成本，因为生态价值与实物价值同等重要，不能说某些具体建设成本与某些具体产出相配比，而是应该根据生态价值与实物价值之间的比例分配建设成本。因此，只将本期间草场生态价值成本与生态价值补偿收入相匹配，剩余的建设成本则与实物价值相匹配④。

划分收益性支出原则。会计记账期间确定以后，必须需要确定的一个问题就是草场生态会计中生态建设成本在何种账簿中进行记录，因此就需要对草场生态建设成本影响会计主体的方式做出归类。与传统会计一样，将生态会计生态建设成本划分都是按照其支出项的影响期限作为评价标准。

草场生态建设的活动支出可以像传统会计一样，划分为期间费用、日常活动

---

① 温作民，曾华锋，乔玉洋，王妹，李登明. 森林生态会计核算研究 [J]. 绿色财会，2011（5）：58－65.

② 耿建新，曹光亮. 论生态会计概念 [J]. 财会月刊，2007（4）：8－4.

③ 尹剑慧，卢欣石. 草原生态服务价值核算体系构建研究 [J]. 草地学报，2009（2）：174－180.

④ 康文星. 森林生态系统服务功能价值评估方法研究综述 [J]. 中南林学院学报，2005（6），128－131.

支出以及购买有形无形资产等长期资产支出。由于期间费用的发生对该期间的损益都产生了影响，不管是生态价值分摊的部分还是实物资产分摊的部分，生态会计都应确认为收益性支出。有些生态活动支出，比如造草费、牧草抚育费、牧区管理费等支出，每一期间都需要在生态资产与实物资产间进行配比分配，其中应由生态价值分配的支出，应与本期间的草场生态价值补偿收入相匹配并计算该期间的生态净收益，因此，这部分支出也应当确认为收益性支出①。

可靠性原则。所谓可靠性原则，是指生态会计信息应该准确地反映草场生态价值，即所表述的应具有客观性，不能随主观能动地反映草场生态价值。由于固机物质生产、固碳吐氧、水土保持、涵养水源、维护生物多样化、生态旅游等草地生态价值在某一时点上的存量与流量不易盘点、不易连续记录的特性；由于估算草场生态价值的存量和流量与草场提供的生态服务的效益有着密切的关系，因此由专门的具有会计估算资格的权威单位进行某一时点上的存量与流量估算的结果作为草场该时点的存量与流量，即该时点的草场提供生态服务的生态价值与"存货"价格。然而过了这个时点，生态价值的存量与流量随之发生连续的改变，这就对提供的会计信息的可靠性带来了困难，此时就需要可靠性的原则来支持会计信息的准确性。

社会性原则。草场生态价值估算最终的目的是要反映会计主体对某草场的生态资源的保护及建设情况，以及该草场所能提供的生态服务的绩效，此绩效关乎着全人类的利益，因此在对草场生态价值进行估算的时候需要站在社会的高度进行生态价值的估算。在资产负债表日时，提供的会计信息不仅仅是经济性的，还应当是社会性的。社会性原则要求会计主体提供会计信息时，应考虑社会各方面对生态服务的需求，这些需求在参与会计主体进行生态建设的时候，促使会计主体要综合地考虑社会利益而不是自身的经济利益。其实，生态会计的产生以及生态价值的估算研究就是基于社会性的要求下提出的②。

草场生态价值的估算基本目标是为了实现社会价值、生态价值与经济价值多目标的协调，进而我们进行生态价值估算的时候不要像传统会计那样只注重经济价值，而忽视了社会价值与生态价值。但是，营利性草场生态建设又要追求经济价值，在可持续发展的要求下注重生态效益，其实在生态价值得到政府补偿的时候两者并无矛盾；假如在生态建设过程中，经济效益与生态效益难免发生矛盾时，会计主体一定要兼顾两者之间的效益，不能只顾经济效益，而忽视了生态效益。

---

① 张亚连，张卫枚. 生态会计探微［J］. 财会通讯，2011（4）：78-79.
② 毛富铃. 中国森林生态系统服务价值评估指标体系初探［J］. 中国水土保持科学，2005（2）：5-9.

二、估算的方法

目前对生态价值的估算主要有：替代市场法、模拟市场法、牧产品价值评估法、涵养水源价值评估法、土壤保持价值评估法和净化大气价值评估法等。考虑到甘南牧区草场生态价值评估的现实意义和数据可取得性，本章采用了谢高地等（2001）[①] 对中国草地生态系统服务价值评估的结果，再结合甘南牧区实际情况将全牧区和半农半牧区归结在温带半干旱区和高原高寒区两个不同区域下进行生态价值估算，其中，碌曲、玛曲为高原高寒区，夏河、合作、卓尼、迭部为温带半干旱区。

根据生物量订正各类草地生态系统服务价值表述为：

单价订正：$P_{ij} = (b_j/B) P_i$ （8-1）

在式（8-1）中，P_{ij} 为订正后的单位面积生态服务价值，i = 1，2，…，17，j = 1，2，…，18；P_i 为生态系统服务价值参考基准单价；b_j 为 j 类草地的生物量；B 为我国草地单位面积平均生物量。其中，i、j 取值如表8-1所示。

表8-1 取值标准

i	1	2	3	4	5	6	7	8	9
生态系统服务价值	固碳吐氧	气候管理	干扰调节	水管理	水供应	侵蚀控制	土壤形成	营养循环	废物处理
	10	11	12	13	14	15	16	17	—
	授粉	生物控制	栖息地	有机物质生产	原材料	基因资源	娱乐	文化	—
j	1	2	3	4	5	6	7	8	9
草地类型	温性草甸草原类	温性草原类	温性荒漠草原类	高寒草甸草原类	高寒草原类	高寒荒漠草原类	温性草原化荒漠类	温性荒漠类	高寒荒漠类
	10	11	12	13	14	15	16	17	18
	暖性草丛类	暖性灌草丛类	热性草丛类	热性灌草丛类	干热稀树灌草丛类	低地草甸类	山地草甸类	高寒草甸类	沼泽类

根据式（8-1）得出单位面积草地生态系统服务价值，其中：高原高寒区，有机物质生产价值每公顷37.8美元，固碳吐氧价值每公顷4.5美元，水土保持价值每公顷16.3美元，涵养水源价值每公顷22.3美元，维护生物多样化价值每公顷12.5美元，生态旅游价值每公顷4.2美元，合计每公顷97.6美元；温带半

---

① 谢高地，张钇锂，鲁春霞等. 中国自然草地生态系统服务价值［J］. 自然资源学报，2001（1）：47-53.

干旱区，有机物质生产价值每公顷 29.3 美元，固碳吐氧价值每公顷 3.3 美元，水土保持价值每公顷 12.8 美元，涵养水源价值每公顷 11.1 美元，维护生物多样化价值每公顷 9.8 美元，生态旅游价值每公顷 2.3 美元，合计每公顷 68.6 美元。

第二节　估算结果

根据式（8-1），可以估算出不同类型的牧区草场生态价值。

一、纯牧区草场生态价值

根据上文得出的草地生态系统单位面积服务价值与 2007～2008 年甘肃省土地详查数据（修正）中天然草场、人工草场的面积得出纯牧区草场 2007～2008 年甘南牧区生态价值总值，如表 8-2 所示。

表 8-2　纯牧区草场 2007～2008 年生态价值估算值

单位名称	区域	年份	天然草地/km²	人工草地/km²	总面积/km²	每公顷生态价值/美元	生态价值/万美元	汇率	生态价值/万元
碌曲县	高原高寒区	2007	6312087.20	3925.40	6316012.60	97.60	61644.28	6.29	387742.54
		2008	6312037.60	3925.40	6315963.00	97.60	61643.80	6.29	387739.49
		增值	-49.60	0.00	-49.60	—	-0.48	—	-3.02
玛曲县	高原高寒区	2007	14215715.90	3474.00	14219189.90	97.60	138779.29	6.29	872921.76
		2008	14215696.90	3474.00	14219170.90	97.60	138779.11	6.29	872920.59
		增值	-19.00	0.00	-19.00	—	-0.19	—	-1.17
夏河县	温带半干旱区	2007	7681819.50	25778.00	7707597.50	68.60	52874.12	6.29	332578.21
		2008	7681416.80	25778.00	7707194.80	68.60	52871.36	6.29	332560.83
		增值	-402.70	0.00	-402.70	—	-27625.22	—	-17.38
合作市	温带半干旱区	2007	2431176.10	31510.10	2462686.20	68.60	16894.03	6.29	106263.43
		2008	2431176.10	34539.10	2465715.20	68.60	16914.81	6.29	106394.13
		增值	0.00	3029.00	3029.00	—	20.78	—	130.70

二、半农半牧区草场生态价值

根据上文得出的草地生态系统单位面积服务价值与 2007～2008 年甘肃省土

地详查数据（修正）中天然草场、人工草场的面积得出半农半牧区草场2007～2008 年甘南牧区生态价值总值，如表8 - 3 所示。

表8 - 3　半农半牧区草场2007～2008 年生态价值估算值

单位名称	区域	年份	天然草地/km²	人工草地/km²	总面积/km²	每公顷生态价值/美元	生态价值/万美元	汇率	生态价值/万元
卓尼县	温带半干旱区	2007	3689741.20	4082.50	3693823.70	68.60	25339.63	6.29	159386.28
		2008	3689741.20	4082.50	3693823.70	68.60	25339.63	6.29	159386.28
		增值	0.00	0.00	0.00		0.00		0.00
迭部县	温带半干旱区	2007	2088682.00	31229.40	2119911.40	68.60	14542.59	6.29	91472.90
		2008	2088516.60	31213.80	2119730.40	68.60	14541.35	6.29	91465.09
		增值	-165.40	-15.6	-181.00		-1.24		-7.81

三、甘南牧区草场生态价值总价值估算

根据草地生态系统单位面积服务价值与表8 - 2、表8 - 3 数据得出甘南牧区草场生态价值总价值，如表8 - 4、表8 - 5 所示。

表8 - 4　甘南牧区2007～2008 年草场生态价值　　　　单位：万元

一级指标	2007 年	2008 年
有机物质生产价值	782829.75	782873.19
固碳吐氧价值	91302.92	91307.80
水土保持价值	339231.80	339250.79
涵养水源价值	399639.95	399656.06
维护生物多样化价值	25986.72	260001.25
生态旅游价值	77373.98	77377.33
合计	1950365.12	1950466.42

表8 - 5　甘南牧区2008 年12 月31 日资产负债表　　　　单位：万元

资产类项目	年初数	期末数	负债及所有者权益类项目	年初数	期末数
生态资产			流动负债	52759.08	52700.73
有机物质生产	782829.75	782873.19	长期负债		
固碳吐氧	91302.92	91307.80	负债合计	52759.08	52700.73
水土保持	339231.80	339250.79	生态资本	1950365.12	1950466.42

资产类项目	年初数	期末数	负债及所有者权益类项目	年初数	期末数
涵养水源	399639.95	399656.06	已收生态资本	1950365.12	1950365.12
维护生物多样化	259986.72	260001.25	未收生态资本	0.00	101.30
生态旅游	77373.98	77377.33	未分配利润	1897606.04	1897664.39
生态资产合计	1950365.12	1950466.42			
银行存款	1950365.12	1950466.42	所有者权益合计	3847971.15	3848130.80
资产合计	3900730.23	3900831.53	负债及所有者权益合计	3900730.23	3900831.53

注：1. 本章的资产负债表只取生态资产、负债、所有者权益，而实物不在研究范围内；2. 假定上一年的生态资产已全部转为草场生态价值补偿收入；3. 银行存款等于已收生态资本，流动负债等于减少的草场面积经济价值（采用土地的机会成本法估计草原减少的经济价值，在 1985～1990 年期间牧业生产的平均收益为 245.50 元/公顷），未分配利润等于草场生态价值补偿收入减去流动负债（不考虑税负、分配利润及盈余公积）。

第三节　结论与建议

通过以上研究可以得出：甘南牧区生态价值总体上 2008 年比 2007 年有所增值，六个一级指标的价值都有所增加；而从六个县市区的具体生态价值来看，很容易发现一个严峻的现实，由于长期以来对草原资源采取掠夺式经营的方式，六个县市中只有合作市通过人工草场的扩大，才带动甘南牧区总体生态价值的增值。甘南牧区其他县市在学习合作市成功经验的同时，需要积极扩大人工草场的面积，在现有天然草场的基础上禁止超载放牧、乱开滥垦。

对于我国草原生态价值评估是一个复杂的和持久的过程，估算的方法则又是多种多样的，而且每一个生态价值的一级指标又有不同的估算方法，估算的时候人的主观性很强，到底哪种方法更适合需要进一步的探索与实践。本次对甘南牧区生态价值的估算大部分从理论方面开始，缺乏实地考察数据，筛选出来的草原的生态功能价值估算方法不能够完整地评估甘南牧区草场的生态价值，对于甘南牧区生态价值体系的建立还需要长期的探索和实践。

第 九 章

农业关键技术对功能区划的影响

甘肃省在"十一五"期间大力推行一项农业关键技术——"全膜双垄沟播"旱作农业技术。该项技术可显著减少土壤水分蒸发,将微小雨水集流渗入植物根部,并增加光照强度,增加积温,有效抑制田间杂草,减少土壤盐碱危害,大幅提高作物产量和抗旱能力。该项技术 2008 年在甘肃省的推广面积达到 290 万亩,2009 年预计推广 500 万亩,从而确保粮食增产 10 亿斤。2008 年甘肃省农业主体功能区的初步划分工作已经完成,而上述干旱区农业关键技术的创新与推广必将对农业功能区的划分工作产生重要影响,使原来的一部分"就业和生活保障"功能区转变为"农产品供给"功能区。在这一背景下,研究西部干旱区农业关键技术对主体功能区划的影响具有重要的现实意义。

第一节 农业功能区划分的基本情况

甘肃省是中华民族发展历史上最早出现农业生产的地区之一,其农耕文化具有深厚的底蕴。甘肃省受所处地理位置、自然资源及条件、社会经济发展水平的深刻影响,生态环境、人口承载力、农业生产水平等区域差异较为显著。在不同的历史发展阶段,各个农业生产单元所承担的主导功能随着社会经济的发展在不断演变。当前甘肃省社会经济发展已经进入了由工业化初期向中期过渡的新的历史阶段,农业虽然在国民经济发展中并不占主导地位,但其基础性、战略性并没有改变。按照党中央提出的"科学发展观"的要求,农业的发展需要从战略上进行区域统筹,协调人口、资源、环境之间的关系,突出区域优势,发挥主导功能,建立和谐发展的生产秩序,增加区域的可持续发展能力①。因此，必须从理论上和实践上，加强对甘肃省农业主体功能的区划研究，以使甘肃省农业的发展建立在科学、有序、高效的基础上。

一、分区的基本思路

根据国家农业区划办的统一部署和要求②③，农业功能按照其主导性可以划分为休闲农业与文化传承功能区、生态调节功能区、农产品生产供给功能区、就业和生活保障功能区四类。但这一划分并不排除多功能并存的现实，只是反映在一定时间、范围内其主体功能或趋向功能。对农业发展及其相关关联环境发展在战略上起指导作用。甘肃省农业功能区划工作即在此思路指导下展开。

二、分区的指标体系

按照既要符合全国农业功能区划技术要点，又能体现甘肃省农业发展特殊性的原则，本章从休闲和文化传承功能、生态调节功能、农产品供给功能、就业和生活保障功能四个方面选择 12 项指标，如表 9 - 1 所示。

表 9 - 1　甘肃省农业功能分区评价指标体系

功能类型	指标名称	指标测算说明	指标含义说明
休闲和文化传承功能 X1	路网密度（千米/平方千米）X11	公路总里程÷国土面积	代表道路交通状况
	园地面积占农用地面积比重（%）X12	园地面积÷农用地面积×100%	代表休闲设施状况
	周边 100 千米内人均年收入的调整值（元）X13	人均年收入×与城市距离调整系数	代表休闲消费能力
生态调节功能 X2	林草地占农用地面积比重（%）X21	林草地面积÷农用地面积×100%	代表农业用地状况
	湿地面积占土地面积比重（%）X22	湿地面积国土面积×100%	代表天然生态资源状况

---

① 康绍忠等．关于西北旱区农业与生态节水基本理论和关键技术研究领域若干问题的思考［J］．中国科学基金，2002（5）：274 - 277．

② 刘军萍等．北京农业功能区划研究．中国农业资源与区划，2006（5）：49 - 54．

③ 罗其友等．我国东北地区农业功能区划研究［J］．农业现代化研究，2005（6）：407 - 412．

功能类型	指标名称	指标测算说明	指标含义说明
生态调节功能 X2	生态优势度 X23	有自然保护区赋值"1",没有赋值"0"	代表生态资源保护状况
农产品供给功能 X3	乡村人口人均耕地面积(公顷/人)X31	耕地总面积÷乡村人口数	代表农业生产资源条件
	总人口人均粮食产量(公斤/人)X32	粮食总产量÷乡村人口数	代表农业生产技术条件①
	农业收入占农村总收入比重(%)X33	农业收入÷农村总收入×100%	代表农业产业发展比重
就业和生活保障功能 X4	农业劳动力占乡村总劳动力比重(%)X41	农业劳动力÷乡村总劳动力×100%	代表农村劳动力就业结构
	农民人均纯收入(元)X42	直接由《甘肃省农村年鉴》查得	代表农民生活水平
	劳均农业总产值(元)X43	农业总产值÷农业劳动力	代表农业发展水平

注:甘肃省农业功能分区指标体系,除"生态优势度"和"农民人均纯收入"两项外,其余10项指标均为相对指标,能够较好地概括甘肃省农业发展状况。其中"生态优势度"指标体现了甘肃省农业功能分区的特殊思路,即甘肃省生态环境脆弱,必须对有自然保护区的县区优先发展生态调节功能。

三、分区的基本方法

甘肃省农业功能区划分中体现了地域差异原则、主导因素与综合分析相结合原则、定性分析与定量分析相结合原则和多级续分原则。在分区过程中同时参考了主体功能区规划、农业综合区划、经济区划、土地利用区划、生态区划等已有成果。

---

① 考虑到其他林、果等经济作物种植价值与粮食种植价值难以直接比较,且价值测算不稳定,所以仅以粮食产量代表农业生产技术条件。

甘肃省生态环境脆弱，农业生产自然资源组合协调程度差，自然灾害频发，限制因素多，农业发展水平低，在农业多功能因素差异分析中，部分县域的指标差异不够显著。利用其他省区（如福建省）使用的因子分析和聚类分析方法，分区结果不够理想。在比较多种分析方法后，最终选定采用主成分分析结合逐步分类方法，使用 SPSS15 实现（如图 9-1 所示）。

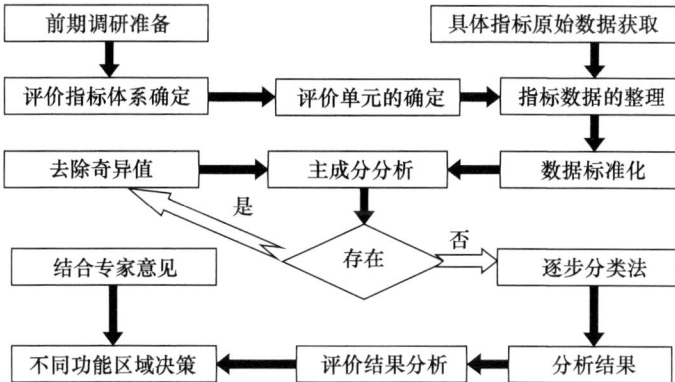

图 9-1 甘肃省农业功能区划分的基本方法

第二节 "全膜双垄沟播"技术的影响

按照甘肃省农业功能区划的思路和方法，对甘肃省"全膜双垄沟播"技术推广前后的农业主体功能区划情况进行测算，结果如图 9-2 所示。根据测算，甘肃省在"全膜双垄沟播"旱作农业技术推广之后，其承担农产品供给功能的县区较之推广前增加了 11 个，原本农业生产条件较差的陇中干旱县区，具备了从事特色农业产业发展的条件。按照甘肃省 2005～2010 年重点农业产业发展规划，该地区将成为马铃薯产业的重点发展区域。即以定西等中部黄土高原丘陵沟壑为主建立高淀粉、菜用型马铃薯生产基地 450 万亩，力争亩产 1.5 万吨，总产量 675 万吨。

休闲与文化传承功能区	生态调节功能区
1.兰州文化 休闲功能区： 　城关、安宁、西固、七里河、红古 **2.酒(酒泉)-嘉(嘉峪关)休闲功能区：** 　嘉峪关、肃州 **3.平凉休闲功能区：** 　崆峒、泾川 **4.临夏休闲功能区：** 　临夏市	**1.陇中生态调节功能区：** 　麦积、清水、武山、临洮、漳县、岷县、临夏县、康乐、永靖、广河、和政、东乡、积石山 **2.陇南生态调节功能区：** 　武都、康县、文县、西和、礼县、两当、徽县、成县、宕昌 **3.河西生态调节功能区：** 　民勤、天祝、肃南、瓜州、肃北、阿克塞、敦煌 **4.甘南生态调节功能区：** 　合作、临潭、卓尼、舟曲、迭部、玛曲、碌曲、夏河

农产品供给功能区	就业和生活保障功能区
1.河西农产品供给功能区： 　金塔、临泽、高台、民乐、金川、永昌、凉州、古浪、甘州、山丹、玉门 **2. 陇中农产品供给功能区：** 　靖远*、会宁*、景泰*、安定*、静宁*、庄浪*、通渭*、陇西*、渭源*、秦安*、甘谷*	**1.陇中就业和生活保障功能区：** 　靖远*、会宁*、景泰*、安定*、静宁*、庄浪*、通渭*、陇西*、渭源*、秦安*、甘谷*　　　永登、皋兰、榆中、白银、平川、秦州、张家川 **2.陇东就业和生活保障功能区：** 崇信、华亭、西峰、庆城、环县、华池、合水、灵台、镇原、正宁、宁县

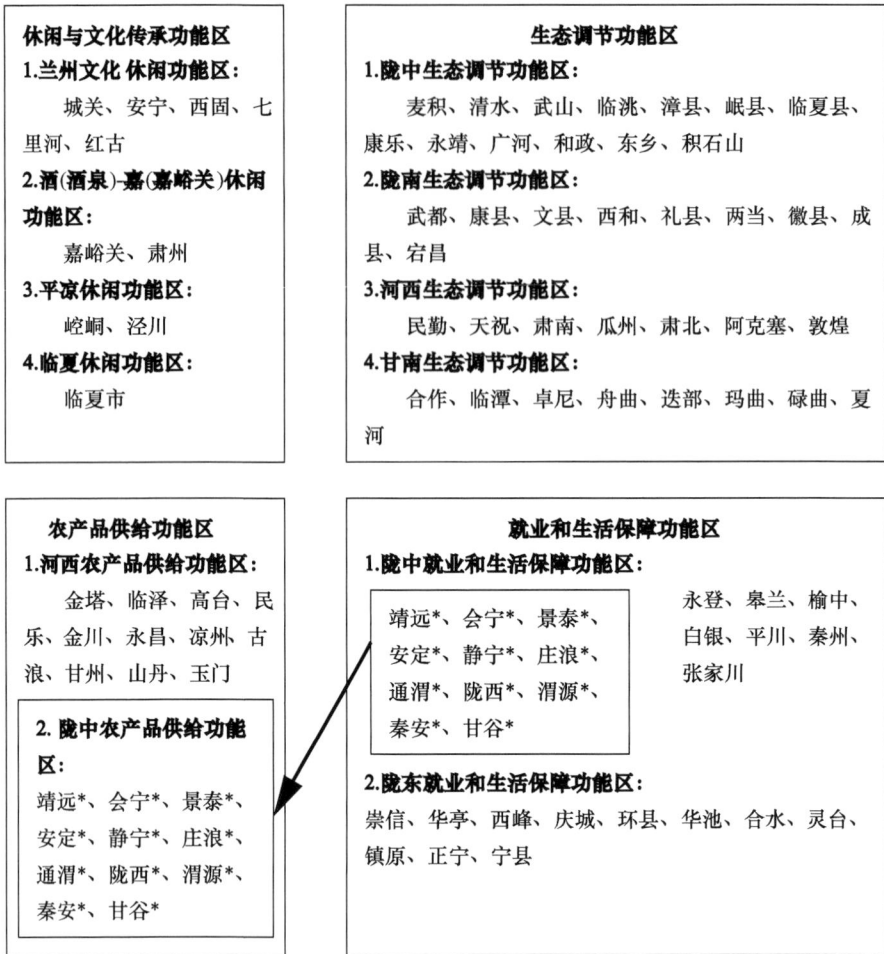

图 9-2　"全膜双垄沟播"技术推广前后的农业功能区划变动情况

注：图中箭头表示"全膜双垄沟播"技术推广后，11 个原来属于就业和生活保障功能区的县区（加"＊"），变为承担农产品供给功能的县区。

第三节　结论与建议

　　农业功能区划工作应当以现阶段农业发展的基本态势为基础，以未来五年农业主导功能建设与发展为目标，依据农业功能区内的资源条件、农业技术变革、农业发展趋势、人口资源环境的关系逐步拓展区域的功能，实施农业主导功能的分区。通过分区进一步明确各区域的发展方向、合理调整生产结构、优化资源配置、改善生态环境、集成区域内主导功能发展要素，突出重点，逐步拓展其余功能，制定支持主体功能发展的对策措施，改善和增强区域居民福祉，增强区域和谐发展能力，实现区域的可持续发展。初步建立起功能明确、结构合理、环境和谐、人地协调的功能区域。同时，考虑到未来 10 ~ 15 年内可能的农业资源改变和总体经济社会发展趋势，应有预见性地提出相应的规划体系，进一步强化和协调主体功能，增强产业发展能力和提高可持续发展水平。"全膜双垄沟播"等干旱区农业关键技术的推广和应用，将使未来 10 ~ 15 年，甘肃省各农业主体功能区在目前的基础上有一个质的飞跃，即进一步体现出"以生态调节功能区为主体，以休闲和文化传承功能区为重点，以农产品生产功能区为特质，以就业和生活保障功能区为补充"的分布格局，从而有计划、分步骤地减少单一型就业和生活保障功能区数量，使之向其他三类功能区转化。在现有功能区分布格局的基础上，逐步实现功能区的综合功能化、布局连续化和产业发展集中化的新格局（如图 9 - 3 所示）。

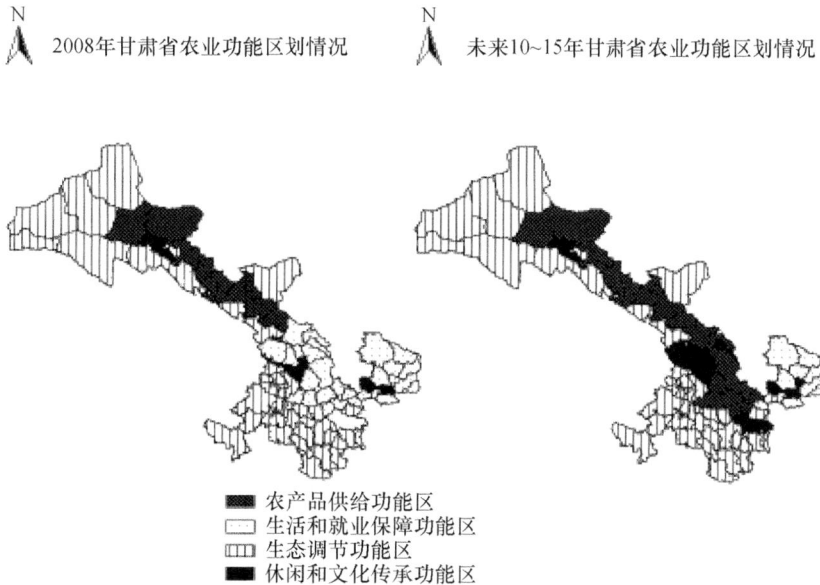

图 9 - 3　甘肃省农业功能区划新格局

第十章

农业综合资源优化的减贫效应

各地区的资源条件差别明显，同样的宏观经济政策对于减贫的效应也必然存在较大差异。要消除贫困地区经济增长与减贫的非均衡性，不应只依靠将农村劳动力向二、三产业转移。由于农村贫困人口从事第一产业在短期内仍然具有比较优势，所以还应当把农业产业结构调整、农村基础设施建设和农民基本生活条件改善作为减贫的主要思路。本章以甘肃省贫困县（区）为例，进行了实证研究。

第一节　问题提出

自我国西部地区有组织地开展扶贫工作以来，农村贫困人口快速减少，成就有目共睹。但是，随着脱贫人口数量的逐年减少和扶贫投入的不断加大，扶贫成本也越来越高，尤其是近年还一度出现农村绝对贫困人口总量不降反升的现象。回顾我国西部农村反贫困历程，一个十分显著的特点就是将扶贫目标定位于区域性反贫困，并以县级行政区作为反贫困的基本单位。这一举措，在大面积"普贫"的背景下，确实能够提高扶贫效率、减少扶贫成本，但随着我国农村扶贫工作的深入开展，贫困人口逐渐呈现出"点"状分布的特点，贫困地区的经济增长与减贫的非均衡性问题日益突出。

目前，各省区的发展战略重点主要集中于二、三产业。这些战略举措的确推动了区域总体的经济增长，但同时也缺乏对于极度贫困地区的瞄准性。由于西部贫困地区普遍市场化程度低，且存在较明显的市场失灵，收入来源主要以农业生产为主，所以集中于二、三产业的宏观经济增长战略对于贫困地区的减贫效应可能不大。此外，各地区的资源条件差别明显，同样的宏观经济政策对于减贫的效应也必然存在较大差异。

在这一背景下，本章试图说明虽然贫困地区的劳动人口能够逐步转移到二、三产业中，但仍然要大力推动各地区开展农业综合资源优化，以农业产业结构调整、农村基础设施建设和农民基本生活条件改善作为减贫的主要思路，进而产生解决上述非均衡性问题的持久效应。

第二节　相关理论回顾

对贫困问题研究，可以划分为两个层面：一种是从微观层面研究个体（个人或者家庭）的基本需要，来考察贫困发生的原因以及如何摆脱这种贫困状况的理论，可称为微观层面的个体贫困理论，如"贫困功能理论"、"个体缺陷贫困理论"以及阿玛蒂亚·森的"能力贫困理论"等；另一种是从宏观层面，研究一个国家整体贫困发生的原因以及如何打破"贫困陷阱"，实现国家的工业化和现代化的理论，可称为宏观层面的发展战略贫困理论，这一理论发展经历了结构主义贫困理论、新古典主义贫困理论和激进主义贫困理论。上述理论界定了贫困的含义、剖析了贫困的成因，提出了反贫困政策，并在反贫困政策模式上形成了政府干预理论、自由市场理论以及多元治理理论等。

对于经济增长与贫困的关系的研究大体可以分为两种观点：一种观点认为经济增长能够使所有人都受益，因而能够绝对地减少贫困（Deininger et al.，1998[1]；Ahluwalia et al.，1979[2]；Bhalla，2001[3]）。另一种观点则认为经济增长对贫困的影响具有不确定性，如果经济增长带来的利益不能使所有人都平等受益时，部分群体的贫困化会进一步加剧（Adelman et al.，1973[4]；魏众等，1998[5]；

[1] Deininger, Klausa and Lyn Squire. New Ways of Looking at Old Issues: Inequality and Growth [J]. Journal of Development Economics, 1998 (2): 257-285.

[2] Ahluwalia, M., Carter, N. and Chenery, H. Growth and Poverty in Developing Countries [J]. Journal of Development Economics, 1979 (6): 299-341.

[3] Bhalla, Surjit. Imagine there is No Country: Globalization and Its Consequences for Poverty [M]. Washton D. C.: Institute of International Economics, 2001.

[4] Adelman, Irma and Cynthia T. Morris. Economia Growth and Social Equity in Developing Countries [M]. Stanford: Stanford University Press, 1973.

[5] 魏众, B. 古斯塔夫森: 中国转型时期的贫困变动分析 [J]. 经济研究, 1998 (11): 610-669.

胡鞍钢等，2006①；万广华等，2006②；张全红等，2007③）。这类观点源于库兹涅茨倒"U"形假说，即"在从前工业文明向工业文明极为快速转变的经济增长早期，不平等扩大，一个时期变得稳定；后期不平等缩小"（Kuznets，1955）④。

库兹涅茨倒"U"形假说成立需要满足三个隐含基本前提条件：其一，经济是否具有较高的自由度；其二，政府是否有效地干预经济；其三，经济增长是否仍处于一个长波周期之内（李石新等，2008）⑤。即只有在实行自由市场经济体制的国家或地区，政府适时实施有效宏观干预政策，有较长经济调整时间的基础上，该假说才能成立。否则，对于任何不满足上述三个条件的情况都将会形成不同的理论观点。而西部贫困地区大多以"农本经济"或"粮食经济"为主，农业产业化程度低，农村二、三产业比重低，传统产业、传统产品不适应市场需求，缺乏竞争力，经济效益差，增收途径少、难度大。多数贫困地区资源贫乏，人口自然增长率居高不下，人地矛盾越来越突出，人口的科技文化水平低，就业机会少，剩余劳动力多，劳动生产率难以提高。即自然资源约束型贫困、资金约束型贫困、知识约束型贫困是主要类型（张保民，1997）⑥。关于影响农业经济增长的因素的研究文献主要集中于九个方面：制度结构、财政支出、科技进步、对外贸易、金融信贷、农业机械化、农业结构、人力资本、农业信息化（McMillan et al.，1989⑦；林毅夫，1994⑧；李焕彰等，2004⑨；黄少安等，2005⑩；乔榛等，2006⑪）。

综合上述学者的研究成果，经济增长的减贫效应在一定程度上受到民族、文

① 胡鞍钢，胡琳琳，常志霄. 中国经济增长与减少贫困（1978～2004）［J］. 清华大学学报（哲学社会科学版），2006（5）：107－117.

② 万广华，张茵. 收入增长与不平等对我国贫困的影响［J］. 经济研究，2006（6）：113－124.

③ 张全红，张建华. 中国的经济增长、收入不平等与贫困的变动：1981～2001［J］. 经济科学，2007（4）：17－26.

④ Kuznets，Simon. Economic Growth and Income Inequality［J］. American Economic Review，1955（1）：1－28.

⑤ 李石新，奉湘梅，郭丹. 经济增长的贫困变动效应：文献综述［J］. 当代经济研究，2008（2）：36－40.

⑥ 张保民. 资源流动与缓贫［M］. 太原：山西人民出版社，1997.

⑦ McMillan J，Whalley J，Zhu L. The Impact of China's Economic Reforms on Agricultural Productivity Growth［J］. Journal of Political Economy，1989（97）：781－807.

⑧ 林毅夫. 制度、技术与中国农业发展［M］. 上海：上海三联书店，1994.

⑨ 李焕彰，钱忠好. 财政支农政策与中国农业增长：因果与结构分析［J］. 中国农村经济，2004（8）：38－43.

⑩ 黄少安，孙圣民，宫明波. 中国土地产权制度对农业经济增长的影响——对1949～1978年中国大陆农业生产效率的实证分析［J］. 中国社会科学，2005（5）：38－47.

⑪ 乔榛，焦方义，李楠. 中国农村经济制度变迁与农业增长［J］. 经济研究，2006（7）：73－82.

化、地理、历史原因等方面的深刻影响。但是，由农业经济增长直接获取减贫效应已为学者所共识①。在二、三产业减贫效应有限的情况下，贫困人口从事农业生产活动更具有比较优势。

第三节　实证分析

甘肃省是扶贫大省，有43个国扶贫困县、22个有重点乡村的非重点县，3个"三西县"。2008年底的贫困人口（1196元以下）有442.4万人②。本节以甘肃省贫困县（区）为例分别从"特色优势农产品产业化"、"农村家庭综合收益的变化趋势"和"魏岭乡小山口村的减贫实践"三个视角，对利用农业综合资源优化减贫的效应进行实证分析。

一、特色优势农产品产业化的减贫效应

特色优势农产品产业化是一项以特色开发为中心的系统工程，是生产力发展的必然结果，其本质特征是以市场机制组织农产品的生产、加工和销售，使三者之间由原来单纯的买卖关系变为以利益为纽带、以合作为方式结成的利益共同体。这不仅可以最大限度地发挥区域资源的优势，保障产品的产量与品质，更重要的是将产业链条中的各个环节有效地组织起来，开展与同类产品的竞争，以创造更大的经济、社会效益。

甘肃省目前已有八种特色优势农产品在产业化过程中初具规模。以中药材为例，甘肃省是全国药材主要产区之一，传统大宗道地中药材种类有当归、党参、黄（红）芪、甘草、大黄、丹参、赤芍、升麻、柴胡、地骨皮、茵陈等，其中地产当归、党参、板草蓝根、大黄和干草等品种产量占全国的比例分别约为95%、75%、65%、50%和25%，是甘肃省最具优势的中药材品种③。其中岷县、陇西县、渭源县分别被中国农学会命名为"中国当归之乡"、"中国黄芪之乡"、"中国党参之乡"；西和县被称为"中国半夏之乡"；礼县铨水村素有"大黄之乡"之称。已初步形成了陇南山地亚热带、暖湿带栽培区、陇中陇东黄土高原温带半干旱栽培区、青藏高原东部高寒阴湿栽培区、河西走廊温带荒漠栽培区

---

① 曾松亭. 贫困地区农村公共产品的需求特征研究［J］. 中国农业资源与区划，2006（3）：51－53.

② 资料来源：甘肃省扶贫办提供。

③ 资料来源：甘肃省农牧厅2008年度调研成果汇编。

的布局结构。比较甘肃省的中药材主产区和扶贫重点地区分布（见图 10 - 1），在中药材种植方面享有较高声誉的岷县、陇西县、渭源县、西和县、礼县等区县均属于甘肃省 43 个"国扶贫困县"之列。

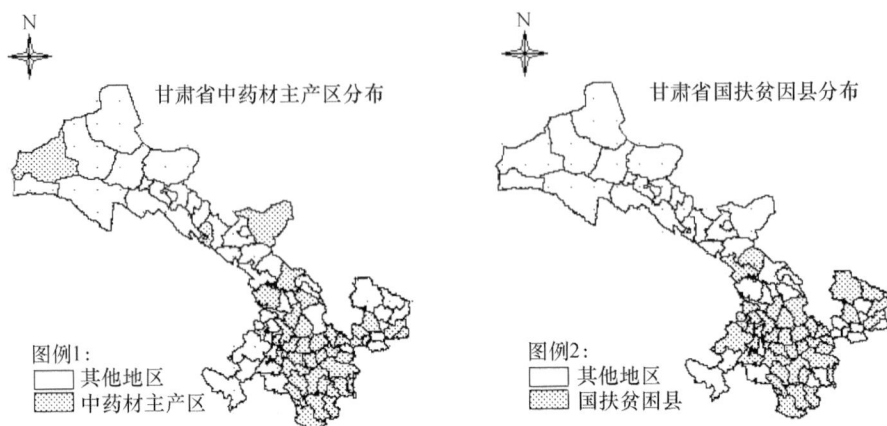

图 10 - 1　甘肃省中药材主产区与国扶贫困县分布比较①

资源来源：由《2008 年甘肃统计年鉴》和《甘肃省"十五"期间扶贫开发资料汇编》整理得到。

实际上，在甘肃省的其他特色农产品主产区，如马铃薯、高原夏菜等主产区也存在着类似情况。这种现象一方面说明甘肃省的特色农业产业尚未做大做强，农民对产业发展繁荣的分享有限②。但从本书的研究视角来看，也恰好能够说明贫困地区同样具备农业产业优化升级和结构调整的条件③。

二、家庭收益因素的变化趋势

采用的截面数据来源于 2004 年甘肃省贫困人口建档立卡行政村的监测数据汇总。总体回归模型为：

$$Allincome = \alpha Outincome + \beta Grainincome + \gamma Train + \delta X + \varphi Y + \varepsilon \qquad (10 - 1)$$

式中，Allincome 是被解释变量，表示行政村人均纯收入。贫困人口的划分标准是依据人均纯收入，这一变量同样也能够反映家庭收益。Outincome 表示人均外出打工收入，Grainincome 表示人均粮食种植收入，Train 表示科技培训人口比重。

---

①　甘肃省农业主产区的划分，以 2007 年种植面积大于 1 万亩的县区为标准。

②　贫困地区农村加快改革发展的几点思考——以甘肃中部地区为例 [J]. 中国农业资源与区划，2009（3）：68 - 72.

③　当然对于生态极端恶劣的地区，只能通过移民搬迁解决贫困问题。

X 代表一组产业结构优化变量，包括 Cropsincome 表示人均经济作物收入，Cultincome 表示人均养殖业收入。

Y 代表一组农业基础条件和生活水平变量，包括 Water 表示解决人畜饮水的村比重，Road 表示能通行农用车的村比重，School 表示 2.5 千米内有小学的村比重，Hospital 表示有医疗卫生点的村比重。

考虑到要体现分工水平，进一步选择了外出劳动力人数占全部劳动力总数比重介于 30% ~ 45%①的县级行政区作为样本来源。表 10 − 1 反映了各变量的基本情况。

表 10 − 1　各变量的描述统计特征

变量名称	极大值	极小值	均值	标准差	样本数
Allincome	3601.00	715.00	1564.7417	664.44825	30
Outincome	750.00	150.00	407.2987	158.69594	30
Train（%）	96.97	1.36	11.5220	18.82068	30
Grainincome	909.00	200.50	476.6850	186.90767	30
Cropsincome	2560.00	87.43	356.7957	463.13450	30
Cultincome	2450.00	85.00	326.2470	445.99521	30
Water（%）	100.00	0.95	61.0176	27.23935	30
Road（%）	100.00	1.42	76.7919	28.80122	30
School（%）	100.00	2.37	79.4387	28.60105	30
Hospital（%）	100.00	0.47	67.2353	30.47956	30

表 10 − 2 为回归分析结果。模型 1 表示只考虑外出打工收入时，人均外出打工收入与人均纯收入存在正相关关系，回归系数为 1.310，通过 5% 的显著性检验。

表 10 − 2　回归分析的主要结果

	模型 1	模型 2	模型 3	模型 4	模型 5
Outincome	1.310**	1.063**	0.405	0.378	0.358
	(1.967)	(1.697)	(0.775)	(0.793)	(0.715)
Grainincome		1.332***	1.161***	0.959***	0.934***
		(2.466)	(2.915)	(2.580)	(2.427)

———————

① 统计分析中发现：外出打工比例小于 30%，则人均纯收入主要体现为从事种植业收入；外出打工比例大于 45%，则人均纯收入主要体现为外出打工收入。所以为了表现家庭成员的分工情况，选择了外出打工人数占全部劳动人口比例在 30% ~ 45% 之间的县级行政区。

续表

	模型 1	模型 2	模型 3	模型 4	模型 5
Cropsincome			0.507 * (1.203)	1.189 *** (2.555)	1.234 *** (2.536)
Cultincome			0.467 * (1.003)	0.441 * (1.037)	0.363 (0.815)
Train（%）				−18.77 *** (−2.609)	−20.094 *** (−2.640)
Water（%）					0.258 (0.149)
Road（%）					−2.210 (−0.654)
School（%）					1.155 (0.345)
Hospital（%）					0.343 (0.032)
B	1008.752 *** (3.479)	486.660 * (1.421)	506.248 ** (1.825)	590.761 ** (2.315)	790.071 *** (2.578)
Adj. R^2	0.080	0.206	0.586	0.655	0.642
F Value	3.867 **	5.281 ***	12.682 ***	13.537 ***	7.575 ***

注：***、**和*分别表示在1%、5%和10%的显著性水平，括号中的数字为双尾检验的 t 值。

模型 2 表示加入人均种植业后，人均粮食种植收入与人均纯收入正相关，回归系数为 1.332，通过 1%的显著性检验；人均外出打工收入仍然与人均纯收入正相关，但回归系数下降为 1.063，通过 5%的显著性检验。说明人均外出打工收入对人均纯收入的一部分贡献被人均粮食种植收入所替代，但大体上二者的贡献还是相当的，相差只有 0.269。

模型 3 表示加入代表产业调整的变量后的情况。这时，人均外出打工收入对人均纯收入的贡献有很大的下降，且已经不再显著；人均粮食收入对人均纯收入的贡献仍然显著，回归系数下降为 1.161；代表产业调整的变量对人均纯收入的贡献通过 10%的显著性检验，回归系数分别为 0.507 和 0.467。经过产业调整，这时外出打工已没有优势，所以可能出现家庭中夫妻双方都留守的决策结果。

模型 4 表示加入科技培训变量后的情况。这时，人均外出打工收入对人均纯收入的贡献有进一步下降，且不显著。人均粮食收入对人均纯收入的贡献仍然显著，但是下降到第二位，回归系数为 0.959；人均经济作物收入对人均纯收入的贡献上升到第一位，回归系数为 1.189，显著性水平也明显提高，说明科技培训的收益主要反映在经济作物种植上；养殖业收入对人均纯收入影响的变化不大。

值得注意的是，科技培训对人均纯收入有较大的负相关关系，回归系数为 -18.77，且通过 1% 的显著性检验。这可以解释中国当前政府主导下的科技培训机制，即经济发展越落后的地区，可能获得的科技培训机会也就越多。

模型 5 表示加入代表农业基础条件和生活水平的一组变量后的情况。虽然农业基础条件和生活水平的变量与人均纯收入不存在线性关系，没有通过显著性检验，但是人均粮食收入和人均经济作物收入的回归系数都有所上升；至于人均养殖业收入贡献不再显著，可以解释为由甘肃省农业产业的发展方向引起的，种植业比养殖业更具有产业发展优势。这个模型也进一步明确了农业基础条件和农民生活水平的改善应当作为扶贫的重要内容。

三、魏岭乡小山口村的减贫实践

兰州南部山区常年干旱少雨，农业生产条件差，生活着 1.2 万名贫困农民，其中有 2000 多名特别贫困农民。处于这一地区的魏岭乡，农民经济收入主要依靠传统的煤矿开采。随着煤矿煤炭资源日趋枯竭，部分煤矿面临关停局面，极大地影响当地农户经济收入和生活水平。魏岭乡因地处采煤沉陷区，近年来地基不断下沉，多数住宅变成危房，部分耕地因沉陷不能耕种，生态环境不断恶化，1570 户群众赖以生存的基本条件不复存在，生产生活举步维艰。当地男性农民主要在乡镇煤矿小企业工作，农业生产主要由留守妇女完成，具有典型的农业女性化特征。该乡 2009 年男性外出劳动力 1350 人，留守妇女劳动力达 3305 人。留守妇女的年龄和文化结构如表 10-3 所示。

表 10-3　魏岭乡女性劳动力的年龄和文化结构情况

	16~30 岁		30~50 岁		50 岁以上	
年龄	991 人 （29.98%）		1542 人 （46.66%）		772 人 （23.36%）	
	文盲、半文盲	小学文化程度		初中文化程度		高中文化程度
文化程度	137 人 （4.15%）	794 人 （24.02%）		1797 人 （54.37%）		577 人 （17.46%）

考虑到魏岭乡有马铃薯、百合等特色经济作物，2007 年，该乡小山口村被列为农村建设试点村，投入 939.37 万元分别于 2007 年、2008 年各建成日光温室 100 亩；投入 120.3 万元完成自来水入户工程，解决了全村人畜饮水问题；投入 148.6 万元硬化村级主干道 3 条 2500 米、小街巷 12 条 2000 米；投入 76 万元，

建成了文化活动中心及灯光文体广场、寓教于乐的文化长廊、图书阅览室、老年活动中心；成立了老年基金会，为失去劳动能力的老年人每月发放 40～50 元补助金；成立了村卫生所和幼儿园；对留守妇女科技培训 5 期共 300 人次。目前，这种综合性的就业导向措施已初见效应，2009 年大棚收益 360 万元，销售数量 160 吨，实际利润率 260 万元。

第四节　结论与政策建议

　　本章以甘肃省贫困县（区）为例的分析得出以下结论：第一，虽然大量的研究认为西部贫困地区生态环境极其恶劣，但对于特色优势农产品产业化的减贫效应分析表明，相当数量的贫困地区可能存在特色优势农产品产业化发展的条件。第二，农村家庭综合收益的变化趋势表明，一旦形成有利的农业产业结构调整，人均外出打工收入对人均纯收入的贡献立刻下降，说明贫困地区的农业劳动力就业的比较优势仍然体现在农业方面；如果能够进一步改善科技培训、农村基础条件和农民生活水平等条件，人均外出打工收入对人均纯收入的影响就不再显著。这一结果可以解释为由于外出打工人员本身的知识、技能水平不高，如果考虑非经济因素，家庭分工后的总体收益不一定会提高，这也是为什么大量研究认为留守妇女的地位和福利下降的原因。只有有利的农业产业发展和农村生活条件形成后，才能使减贫变被动为主动，获得贫困人口就业的比较优势。第三，魏岭乡小山口村的减贫实践同样说明，有利的农业产业发展和农村生活条件本身就是增加贫困地区的非经济性收益，从而获得地位的提高和福利的改善的因素。

　　贫困地区经济增长与减贫的非均衡性产生于四个原因[①]：一是贫困地区的劳动力素质不高或缺乏流动性，不能分享经济繁荣的好处；二是人民生活水平的普遍提高使得贫困线也随之提高，一部分潜在贫困人口成为现实贫困人口；三是一些地区迁入贫困移民以后，人均纯收入下降，成为新的贫困地区；四是受传统观念和习惯的影响，一部分贫困人口缺乏自主脱贫的主动性，脱贫后又重新返贫。本章的研究有助于进一步形成一致性的减贫思路：即使贫困地区的劳动人口能够在短时期内转移到第二、三产业，或从事与区域发展战略相适应的工作，对于解决经济增长与减贫的非均衡性问题所起的作用仍然有限。当前，应当把农业产业结构调整、农村基础设施建设和农民基本生活条件改善作为减贫的主要思路。

---

　　① 张平，祁永安. 经济增长与西部少数民族贫困——基于甘肃省的实证研究［J］. 人口与经济，2009（4）：53－58.

参考文献

［1］甘肃省加强林业建设，森林覆盖率增加［BE/OL］．大公网，http：//finance. takungpao. com/hgjj/q/2014/0304/2321342. html.

［2］高云，谢莉．可持续发展视阈下的甘肃省农业水资源利用［J］．甘肃省科技，2008，24（23）：1-3.

［3］刘德祥等．气候变暖对甘肃省农业的影响［J］．地理科学进展，2005，24（2）：49-58.

［4］中国农村水利网，http：//ncsl. mwr. gov. cn.

［5］吕迎春．加强农业科技创新，支持甘肃省现代农业发展［J］．农业科技管理，2010，29（3）：36-38.

［6］曾家洪．新形势下我国农村剩余劳动力转移的有效途径分析［J］．中国农村经济，2007（7）：18-20.

［7］牛叔文．实现农村劳动力有序转移的途径与对策［A］．甘肃省发改委．甘肃省"十一五"规划前期重大课题研究报告［M］．兰州：甘肃省人民出版社，2006.

［8］赵春.2008年甘肃省国民经济和社会发展报告［M］．兰州：甘肃省人民出版社，2008.

［9］甘肃省人民政府工作报告［R］.2011.

［10］凤凰网，http：//news. ifeng. com/gundong/detail _ 2012 _ 06/13/15252970_ 0. shtml.

［11］祁永安，张平．区域产业发展论——以甘肃省为例的理论与实证研究［M］．北京：经济管理出版社，2011.

［12］十八大关于农业的学习材料［BE/OL］．大秘书网，http：//www. damishu. cn/article.

［13］魏胜文．甘肃省现代农业发展的阶段特征及功能定位［J］．甘肃省社会科学，2009（11）：139-142.

［14］王生林，赵莉，马丁丑．甘肃省现代农业发展水平的测评与分析［J］．湖南农业科学，2009（11）：161－164.

［15］刘养卉，龚大鑫，窦学诚．甘肃省各地区现代农业发展水平聚类分析［J］．中国农业资源与区划，2010（4）：41－44.

［16］全国农业区划委员会．中国农业农业资源与区划要览［M］．北京：测绘出版社，工商出版社，1987.

［17］全国农业区划委员会，中国农业自然资源和农业区划［M］．北京：农业出版社，1991.

［18］"甘肃省特色"农业五彩缤纷．中国会计报，2010－04－03.

［19］甘肃省农牧厅．独特资源优势造就甘肃省特色产业发展．农民日报，2008－10－16.

［20］武文斌．特色优势产业担当增收"桥头堡"．甘肃省日报，2008－07－01.

［21］甘肃省特色产业优势突出，去年促农增收效益显著．甘肃省日报，2010－01－21.

［22］段小红，王化俊，耿小娟．甘肃省粮食生产波动的影响因素与对策．农业现代化，2009（5）：26－29.

［23］甘肃省确保粮食产量每年稳定在1100万吨［BE/OL］．新华网甘肃省频道，http：//www.gs.xinhuanet.com/news，2013－02－13.

［24］甘肃省农牧厅．关于进一步加快发展马铃薯产业的意见．2008，5.

［25］甘肃省：着力做大做强草食畜牧业．甘肃省日报，2012－09－17.

［26］甘肃省中药材种植面积居全国第一．中国中医药报，2012－08－17.

［27］制种业优势趋显：种子产业成为甘肃省农业发展新的增长点［BE/OL］．新华网甘肃省频道，http：//www.gs.xinhuanet.com/news，2010－02－06.

［28］杨祁峰．2010年甘肃省果品产业现状与发展思路［BE/OL］．中国苹果科技网（技术简报），http：//kjtg.nwsuaf.edu.cn/apple/2011－07－30.

［29］王朝霞．甘肃省蔬菜产业成为农业发展突出亮点．甘肃省日报，2013－01－15.

［30］祁永安等．甘肃省特色优势农产品产业发展战略研究［R］．甘肃省农牧厅，2010.

［31］唐华俊，罗其友．基于比较优势的种植业区域结构调整［J］．中国农业资源与区划，2001（10）：37－41.

［32］张华，王道龙，屈宝香，周旭英．我国主要粮食品种区域比较优势研究［J］．中国农业资源与区划，2004（4）：16－20.

［33］胡建，李维军，杨香合，王亮．河北省农产品比较优势评价研究［J］．

中国市场，2008，36（9）：116 –117.

［34］梁山．河北省区域特色农产品的比较优势分析［J］．农业技术经济，2008（11）：93 –96.

［35］李旭霖，陈国玉．莱阳市农产品比较优势及区域布局分析［J］．青岛农业大学学报（社会科学版），2008（3）：46 –47，75.

［36］宋光钧．皖西地区农产品比较优势分析［J］．特区经济，2008（2）：180 –182.

［37］李瑾，秦向阳．基于比较优势理论的我国畜牧业区域结构调控研究［J］．农业现代化研究，2009（1）：8 –12.

［38］李文，吴文欣，王桂霞．东北地区肉类产品比较优势与专业化生产分析［J］．中国畜牧杂志，2009（3）：14 –16，18.

［39］王莉惠，王克林．泛珠三角区域经济合作中湖南农产品比较优势研究［J］．农业系统科学与综合研究，2007（2）：126 –130.

［40］王三运．甘肃省省委藏区工作会议上的讲话.2013 –07 –31.

［41］2012 年甘南藏族自治州国民经济和社会发展统计公报.

［42］周灿芳，傅晨．我国特色农业研究进展［J］．广东农业科学，2008（9）：159 –163.

［43］李文庆，张东祥．西北民族地区特色农业与生态可持续发展探析［J］．宁夏社会科学，2009（11）：74 –76.

［44］郭建宇．农业产业化研究的国际比较：一个文献综述［J］．生产力研究，2007（8）：150 –152.

［45］谭静．农业产业化研究进展综述［J］．中国农村经济，1996（10）：34 –40.

［46］戴孝悌．新世纪以来我国农业产业发展理论研究述评［J］．黑龙江农业科学，2011（12）：134 –138.

［47］余文权等．农业产业链理论与实践研究进展［J］．亚热带农业研究，2011（11）：63 –69.

［48］赵绪福．农业产业链优化的内涵、途径和原则［J］．中南民族大学学报（社会科学版），2006（11）：121 –123.

［49］张仲威．农业区划空间发展战略研究［J］．中国农业资源与区划，2008（12）：50 –52.

［50］康绍忠，许迪，李万红，等．关于西北旱区农业与生态节水基本理论和关键技术研究领域若干问题的思考［J］．中国科学基金，2002（5）：20 –24.

［51］祁永安，张平．甘肃省省农业功能区划研究报告［R］．西北民族大

学，2009.

[52] 王宗明，梁银丽. 植被净第一性生产力模型研究进展 [J]. 干旱地区农业研究，2002（2）：104－107.

[53] 袁晓兰，刘富刚，孙振峰. 德城区区域承载力的状态空间法研究 [J]. 德州学院学报，2005（4）：50－54.

[54] 谢宏宇，叶慧珊. 中国主要农产品全球平均产量的更新计算 [J]. 广州大学学报（自然科学版），2008（1）：80－84.

[55] 刘某承，李文华，谢高地. 基于净初级生产力的中国生态足迹产量因子测算 [J]. 生态学杂志，2010（3）：182－187.

[56] 张长江，温作民. 森林生态会计研究述评与展望 [J]. 财会通讯，2009（30）：8－10.

[57] 乔玉洋. 森林生态价值会计核算与新会计准则的衔接 [J]. 世界林业研究，2009（5）：9－12.

[58] 温作民，曾华锋，乔玉洋，王妹，李登明. 森林生态会计核算研究 [J]. 绿色财会，2011（5）：58－65.

[59] 耿建新，曹光亮. 论生态会计概念 [J]. 财会月刊，2007（4）：8－14.

[60] 尹剑慧，卢欣石. 草原生态服务价值核算体系构建研究 [J]. 草地学报，2009（2）：174－180.

[61] 康文星. 森林生态系统服务功能价值评估方法研究综述 [J]. 中南林学院学报，2005（6）：128－131.

[62] 张亚连，张卫枚. 生态会计探微 [J]. 财会通讯，2011（4）：78－79.

[63] 毛富铃. 中国森林生态系统服务价值评估指标体系初探 [J]. 中国水土保持科学，2005（2）：5－9.

[64] 谢高地，张钇锂，鲁春霞等. 中国自然草地生态系统服务价值 [J]. 自然资源学报，2001（1）：47－53.

[65] 康绍忠等. 关于西北旱区农业与生态节水基本理论和关键技术研究领域若干问题的思考 [J]. 中国科学基金，2002（5）：274－277.

[66] 刘军萍等. 北京农业功能区划研究 [J]. 中国农业资源与区划，2006（5）：49－54.

[67] 罗其友等. 我国东北地区农业功能区划研究 [J]. 农业现代化研究，2005（6）：407－412.

[68] 魏众，B. 古斯塔夫森：中国转型时期的贫困变动分析 [J]. 经济研

究，1998（11）：610－669.

［69］胡鞍钢，胡琳琳，常志霄. 中国经济增长与减少贫困（1978～2004）［J］. 清华大学学报（哲学社会科学版），2006（5）：107－117.

［70］万广华，张茵. 收入增长与不平等对我国贫困的影响［J］. 经济研究，2006（6）：113－124.

［71］张全红，张建华. 中国的经济增长、收入不平等与贫困的变动：1981～2001［J］. 经济科学，2007（4）：17－26.

［72］李石新，奉湘梅，郭丹. 经济增长的贫困变动效应：文献综述［J］. 当代经济研究，2008（2）：36－40.

［73］张保民. 资源流动与缓贫［M］. 太原：山西人民出版社，1997.

［74］林毅夫. 制度、技术与中国农业发展［M］. 上海：上海三联书店，1994.

［75］李焕彰，钱忠好. 财政支农政策与中国农业增长：因果与结构分析［J］. 中国农村经济，2004（8）：38－43.

［76］黄少安，孙圣民，宫明波. 中国土地产权制度对农业经济增长的影响——对1949～1978年中国大陆农业生产效率的实证分析［J］. 中国社会科学，2005（5）：38－47.

［77］乔榛，焦方义，李楠. 中国农村经济制度变迁与农业增长［J］. 经济研究，2006（7）：730－821.

［78］曾松亭. 贫困地区农村公共产品的需求特征研究［J］. 中国农业资源与区划，2006（3）：51－53.

［79］贫困地区农村加快改革发展的几点思考——以甘肃中部地区为例［J］. 中国农业资源与区划，2009（3）：68－72.

［80］张平，祁永安. 经济增长与西部少数民族贫困——基于甘肃省的实证研究［J］. 人口与经济，2009（4）：53－58.

［81］甘肃省农业区划办. 甘肃省农业主体功能区划研究［R］. 2010.

［82］Mathis Wackernagel, William E Rees. Our Ecological Footprint：Reducing Human Impact on the Earth. Gabriola Island［M］. Canada：New Society Publishers, 1996.

［83］Mathis Wackernagel, Lewan L, Hansson C. B. Evaluating the Use of Natural Capital with the Ecological Footprint：Applications in Sweden and Subregions［J］. Ambio, 1999（7）：604－612.

［84］Deininger, Klausa and Lyn Squire. New Ways of Looking at Old Issues：Inequality and Growth［J］. Journal of Development Economics, 1998（2）：257－285.

[85] Ahluwalia, M., Carter, N. and Chenery, H. Growth and Poverty in Developing Countries [J]. Journal of Development Economics, 1979 (6): 299 – 341.

[86] Bhalla, Surjit. Imagine there is No Country: Globalization and Its Consequences for Poverty [M]. Washton D. C.: Institute of International Economics, 2001.

[87] Adelman, Irma and Cynthia T. Morris. Economia Growth and Social Equity in Developing Countries [M]. Stanford: Stanford University Press, 1973.

[88] Kuznets, Simon. Economic Growth and Income Inequality [J]. American Economic Review, 1955 (1): 1 – 28.

[89] McMillan J, Whalley J, Zhu L. The Impact of China's Economic Reforms on Agricultural Productivity Growth [J]. Journal of Political Economy, 1989 (97): 781 – 807.